高等院校创新创业教育系列教材

Legal Practice of Innovation and Entrepreneurship for College Students

大学生创新创业法律实务教程

主　编　段海风　廖　芳
副主编　胡余嘉　刘训智　蒙志明　李志锴
参　编　陈志文　杨祝顺　张　融　张　瑾

机械工业出版社
CHINA MACHINE PRESS

本书由多位法学教授、法学博士、"双创"课程专家联合编写，旨在切实提高创业者的法律素养，促进"法治中国""创新中国"宏伟目标的实现，是国内关于创新创业法律知识的一本精品教材。各章除主体内容，还设计了知识路标、时事引线、课堂讨论、课后实践、练习题、拓展阅读、创业箴言等板块，围绕创新创业法律素养、公司法、民法典、知识产权法、刑法、劳动法、法律纠纷化解、法律服务与政策保障等方面展开知识讲述和实践路径指引，不乏谆谆提醒。

本书内容全面，案例丰富，实操性强，理念与技能并重，法学知识和创新创业紧密结合，充分体现"三全育人"（全员育人、全程育人、全方位育人）理念和"三实"（实务、实战、实用）风格，语言通俗易懂，适合作为大学生创新创业课程的教材和创业者的常备读物。

本书为2017年度广西高等教育本科教学改革工程重点项目（课题号：2017JGZ109）、2019年度广西师范大学教材建设项目、2019年度广西壮族自治区一流本科课程"大学生创新创业法律实务"和中国高校创新创业教育改革研究基金项目（2020CCJG01Z007）的建设成果。

图书在版编目（CIP）数据

大学生创新创业法律实务教程／段海风，廖芳主编. —北京：机械工业出版社，2022.5
高等院校创新创业教育系列教材
ISBN 978-7-111-70527-7

Ⅰ.①大… Ⅱ.①段… ②廖… Ⅲ.①大学生-创业-法律-中国-高等学校-教材 Ⅳ.①D922.291.914

中国版本图书馆 CIP 数据核字（2022）第062084号

机械工业出版社（北京市百万庄大街22号 邮政编码100037）
策划编辑：裴 泱　　　　　责任编辑：裴 泱 马新娟
责任校对：高亚苗 李 婷　责任印制：邰 敏
三河市国英印务有限公司印刷
2022年7月第1版·第1次印刷
184mm×260mm·16印张·308千字
标准书号：ISBN 978-7-111-70527-7
定价：54.80元

电话服务　　　　　　　　　网络服务
客服电话：010-88361066　　机 工 官 网：www.cmpbook.com
　　　　　010-88379833　　机 工 官 博：weibo.com/cmp1952
　　　　　010-68326294　　金 书 网：www.golden-book.com
封底无防伪标均为盗版　　机工教育服务网：www.cmpedu.com

序

当下,"大众创业、万众创新"已成为时代的潮流。国家在大力倡导、推动青年人尤其是大学生的"双创"活动。可以说,当前我国对"双创"的重视和扶持前所未有,举世瞩目。在全力推进全面依法治国、实现中华民族伟大复兴的新时代,需要大批借助法律武器保障创新创业成功开展的复合型人才。习近平总书记在中央全面依法治国委员会第二次会议上强调,"法治是最好的营商环境"。要保证创新创业的顺利进行,必须将法律制度作为开创事业的基石,将法治意识作为梦想翱翔的引擎。对于强化"双创"青年的法律素养,作为人才培养主阵地的高校责无旁贷。

目前,大学生在得到学校鼓励而踊跃开展创新创业活动的过程中,遇到诸如方向把握、机制运行、风险识别、权益保护等方面的难题,屡屡遭遇困境。这说明我国高校的有关教育还存在短板。目前,各高校的"双创"课程大多是围绕创新思维激发、创业能力培养或者创业模式构建等内容开设的,创新创业法律素养相关课程不多,适合的教材或辅助读物更是屈指可数。将包括法律课程在内的专业教育融入创新创业教育,是培养创新型、复合型、实践型人才尤其是优秀"双创"人才的重要途径。因而,在教育界人士看来,法律方面的专创融合教学、教材有着很大的拓展空间。

我所服务的西南政法大学,近年来在结合法学专业优势、推动开展创新创业教育和专创融合上也倾力投入,体现了自身的特色和责任。例如:学校打造了三大"双创"育人平台,包括课程与活动平台、制度与机制平台、众创空间平台,推出"创响西政"系列创新创业教育活动,依托学校在实验、实训、实习、科研基地以及其他方面的办学资源,建成一条跨界思维培养、专业技能实训和以赛促学相得益彰的创新创业教育"高速路";开展校级"专创融合"项目申报工作,进一步推进"专创融合"落地生根;开设创新创业大讲堂,帮助学生从精英校友的精彩案例中强化依法创新创业的意识。全校学子深切意识到法律素养对于创新创业的重要性,并对相关教材产生了更大的需求。

在这种背景下,这本书的作者团队——广西师范大学法学院、创新创业学院十位具有教育和法治理想的中青年教师,承担起属于他们的责任,开发了面向全国的在线课程,又独具匠心地编写了配套教材,几经打磨,终于付梓,是件可喜之事。通观全书,它有自己的鲜明特点:

将法律知识、技能、理念和创新创业能力密切结合。这本书致力于帮助开展创新创业活动的大学生掌握所需的基本法律知识，提升防范和应对法律风险的意识、能力，使之成为合格的"双创"人才。不仅如此，它还充分融入社会主义法治理念和习近平新时代中国特色社会主义思想，有利于学生形成正确的世界观、人生观、价值观、法纪意识和创造意识。

风格亲切，深入浅出，语言生动，注重联系现实和交流互动。书中设置模拟情境，融入丰富的典型案例，贴近学生的心灵，扣合他们的所想所需，注重增强他们对创新创业、法律实务的兴趣。这在同类教材中是不太多见的，体现了该书以学生为中心来组织、设计教学内容的编写理念，有别于传统教学中单向传授的模式，更容易让学生喜欢、接纳。

不过，"纸上得来终觉浅，绝知此事要躬行"。高校学生要真正提高个人的创新创业法律素养，不但要博学、慎思、明辨，还要笃行，要走出校园，到广阔的天地中亲身实践，才能真正达到这本书提出的育人目标。毕竟，法之理在法外，在掌握基本的法律知识后，走出法律书本，在多元的社会中实际操练，才能对法律这个准绳、武器的价值及其运用之妙有更深的领会。

总体来看，这本关于创新创业的教材本身就体现了创新色彩，它在一定程度上给大学生提供了一把打开"双创"大门的钥匙、一面保护自己及创业实体的盾牌。因此，当我看到书稿时，根据自己的初步体会和平时对"双创"教育的思考，做了一点议论阐发，与大家共勉。

是为序。

于西政园

前言

近年来，在习近平新时代中国特色社会主义思想指引下，"大众创业、万众创新"在中华大地蓬勃发展，彰显了亿万人民勤劳实干、勇于创新的精神。尤其是大学生"双创"活动，精彩纷呈，成果丰硕。以中国国际"互联网+"大学生创新创业大赛为例，据教育部网站报道，2021年第七届赛事共有来自121个国家和地区的4347所高校的228万个项目、956万人参赛，其中1085个项目入围总决赛。此外更有全国大众创业万众创新活动周等"双创"盛事开展，助力孵化优质创新创业项目，培养优秀创新创业人才，推动"双创"潮流持续向更大范围、更高层次和更深程度挺进。

然而，与此同时不容忽视的是，我国创新创业的法治保障还远未达到一流水平，与"双创"活动的蓬勃发展还很不相称。随着越来越多的大学生投身创新创业，有关的知识产权纠纷、劳务纠纷、合同纠纷、税务不规范、非法借贷等法律问题也频频出现。这些问题大多是由于大学生创业者法律知识缺乏、法律风险防范意识薄弱导致的。要持续发挥创新创业对经济社会发展的推动力，培养更多优秀"双创"人才，需要从完善法治保障机制、优化课程培养机制着手，来构建良好的大学生创新创业法律风险防范意识。

2018年9月，国务院印发的《国务院关于推动创新创业高质量发展 打造"双创"升级版的意见》指出，要进一步优化创新创业环境，强化大学生创新创业教育培训。然而，尽管全国数千所高校都已开设创新创业相关课程，但专门开设创新创业法律素养相关课程的并不多，即便在200多个全国深化创新创业教育改革示范高校中也不完全齐备，相关教材更是缺乏，尤其缺少内容紧扣"双创"、学生喜闻乐见的优质教材。

本书的编写，首先就是为了满足创新创业法律素养课程开展的迫切需要。广西师范大学是全国深化创新创业教育改革示范高校、全国创新创业典型经验高校（全国创新创业50强高校）。2017年，广西师范大学创新创业学院联合法学院师资团队，在智慧树网推出了广西第一门全国共享线上线下混合式课程"大学生创新创业法律实务"，2019年，该课程被认定为广西壮族自治区一流本科课程，截至2021年12月31日，选课高校达167所，选课学生4.4万人次，课程广受学生欢迎，网上论坛活跃，互动次数达32.62万余人次。随着课程的广泛传播和影响力的提升，加上各校学生的诉求反馈，课程急需配套教材帮助学生学习，优化教学效果。因此，

2020年年初课程团队启动了教材编写工作。

当前国内有关创新创业法律知识类的图书虽有几种，但是编写理念、内容体系一般相对传统，主要定位于法律知识普及，重点针对大学生创新创业法律实务素养提升的教材更为稀缺。我们希望本书出版后，能够弥补这一不足，成为国内大学生创新创业法律素养教育方面一本受学生欢迎的特色化教材。

本书以"三全育人"、鼓励创新创业为指导思想，贯彻社会主义法治思想理念，从当前大学生创新创业中常见的问题和困难着手，通过相关法律知识、法律技能、法律实务现状及应对之策的系统讲授，增强大学生知法、守法、用法、护法的意识和能力，促进他们的创新创业在法治轨道上顺利开展，培养适应新时代中国特色社会主义建设尤其是法治中国建设需要的大批优秀的创业精英。

本书编写坚持实践导向，侧重实务、实战、实用的"三实"风格，理论与案例融合，理念与技能并重。这一风格从本书各章的"拓展阅读"栏目也可见一斑。为开阔读者视野，加深读者对创新创业的了解，激发读者内心的"双创"信念，"拓展阅读"附上了名人谈创新创业、"大众创业 万众创新"税收优惠政策指引、习近平总书记撰文谈全面加强知识产权保护、大学生创业者专利维权何去何从等内容，使教材更为可读、耐读、切实。

此外，本书以学生为主体和中心，坚持成果导向教育（OBE）。OBE是基于学生学习产出的教育模式。本书的编写遵循成果导向教育理念，以学生完成课程时应具备的能力为着眼点来设计知识路标，组织教学内容，构建能力知识矩阵，设计相关的课堂讨论或课后实践任务，力求以学生的学习探索驱动课堂，实现双向交流，打破传统教学中单向传授模式下以教师或教材为主导进行知识灌输的局面。

由于本书的编写本身就是一个大力创新的实践，因此编者投入了不少心血。尤其是《中华人民共和国民法典》等法律法规出台后，编者对照新规反复修改打磨，前后进行了一年多的辛苦劳动，希望出版后能达到预期的效果。

本书是跨学院团队精诚合作的成果，具体分工如下：第一章由段海风编写，第二章由刘训智编写，第三章由胡余嘉编写，第四章由杨祝顺编写，第五章由陈志文编写，第六章由李志锴编写，第七章由廖芳编写，第八章由张融编写，第九章由张瑾、蒙志明编写。其中，本书主编段海风系广西师范大学法学院副院长，廖芳系创新创业学院教学科研部部长；副主编蒙志明系创新创业学院院长；其他成员中，除张瑾为法学院研究生外，均系法学院教师、著名院校法学博士。

付梓之际，要感谢为本书出版提供帮助的部门、领导和朋友。首先要感谢广西师范大学教材建设与管理委员会，在将本书列为2019年广西师范大学教材建设立项项目的评审过程中，给我们提供了扶持；其次要感谢西南政法大学校长付子堂⊖为本书作序，给了我们很大的鼓励，升华了本书的思想意境；还要感谢广西师范大学校长贺祖斌，法学院院长陈宗波、书记何期、副院长陶斌智等领导、老师的支持，他们促进了项目的顺利进行；最后要感谢蜚声国内外的机械工业出版社，特别是裴泱编辑一直以来的鼓励和推动，以及严谨细致的深度把关，保证了本书的顺利出版，并显著优化了它的质量。

虽然投入精力不少，但由于本书的编写是一个教研尝试，难免会有一些不成熟、不完满之处，诚盼读者不吝指正，以便本书再版时少些纰漏，更能满足各单位的教学或创业者的自学需求。

编　者

于桂林

⊖ 付子堂教授，北京大学法学博士、武汉大学法学博士后，现任西南政法大学校长、中国人权研究会副会长、中国法学会法理学研究会副会长、中国法学会法学教育研究会副会长、教育部高等学校法学类专业教学指导委员会副主任委员。

目录

序
前言

第一章 大学生创新创业法律素养

第一节 大学生创新创业需要过硬的法律素养 002
一、法律及法律关系无所不在 003
二、大学生创新创业与法律息息相关 004
三、法律素养的基本构成 005

第二节 创新创业的法律、政策框架 007
一、创新创业的常用法律 008
二、创新创业的基本政策框架 010

第三节 创新创业的法律行为及法律责任 011
一、创新创业会产生哪些法律行为 011
二、创新创业会带来哪些法律责任 013

第四节 做尊法、守法、知法、用法的创业者 015
一、创业者要尊法、守法、知法、用法 015
二、如何提高大学生创新创业的法律素养 016

第二章 创业主体形式选择中的法律实务

第一节 市场主体形式的选用 022
一、团体型市场主体 023
二、个人型市场主体 030

第二节 市场主体登记 032
一、登记机关 033
二、登记类型 034
三、登记事项 035
四、登记程序 036
五、救济措施 041

第三节 市场主体内部治理 042
一、公司的治理结构和管理制度 042
二、非公司市场主体的内部治理 046

第四节　市场主体的税费　049
一、市场主体的税种　049
二、市场主体的税费优惠政策　049

第三章　创新创业中的合同法律实务

第一节　合同法律制度概要　060
一、合同与创新创业　060
二、合同法律制度的原则　064
三、《民法典》合同编的内容　065

第二节　合同的签订与效力　066
一、合同的签订　066
二、合同的效力　069

第三节　合同的履行和纠纷解决　072
一、合同的履行　072
二、合同纠纷的解决　076

第四章　创新创业中的知识产权法律实务

第一节　知识产权的基本范畴　088
一、知识产权的概念　089
二、知识产权的类型　090
三、知识产权的保护　091

第二节　创新创业与知识产权　092
一、创新创业的知识产权属性　092
二、知识产权在创新创业中的作用　094

第三节　创新创业中需防范的知识产权风险　096
一、著作权风险　097
二、专利权风险　103
三、商标权风险　107

第四节　大学生创新创业中知识产权纠纷的防范和解决　116
一、商标注册方面　116
二、网络标识方面　117
三、专利及商业秘密方面　118
四、知识产权运营方面　118
五、全面加强知识产权的自我保护　119
六、知识产权侵权后的应对之道　121
七、避免侵犯他人的知识产权　122

第五章 创新创业中的刑事法律实务

第一节　大学生创新创业中的刑事法律问题概述　126
　一、刑法概述　126
　二、刑法与大学生创新创业的关系　128
　三、刑法与大学生创新创业密切相关的内容　128

第二节　大学生创新创业中常见的犯罪类型　130
　一、企业违法生产类犯罪　130
　二、走私类犯罪　132
　三、资金运作类犯罪　132
　四、商业贿赂犯罪　135
　五、侵犯知识产权类犯罪　136
　六、扰乱市场秩序类犯罪　138
　七、危害税收征管类犯罪　141

第三节　大学生创新创业刑事法律风险的防范　143
　一、大学生创新创业涉及刑事犯罪的特点　143
　二、大学生创新创业刑事法律风险形成的原因　144
　三、大学生创新创业刑事法律风险的预防对策　144

第六章 创新创业中的劳动保障法律实务

第一节　创新创业中的劳动法律实务概述　148
　一、劳动法律关系概述　149
　二、劳动法的渊源　150
　三、如何认定劳动法律关系　151
　四、劳动关系、劳务关系及雇佣关系的区别　153

第二节　创新创业中的劳动法律风险　157
　一、创新创业中作为用人单位的责任与风险　157
　二、创新创业中作为雇主的责任与风险　164
　三、创新创业中非标准劳动关系存在的风险　165

第三节　创新创业中应对劳动法律风险的建议　166
　一、签订书面合同　166
　二、购买社会保险和商业保险　167
　三、正确选择用工模式　168

第七章 大学生创新创业中常见的法律纠纷类型与化解

第一节 大学生创新创业中常见的法律纠纷类型 172
一、行政争议 173
二、劳动争议 174
三、经济纠纷 175

第二节 大学生创新创业中常见的法律纠纷化解 177
一、调解 177
二、仲裁 177
三、行政申诉与行政复议 179
四、诉讼 179

第八章 大学生创新创业法律服务与政策保障

第一节 大学生创新创业法律服务 190
一、大学生创新创业需要全面的法律服务 190
二、大学生创新创业法律服务的主要类型 194
三、大学生创新创业法律服务的有效利用 198

第二节 大学生创新创业政策保障 201
一、政策保障与法律服务的关系 201
二、大学生创新创业具有充足的政策保障 203
三、大学生创新创业应充分利用政策 209

第九章 大学生创新创业法律实务典型例析

第一节 腾讯创新创业中的法务经验 218
一、腾讯创新创业中的法律风险与应对 218
二、腾讯案例对当代大学生创新创业的法律启示 222

第二节 阿里巴巴创新创业中的法务经验 223
一、阿里巴巴创新创业中的法律风险与应对 224
二、阿里巴巴案例对当代大学生创新创业的法律启示 227

第三节 Facebook 创新创业中的法务经验 229
一、Facebook 创新创业中的法律风险与应对 229
二、Facebook 案例对当代大学生创新创业的法律启示 232

第四节 Uber 创新创业中的法务经验 233
一、Uber 创新创业中的法律风险与应对 235
二、Uber 案例对当代大学生创新创业的法律启示 236

参考文献 242

第一章 大学生创新创业法律素养

知识路标

年轻的创客们，本章会帮你弄明白这些基本问题：
1）大学生创新创业可能要承担哪些法律责任？
2）大学生创新创业应具备哪些法律素养？
3）如何形成尊重法律、注重培育法律素养的意识？

时事引线

据《新京报》、央视新闻等媒体报道，2020年6月18日，南京多所高校的9名学生被河南警方带走，并因涉嫌诈骗罪于3天后被刑事拘留。[①]这些学生起初是通过熟人介绍或者在兼职群内得知，可以通过注册公司来获取数百元至千余元的报酬。由于现在注册公司门槛低，手续简单，他们在此"致富门路"上大显身手，乐此不疲，注册多家公司。初试身手成功的学生又介绍其他人，一个传一个。但公司注册成功后，"经办人"在给他们发钱的同时，会将营业执照和公章全部拿走。

南京市江北新区管委会行政审批局的材料显示，2018年9月至2019年8月，一名曾身陷多起债务纠纷的经办人卞某，申请办理了大批量新设立企业登记业务，股东多为南京地区专科学校"00后"学生以及一些社会闲散人员，共48人涉嫌恶意注册公司284家。这些注册公司被人利用从事诈骗等违法犯罪行为，涉及金额巨大。9名大学生正处人生花季，刚尝试踏上创新创业之路，就遭此噩梦，被追究刑事责任，让人扼腕，也让人沉思：他们如果具有创新创业的法律素养，是否又是另外一种人生？

第一节 大学生创新创业需要过硬的法律素养

当下，我国迈进"升级换挡"的新时代，社会经济改革进入深水区，问题和机遇并存，创新和创业并重。"大众创业，万众创新"的时代召唤，推动了大学生创新创业活动的蓬勃兴起。大学生创新创业是指大学生在校学习期间或毕业之初，通过对所学知识的创造性、实践性转化，开展创业活动或科研创新及有关成果转化

[①] 赵翔：《南京大学生涉诈骗案调查：有偿批量注册公司，已被刑拘》，载新京报网2020年7月17日，https://www.bjnews.com.cn/detail/1594991717715039.html。

行动。

大学生的创新创业,既关乎就业问题,也与法治社会建设密切相关。当前,我国高度重视全面推行依法治国,持续推进科学立法、严格执法、公正司法、全民守法,努力建设中国特色社会主义法治社会、法治国家。当代大学生是我国未来社会的栋梁、中华民族腾飞的希望,大学生法律意识的强弱、法律素质的高低,关乎创业成败,也关乎我国法治社会能否顺利建成。通过将创新创业法治素养培育纳入大学人才培养方案,有助于大学生的创新创业成功开展,在"中国梦"实现的过程中绽放异彩。

那么,什么是法律及法律关系?我们为什么要关注它呢?一起来看看有关的社会事实。

一、法律及法律关系无所不在

所谓法律,是指由国家制定或认可,并由国家强制力保证实施的,在调整社会关系中所形成的人们之间权利与义务的关系,对全体社会成员具有普遍约束力的一种行为规范或行为规则体系。

一提到法律,我们通常会想到警察、法院、厚而枯燥的法律文件……认为这些东西离我们的生活很遥远。其实,法律就在我们的身边,在我们每天生活的点滴中。当你与物业公司发生纠纷时,你就会想到法律;当你的权利被侵犯时,你会想到用法律武器来保护自己;当你签下的保险合同得不到理赔时,你又想到了法律。保护消费者权益的法律有《消费者权益保护法》《产品质量法》○等。假如我们买到了假冒伪劣商品,依据法律的规定,我们可以要求得到 1~3 倍甚至更多的赔偿。所以,美国著名法学家劳伦斯·M.弗里德曼说:"在我们的时代和我们的社会,法律无所不在。"○

法律无所不在,是因为法律关系无所不在,就像我们纷繁复杂的社会关系,"剪不断,理还乱,是离愁?别是一堆法律关系在心头"。到底什么是法律关系呢?它是指法律在调整人们行为的过程中形成的特殊的权利和义务关系。法律关系是以法律为前提而产生的社会关系,没有法律的规定,就不可能形成相应的法律关系。正所谓,"皮之不存,毛将焉附"。

法律所调整的社会关系十分广泛,涉及每个人、每个家庭、每个国家机关、每个企业和各种社会组织,社会生活的各个方面几乎都与法律相关。财产所有,商品

○ 下文所述法律法规,如无特别说明,均指我国即中华人民共和国法律法规。
○ 劳伦斯·M.弗里德曼、傅郁林:《法治、现代化和司法》,载《北大法律评论》1998 年第 1 期。

买卖，货币借贷，财产继承，人身权利保护，智力成果归属，企业成立、变更、终止与日常经营活动，等等，都是法律调整的范围，都会产生法律关系。当然，也许有人会讲，我没有签订合同，是不是就没有形成法律关系？非也，其实合同的表现形式是多种多样的，除了书面的，还有口头的以及事实上的。例如，我们借了别人的钱，就形成借贷合同关系；我们去购物，就形成买卖合同关系。可以说，法律关系在人们的日常生活中无处不在。你、我、他，在现代社会，谁能完全离得开法律、能摆脱掉一切法律关系呢？

二、大学生创新创业与法律息息相关

首先，我们来看大学生创新创业与哪些法律密切相关。

大学生在创新创业过程中会遇到各种各样的法律问题，包括违法经营、合同纠纷、侵权纠纷、知识产权纠纷、劳动关系纠纷、不正当竞争和产品质量问题等，可以说是举不胜举。有时，法律风险甚至会远远大于市场本身带来的风险。

创业箴言

对于创业者而言，法律绝不是纸老虎，而是电老虎，一旦触碰了它，有可能会让心血和财富化为灰烬。

法律意识的淡薄，对创新创业与法律之间的密切关系认识不足，往往会使很多大学生无法规避这些风险。大学生创新创业过程中，要着重注意哪些与其紧密联系的法律关系呢？

1. 民商法

民商法，即民法和商法的合称。现实中，大学生在创建公司或合伙企业时，由于对商法知识缺乏了解，因而对公司的设立、变更、终止，合同的签订等许多问题感到无法应对，并疲于应付。他们去银行贷款，却不知道金融制度、政策以及相关的法律问题，结果屡屡碰壁或承担很大风险。

2. 经济法

经济法，即国家对经济活动进行管理、调控的法律规范。公司雇用员工时，关系到劳动合同法；企业员工的社保问题又关系到社会保险法；涉及企业税时，关系到企业所得税法；遇到产品质量问题或食品安全问题时，又将涉及产品质量法或食品安全法。由此可见，大学生创新创业与经济法也密切相关。

3. 知识产权法

为数不少的大学生创业者缺乏基本的知识产权法知识，例如创新成果的保护意识不强。创业过程中合法成果遭到侵权时，由于缺乏对相关法律的认知，碍于情面问题，往往忍气吞声，不懂得拿起法律武器维护自身合法权益，从而给事业造成一定的损失，大大挫伤了创新创业热情。

4. 刑法

大学生创新创业过程也与刑事法律密切相关。有不少创业者由于缺乏刑事法律意识，而没有约束自身的法律行为，最终越过法律红线，踏上违法犯罪的不归路。例如对于什么是非法集资，很多人并不知道，最后无法还款而成为被告，令人悲叹！

创业箴言

非法集资主要包括非法吸收公众存款和集资诈骗，曾把很多企业家拉下马！钱是不能乱借乱花的。

大学生在创新创业过程中会涉及很多法律知识，以上几个方面是最常见、最常用的。非法学专业大学生在校期间，往往只注重专业学习，而忽视了法律知识的学习，导致缺乏法律观念，法律意识淡薄，不清楚大学生创新创业与法律密切相关。虽然各高校已普遍加强了对大学生的创业教育，例如广泛开设了大学生创业基础课及其他相关课程，但更多关注的是创业意识的激发和创业能力的培养，较少向学生讲授与创业相关的法律常识和法律精神，即使有所涉及也只是浅尝辄止，显然不够。

三、法律素养的基本构成

大学生如能以法律作为一种行为标准，去判断、衡量他人行为是否合法，或根据法律的规定预先判断自己该如何行为以及行为的法律后果，做到知法、守法、用法，就体现出良好的法律素养。大学生法律素养是指大学生通过对法律知识的学习，使其在头脑中经过消化吸收和融会贯通后，形成运用法律规则、分析法律现象，防范和化解法律纠纷的能力，以及内化生成的法律意识、情感、态度。法律素养主要由以下几个方面构成：

1. 法律知识

法律知识是对法律现象科学认识的结果，不仅包括关于现行的各种法律规定、法律概念、法律术语等的认知，还包括对法的性质、功能、作用等的了解。法律知识是构成法律素养的基础，法律知识拥有量的多少是大学生法律素养高低的重要尺度之一。正如前面所讲，大学生创新创业和法律知识密切相关，只有充分了解法律知识、明确法律赋予自己的权利、义务，才能在创业过程中知道自己应当做什么、可以做什么、不应当做什么，才能比较准确地预见自己行为相应的法律后果，从而采取有效的行为方式，最大限度地保护自己的合法权益、履行自己应尽的义务。

2. 法律情感

法律情感是指人们对法律，主要是现行法律的心理体验，是人们依据现实的法律制度能否得到符合自身物质和精神的需要而产生的喜好或厌恶的心理态度。法律情感反映了人们对法律规则、法律效果的直观心理感受，影响人们对法律的权威认知，以及人们对法律的服从和遵守。在培养自身法律素养的过程中，如果能把崇尚法律、信仰法律的情感注入自身内心深处，产生深厚的法律情结，就能在创新创业过程中自觉自愿地遵守法律、执行法律。这种崇尚法律权威的心理情感，也能激发起整个社会对法治的强烈向往。

创业箴言

你喜欢法律，成就和财富就喜欢你。

3. 法律意识

法律意识是人们对法律制度和法律现象的观点、态度和思维方式的总称。它表现为对现行法律的评价和解释，人们的法律动机，对自己权利、义务的认识，掌握、运用法律武器保护自己的程度，以及对行为是否合法的评价等。在大学生创新创业的过程中，有了较强的法律意识，有助于我们在权益遭受侵害时借助法律维护自身的合法权益，并对自己的创业行为是否恰当做出理性的判断。

4. 法律行为素养

法律行为是指涉及法律、能够产生法律效果的行为。大学生在创新创业的过程中，必须遵法守法，依法开展各项活动，规范实施有关行为，而在遇到法律纠纷时又必须做出真实、恰当的意思表示。在诉讼过程中，是否正确进行语言表达、能否准确理解法律术语、诉讼请求合理与否等，都将决定其诉讼成败。

5. 依法维权能力

依法维权能力是指当本人、他人、集体、国家权益遭到非法侵害时，能否运用法律对这些权益进行保护。有了运用法律的能力，大学生在创新创业的过程中就能够有效预防自己的正当权益受损害,并积极寻求法律途径解决纠纷和争议。同时,大学生还能从现实出发,借助法律的规定预见自己行为的法律效果,然后做出最佳决定,尽量规避风险。

当前,我国正在通过大力推动创新创业,壮大社会主义市场经济。市场经济本质上是法治经济。作为未来社会经济建设和法治建设骨干力量的大学生,其创新创业的法律素养如何,在很大程度上将影响我国市场经济乃至各个方面的发展进程。这就要求当代大学生紧跟时代法治潮流,加强培育自己的法律素养,从而使创新创业活动和我国经济建设一起迈上健康、成功、繁荣的康庄大道。

> **典型案例**
>
> **小丁的店面为何草草关门?**
>
> 大学生小丁在大学食堂承包的店面关门了,亏本 3.5 万多元。雪上加霜的是,食堂老板截留了他的 7000 多元营业款。2016 年 7 月,小丁大学毕业后,怀揣着创业梦想和从父母处借来的钱,向某老板租了一大学食堂的店面做面条生意。一开始,小丁发布广告找了个厨师,厨师张口便要 2000 元的技术转让费,说是行规。小丁不懂,急于开张做生意,就答应了。接下来,厨师的私事也多了起来,以多种名目从小丁处拿走了 6000 元,最后干脆就不来了。后来小丁才发现,厨师采购相关配料都虚报了价格,从中骗取了不少钱。店面租金已经预交,生意还得继续做下去。他尝试自己下厨,坚持着自己的梦想。但他毕竟不懂厨艺,生意惨淡,难以为继。
>
> 小丁满腔热忱、全力以赴进行创业,也有亲友的积极参与,具有天时、地利、人和多种因素,为什么短短两三年就以失败而告终了呢?这不能不让我们为他的法律素养而叹气。他的法律知识、法律意识、依法维权能力等方面都存在严重不足,包括不懂得签订合同、订立规则,按合同、规则办事,结果处处吃哑巴亏,最终一败涂地。

第二节 创新创业的法律、政策框架

创新创业要想获得成功,就需要在法律、政策的框架内进行,这样才能在正确的轨道上运行,并得到各方面的支持和保障,从而健康发展,取得成功。因此,创新创业之初,需要对我国创新创业的常用法律和基本政策框架有所了解。

一、创新创业的常用法律

（一）设立、运营和解散企业方面

大学生创业，在确定企业的目标任务后要做的第一件事就是设立企业。我国关于这方面的法律比较复杂。例如，关于一个公司的设立需要哪些条件，不管是合伙企业也好，个人独资企业也罢，甚至是个体工商户的设立，法律对其设立的规定都是很细致严格的。在人数、注册资本、章程、名称、场所等方面都做了详细的解释，如《公司法》《合伙企业法》《公司注册资本登记管理规定》。

我们所讲的企业经营，其实就是以企业为载体，运用其人力物力而开展的经济活动，其目的是营利。在运营过程中，会存在很多人容易忽视的法律问题。大致来说，就是要明确个人的权利和义务、企业内部各部门的权利和义务，以及运营过程中相互之间可能产生的权利和义务。不同的企业类型需要注意的问题不一样。例如，公司运营最需要厘清的就是股东会、股东大会、董事会、监事会等各个组织结构之间的关系。一些西方国家是分权制衡制度，政府、国会和法院分别行使行政权、立法权和司法权，相互制约平衡。公司中的组织结构就类似于这种情况。又如，个人独资企业因有多种运营模式可以选择而存在多重风险。所以，企业负责人要明确对其他管理者的授权范围，明确对受托人或者被聘用人员职权的限制。

人们常说，做事要"有始有终"。所以，我们还要了解企业的解散问题。企业不同，解散的原因也是多种多样。一般解散、强制解散，以及协议约定的经营期限届满、被依法吊销经营执照、投资人死亡等，都有可能成为企业解散的原因。有的企业还需要成立清算组进行清算。清算组需要做哪些工作、不能做哪些，都有法律规定，包括清算期间不能进行与清算无关的任何经营活动或者财产分配。

（二）开展日常经营管理活动方面

企业创建完毕后，就以日常经营管理活动为主。我国《劳动法》《证券法》《保险法》等多部法律都有与之相关的规定。

企业的日常运作少不了与第三人签订合同，在签订合同时不仅要保护好自身的利益，也要注意不能违反法律的规定。现实生活中就有很多"霸王条款"，最常见的如通信行业"预付宽带费不退还，限期用不完作废"，旅游行业"旅行社有对行程进行调整的权利"，商业服务"此卡最终解释权归本店所有"，等等。《民法典》第四条中就有"民事主体在民事活动中的法律地位一律平等"的规定；第七条则规定"民事主体从事民事活动，应当遵循诚信原则，秉持诚实，恪守承诺"。"霸王条款"是违反这些法律规定的。

企业成立后会招聘人员，大学生创业者要注重保护就业者的各项权益。保护好就业者，最重要的是保护好其生命安全。《劳动法》第五十四条明确要求用人单位必须为劳动者提供符合国家规定的劳动安全卫生条件和必要的劳动防护用品，对从事有职业危害作业的劳动者应当定期进行健康检查。

（三）智力成果转化方面

创业者通常对法律认知不足，运用法律的能力较弱，因而做不到对创新成果进行充分的法律保护。但相较于其他社会人士，大学生在学校学习的先进理论知识，是十分珍贵的创业资本，因此，可以利用自己所学的知识，发明创新创业优秀成果。然而，由于维权意识较差，大学生的研究成果被窃取，或者大学生本身侵犯了他人的知识产权却浑不自知的现象在社会上经常出现。小到各种商家利用明星照片或动画形象做的衣物周边，大到英特尔、丰田的"企业争端"，结果往往都不尽如人意，多为大学生忍气吞声或因侵犯他人权利而受法律追究。

国家在此方面有多部法律保护智力成果。例如，知识产权法中的《专利法》第六十五条规定，未经专利权人许可，实施其专利，即侵犯其专利权，引起纠纷的，由当事人协商解决；不愿协商或者协商不成的，专利权人或者利害关系人可以向人民法院起诉，也可以请求管理专利工作的部门处理。《芈月传》开播后，收视一路飚红，除了电视剧本身受人关注，原作者蒋胜男与编剧王小平的侵权之争也吵得沸沸扬扬。类似案例还有《鬼吹灯》的作者天下霸唱诉电影公司侵权；琼瑶告于正《宫锁连城》侵权《梅花烙》……除影视业以外，在电子竞技业，上海耀宇传媒有限公司诉广州斗鱼科技有限公司网络直播 DOTA2 侵权，为我国大陆首例电子竞技类游戏网络直播著作权侵权案。以上案例都违反了《著作权法》中的规定，如第十三条"改编、翻译、注释、整理已有作品而产生的作品，其著作权由改编、翻译、注释、整理人享有，但行使著作权时不得侵犯原作品的著作权"。生活中商标侵权的例子随处可见，例如饮料"旺仔牛奶"和"旺子牛奶"、模仿品牌费列罗包装的巧克力、361°的体育用品与360°的体育用品等。《商标法》第五十七条明确规定，未经商标注册人的许可，在同一种商品上使用与其注册商标近似的商标，或者在类似商品上使用与其注册商标相同或者近似的商标，容易导致混淆的，属侵犯注册商标专用权。大学生在科学技术方面往往会有更多的创新发现，针对这一现象，国家颁布了《科学技术进步法》，以保障科研人员的研究成果。2003年，国务院发布施行了《国务院关于修改〈国家科学技术奖励条例〉的决定》。国家2015年修订《促进科技成果转化法》重点强调了保障措施、技术权益、法律责任。

二、创新创业的基本政策框架

近年来，国家十分鼓励大学生进行创新创业，各地积极响应"大众创业、万众创新"的号召，在政策上给了大学生许多支持。政策扶持和法律保障为大学生创新创业保驾护航。

从2008年开始，政府相继制定了多项政策鼓励大学生创业。2008年即有《关于促进以创业带动就业工作的指导意见的通知》。2013年，"创新创业"这一概念首次在国务院常务会议中被强调。2014年，李克强总理在夏季达沃斯论坛开幕式上首次提出要借改革创新的"东风"，在我国掀起"大众创业、万众创新"的热潮。

2015年以来，我国出台了《国务院办公厅关于发展众创空间推进大众创新创业的指导意见》《国务院关于大力推进大众创业万众创新若干政策措施的意见》等一系列指导文件。多部文件转化为具体的政策措施，快速推进了各地的创业创新。2017年4月，李克强总理主持召开国务院常务会议，确定当时和之后一段时期促进就业创业的政策措施，会议指出要健全创新驱动发展体制机制，推广一批成熟的大众创业、万众创新模式和经验；将符合条件的新业态企业纳入鼓励创业创新优惠政策和吸纳就业扶持政策范围；支持地方设立高校毕业生就业创业基金，对符合条件的人员创业给予一次性补贴。⊖近两年，政府又发布了包括税收优惠政策和社会保障政策在内的各项优惠政策。

我国各地、各部门根据中共中央和国务院的有关政策、规定，出台了许多鼓励和支持大学生创业的规范性文件。例如，广东省政府出台"扩大创业投资，支持创业起步成长，发展创业服务，优化创业生态"政策；四川省、山东省、天津市、广西壮族自治区等各地政府也相继出台了鼓励大学生创业的相关政策规定。

随着时代的发展，"互联网+"和"大数据"对创新创业产生了积极推进作用。大家所熟知的例子，"三只松鼠"创始人章燎原用两年的时间把"三只松鼠"做到我国互联网坚果第一品牌，这个成功除了与其自身的独特品质有关外，还与国家政策的鼓励紧密相连。

政策文件名目繁多，人们觉得较难把握，但其实仔细分析一下就能抓到重点：国家鼓励大学生创新创业，降低创业门槛，积极实现从培训到资金供给"一条龙"服务，简化工商营业执照登记手续，构建众创空间，防范高校毕业生创业风险等，国家政策由表及里，从宏观到微观，全面覆盖。大学生创业可谓"万事俱备，又迎东风"。

⊖ 《李克强主持召开国务院常务会议》，载《新华每日电讯》2017年4月6日，第1版。

> **课堂讨论**
>
> 你所在的地区出台了哪些支持创新创业的政策？这些政策在你看来够不够好？

第三节 创新创业的法律行为及法律责任

一、创新创业会产生哪些法律行为

什么是法律行为？概而言之，法律行为就是人们所实施的、能够发生法律效力、产生一定法律效果的行为。例如，创办公司、订立合同或企业章程、聘用人员、转让股权或产权，都属于法律行为。

1. 法律行为的特征

1）法律行为是能够为人们的意志所控制的行为，即法律行为是为人所实施，受人的支配和控制的。纯粹的无意识行为不是法律行为，如精神病患者在精神病发作时所实施的行为，以及人在梦游状态所实施的行为。

2）要有外部行为表现，包括不作为。只有意识而没有行为表现不能成为法律行为，例如有一个人坐在凳子上，想象着如何盗取他人财物，想完之后他就叹口气摇摇头走了。他的想象没有侵犯他人的权益，因此这种想象不是法律行为。

由此可见，法律行为至少由内外两个方面构成，一方面是意志动机，另一方面是外部行为和手段。可以说，意志是人去做某事的内在动力，行为是人的外在表现。法律行为是法律生命力的外部展现。大学生创业过程中避免不了要和他人签订书面合同，签订合同的行为要成为正式的法律行为，首先需要签订合同的主体有正常的精神意识；其次要有完整的意思表示。例如，你和他人签订合同，你说"我愿意和你签合同，受合同约束"，就是有了意思表示；达成共识后，双方在合同上签了自己的名字，这样就大体形成一个民事法律行为。

3）法律行为是具有法律性的行为，即法律行为由法律规定，受法律调整，能发生法律效力或产生法律效果。合同签订后，双方就不能轻易反悔，因为合同受法律的保护和约束。大学生创业之初开办公司，如果选择成立个体工商户，受《民法典》《个体工商户条例》的约束；如果选择成立个人独资企业，则受到《个人独资企业法》的调整。

4）法律行为是具有社会意义的行为，即对行为人以外的其他个体、集体、国家的利益和关系产生直接或间接影响。例如，大学生创业过程中在网上销售奶粉、与房东签订房屋租赁合同等，都会对他人和社会产生影响。因此，纯粹的自我指向行为一般不是法律行为，如自我伤害的行为。

2. 创新创业中常见的法律行为

创新创业中通常有以下法律行为：

（1）创业初始阶段因为筹备资金以及落实办公场所等产生的合同行为

大学生在创新创业的过程中大多需要贷款，涉及贷款合同的签订；一些企业经营类的创业计划经常会涉及租赁店面或办公场所，这就需要和房东签订关于房屋租赁的合同。

（2）市场准入——设立登记行为

市场准入主要涉及工商登记注册、申办营业执照。大学生在创新创业过程中通常涉及开办公司，而开办公司首先就是市场准入的申请，即公司设立登记的法律行为。有限责任公司、个人合伙企业等的设立登记，应向有关机关提交文件并申请登记。

特定行业的市场准入需要向有关部门申请许可证。例如，食品、农业生产资料等方面的创业就需要向有关管理部门申请许可证。另外，药品生产经营准入制度、危险物品生产经营准入制度等对有关企业的设立登记行为提出了较高要求。

（3）知识产权法律保护行为

大学生在创新创业过程中产生了创新成果，要通过自己的法律行为使产品及核心技术成为受法律保护的对象。例如，大学生创办公司应就公司产品的商标向商标局进行申请，取得审核和注册，商标自核准注册之日起受法律的保护。大学生开发的动漫设计、软件等项目成果都应当申请专利。公司应形成专利申请文件并向国家专利局递交，该局经过审批后授予专利权，以避免企业核心技术丧失专利性。

（4）依法协调和保护公司员工权益行为

大学生创办公司后，为了保护员工以及公司的合法权益，就要和员工依法订立劳动合同，明确企业与员工之间的权利和义务关系，同时明确员工的工作时间、工资、福利和要缴纳的社会保险等，保证员工应有的劳动条件和物质利益，妥善处理企业与员工之间的劳动争议问题。

（5）依法签订交易合同或取得股权的行为

大学生在创新创业过程中要和对方签订买卖合同，如原材料供应合同、产品购销合同、连锁经营许可合同等。为了保障公司正常运作，减少风险，特别要注意明确产品质量标准、价格认定、供货方式、验收方法、付款方式、违约责任。此外，大学生在创新创业过程中如参与股权激励,以股东的身份参加公司决策和管理,则会涉及股权合同签订、法律风险防范等行为。

二、创新创业会带来哪些法律责任

大学生在创新创业过程中的法律行为不可避免地会涉及多方面的法律责任,现在我们就来谈谈大学生创新创业中的法律责任。

1. 什么是法律责任

一提到"法律责任"这个概念,人们首先想到的是责任。一方面,它是指特定的人对特定事项的发生、发展、变化及其成果有积极的促成、实现义务。例如,大学生在创新创业过程中为他人提供担保的,要承担担保责任。另一方面,它是指因为没有做好分内的事情或没有履行义务而应承担的不利后果或强制性义务。例如,大学生在创新创业过程中从事无人机拍摄服务,但是没有向公安机关备案、未获得无人机执照的,将承担违反相关行政法规的责任。同时,因为他没有为无人机上保险,将要独立承担无人机造成的人身或财产损害的责任。

由此来看,法律责任就是由特定法律事实所引起的对损害予以补偿、强制履行或接受惩罚的特殊义务。它主要有以下几个特征:

1)法律责任是国家对违反法定义务、超越法定权利或滥用权利的违法行为和违约行为所追加的法律义务,其目的是维护社会秩序,保护合法权利。

2)法律责任是由违法行为引起的合乎逻辑的不利法律后果。

3)法律责任的实现由国家强制力作为保障,法律责任的认定和追究由国家专门机关依照法定程序进行。

2. 创新创业中的主要法律责任

(1)民事法律责任

民事法律责任是指公民或法人因违反民事法律、违约或因法律规定的其他事由而依法应承担的不利后果。大学生在创新创业过程中可能需要承担多方面的法律责任。例如:①为了筹备资金,有的大学生向银行贷款,如果拖欠贷款或不还贷款,根据法律规定,将承担罚息、抵押物或企业资产被拍卖等形式的法律责任,甚至会对个人信用产生影响;②大学生创立公司要和员工签订劳动合同,如果合同不完善、没有为劳动者交保险或违法解除劳动合同,将承担向劳动者支付赔偿金的法律责任;③创业经营必然涉及市场主体之间的各种交易行为,大学生与他人签订交易合同的过程中,如果违反交易合同的约定,将要承担违约责任;④为他人提供担保的,就要为债务人不能到期还债承担担保责任。

关于民事法律责任，有个经典的案例：Uber创始人卡兰尼克6岁开始编程，21岁那年从加利福尼亚大学洛杉矶分校辍学，同6个朋友创办了一家网站，号称全世界第一个P2P文件下载资源搜索引擎，其实就是提供各种盗版图片、音频、视频，结果才过了两年，就被好莱坞29家公司起诉侵犯版权，23岁负债2500亿美元！卡兰尼克关掉公司后倾家荡产凑了100万美元"和解"，事件总算平息了。

（2）行政法律责任

行政法律责任是指因违反行政法律法规而应当承担的责任。例如：①大学生从事烟草专卖品的批发、零售、进出口等业务的，应当依法向烟草专卖局申请领取烟草专卖许可证，否则是违法行为，将受到没收烟草等行政处罚，情节比较严重的，如销售额在5万元以上的，涉嫌构成非法经营罪；②大学生在创新创业过程中无照无证经营企业的，根据行政法规的相关规定，将受到责令停止经营或对经营场所查封扣押的处罚；③大学生在创新创业过程中如果企业不向税务部门交税，将受到补缴税款或滞纳金，甚至被吊销营业执照等措施的行政处罚。

（3）刑事法律责任

刑事法律责任是指因违反刑事法律而应当承担的不利后果。例如：①没有经国家批准，大学生利用网络聊天的方式，向对股票感兴趣的客户虚假宣传公司拥有专业的股票分析团队，欺骗他人购买股票分析软件的，可能构成非法经营罪；②利用职务上的便利，以非法占有为目的侵吞本公司财产，数额较大的，构成职务侵占罪；③利用职务上的便利，挪用本公司的资金归本人使用或借贷给他人，数额较大、超过3个月未还的，或者虽未超过3个月，但数额较大、进行营利活动的，或者进行非法活动的，可能构成挪用资金罪；④大学生创业的公司若进行虚假纳税申报或不申报，数额巨大的，构成逃税罪。

在现实中，很多大学生意识不到自己的行为会犯罪，以为只是普通的民事行为，结果越过红线，进了监狱。例如河南大学生闫某因为抓捕、贩卖十几只燕隼，赚了一些小钱，却严重触犯刑法，结果被判十年半，人生最美好的一段时光就在监狱里荒废了，多么令人痛心！浙江东阳市曾经风光无限的"大姐大"吴英，向10个朋友借款8亿元进行投资经营，结果因为到期不能归还而被判集资诈骗罪，一度被判死刑，最后经过减刑，仍要承担无期徒刑，把牢底坐穿！在大学生中，涉嫌集资诈骗、非法集资、非法吸收公众存款的现象十分常见，令人担忧。

如此种种，我们可以看出，大学生在创新创业活动中如果不能依法创业、合法经营，事业的帆船就会撞上礁石，轻者受伤，重者翻船，那是多么可惜啊！因此，我们应当规范自身的创新创业行为，使之合乎法律的要求，避免触碰法律的"高压线"。

第四节　做尊法、守法、知法、用法的创业者

懂得了创新创业中的有关法律行为及其法律责任，创业者就要尊法守法、知法用法。在当下的时代背景下，这有着更为鲜明的必要性和重要性，是对每个创业者提出的最基本要求。正因如此，要从多方面强化创业者的尊法守法意识，并从多个方面提高大学生创新创业的法律素养，从而达到知法用法的目的，用法律为事业保驾护航。

一、创业者要尊法、守法、知法、用法

创新型人才除了应具备创新意识、创新精神、创新能力之外，还应具备良好的政治意识、道德水准和法治素养。党的十八大提出了我国法治建设的新十六字方针，即"科学立法、严格执法、公正司法、全民守法"。国家和社会期待创新型人才能自觉践行社会主义核心价值观，坚守法治底线，做社会主义法治经济的坚定守护者。

党的十九大报告指出，中国特色社会主义进入了新时代。可以说，社会主义新时代是全体中华儿女勠力同心、奋力实现中华民族伟大复兴的中国梦的时代。青年一代在最有激情、斗志昂扬的年华遇上了最需要年轻活力的中华复兴时代，一定要好好珍惜这个机遇。毫无疑问，这样一个新时代为创新创业营造了良好的大环境，然而大学生创业者自身也要不断提高法律素养，"尊法、守法、知法、用法"是国家和社会对大学生创业者最基本的要求。

"尊法"是要求我们尊重法律。党的十九大多次提到"法治"一词，提出全面建设社会主义法治中国。当代社会倡导法治，依照法律公平公正地治理国家，全面实现依法治国，这首先就要求我们尊重法律。只有从心底真正地敬法、爱法、尊法，才能在社会实践中做到"守法、知法、用法"。法治国家的国民之所以能普及法律、严格执行法律，是因为他们尊重法律并将其作为自己行为的准绳。我们也要在内心尊崇法律并遵守法律，才能更好地依法创业。

"守法"是要求我们遵守法律，按法律的规定办事。当今经济快速发展，国家努力奋进实现中国梦的过程也是国人努力拼搏、实现个人梦想与自我价值的过程。要在大时代下实现个人理想，必须在"尊法"的前提下做到"守法"。只有遵守法律，按照法律的规定办事，才可以保护大学生创业者的合法权益。

"知法"，顾名思义就是要了解、明确法律规定。前文勾勒了我国法律体系的框架，也分析了部分法律条文。但是法律是一门专业性比较强的学科，讲究"法言法语"，要想熟练运用、融会贯通，还需要创业者根据自己的需要多加学习。若仅以课堂上讲授的知识作为创业的前期准备，还有些不足，要想全面地知法、懂法，就需要个人深入研读、实践，多下功夫。

深入学习法律，是为了以后能够熟练运用法律。什么是"用法"呢？"用法"就是在"尊法、守法、知法"的基础之上，学会用法律保护自己。合理恰当地运用法律对创业大学生来说既是一种自我保护措施，也会让事业如虎添翼。党的十九大报告指出，青年一代有理想、有本领、有担当，国家就有前途，民族就有希望。这是对青年学子的殷切期望。不忘初心、坚定信念、脚踏实地、扎实苦干，未来五年、十年、二十年后，现在的大学生就能与祖国共同快步前进，屹立在时代潮头！

大学生创业者要尊法、守法、知法、用法，从法律层面来说，就是大学生创业者应承担一定的义务。大学生创业者所应承担的义务主要有三种：①对国家的义务；②对社会的义务；③对就业者的义务。首先，大学生创业者享受了国家人力、物力和财力的支持，有义务依法办事，把享受到的资源通过法律轨道转变为动力和财富，为国家增加就业岗位。其次，社会为大学生创业营造了良好的氛围，使大学生创业者享受到多方面的权利，因而大学生创业者就有主动诚信创业、遵守和维护社会秩序等社会义务，在追求企业发展的同时，更要履行企业的社会责任。最后，大学生作为知识分子，是特殊的创业人群，更应该遵守国家法律，成为一名"尊法、守法、知法、用法"的优秀创业者。对于公司经营管理人员来说，应保障就业者的各方面权益不受损害，追求企业利益的同时，也为就业者谋取福利，实现互惠互利的良性循环。企业以人为本，重视对员工权利的保障，员工才会以企业为本，为企业的发展做出贡献。

二、如何提高大学生创新创业的法律素养

创业者要尊法、守法、知法、用法，具有较高的法律素养。那么，如何提高大学生创新创业的法律素养呢？

在回答这个问题之前，先来看两个案例。众所周知，京东最为吸引人的广告标语是"7天无理由退换货"，当然，京东对此处的"无理由"做了不少规定和解释，但人们青睐的重点是它有这项创新服务。相信有不少人体验过这项服务。从网上论坛了解到这样的事例。同学 A 在京东上买了一部手机，因为手机屏幕存在残影问题而选择了 7 天无理由退货。退款审理的过程很迅速，提交申请 10 分钟后就收到系统提示申请已受理。同学 A 按照要求将手机送到自提点，一天后，同学 A 收到内容为

"手机经过检验，无外观损坏，同意退货"的短信，退货退款最终完成。同学B在京东买了一双鞋，穿上后很磨脚，于是他就在微博上给刘强东反映问题。刘强东的回复直接迅速，他说同学B可以给京东的质控副总发邮件说明情况。最后同学B的问题也顺畅地解决了。这两个例子体现了法律规定的"诚实信用原则"。

就像硬币有正反两面，"诚实信用原则"的落实也有一些反面的情形。我们来看一下反面案例。大家都爱吃火锅，但是曾有记者暗访了两家知名火锅店，结果令人惊愕：老鼠在后厨地上乱窜、打扫卫生的簸箕和餐具同池混洗、用顾客使用的火锅漏勺掏下水道……像这种情况就完全违背了法律规定的"诚实信用原则"。

类似的案例有很多。这些例子都体现了经营者的法律素养低下。那么，大学生究竟应该怎样提高创新创业的法律素养呢？这主要有以下途径：

1）充分利用国家和社会的培训资源。大学生在开始创业打造自己的天地之前，要做好充分的准备工作。在大学生创新创业方面，国家每年都会以补助拨款的形式要求有关部门为大学生提供多种创业培训，大学生要把握住机会，学习法律知识，用法律知识武装自己。

2）充分利用学校资源。学校不同于社会的是，校园里有良好的学习氛围和便利的知识资源。特别是国家号召大学生创业以来，各高校积极响应，校园里经常见到相关法律讲座、法律论坛、普法宣传手册画报；图书馆引进、开放更多相关书籍和期刊资源，并经常开展活动；越来越多的法学院开设专门主题的课程，并与其他学院协同合作，给大学生提供了学习研讨法律的宽广平台。

3）充分利用网络资源。在"互联网+"和"大数据"时代下，我们获得电子资源的方式越来越多，汲取知识的途径越来越便利，这在以前是不可想象的。但需要提醒的是，对于一些法律问题，尤其是热点案件，网民发言的真实性、可靠性参差不齐，我们在学习获取法律信息时应选择权威网站，如中国法院网、中国人大网、中国普法网、正义网、无讼、西湖法律书店等。

4）充分利用自身的主动性和自有资源。态度决定高度。客观环境和条件是我们达到目标的重要因素，然而，自身对知识的渴求和创业的决心才是事业成功的决定因素。在平时的生活和工作中，可以多看一些法律方面的书籍、电视节目，或者与朋友同学多探讨法律问题，这些都是提高自身创新创业法律素养的有效方式。

本章主要介绍了大学生创新创业需要培养法律素养的原因，创新创业的法律、政策框架，创新创业的法律行为及法律责任，做尊法、守法、知法、用法的创业者等内容。我们在学习完这些内容之后，会对创新创业与法律之间的紧密关系有一个总体的印象，对自身应该学习哪些方面的法律知识、如何提高自身法律素养有了具体的想法和相对清晰的认识。这就是本章学习的主要目标。

最后需要提醒的是，大学生创业所进行的任何行为其实都与法律有联系，因为创业是在整个法律环境下进行的。在全面推进依法治国的进程中，遵守法律是对所有市场主体提出的基本要求。身处现代社会的创业大环境中，势必要遵守国家的法律、社会的基本规范以及所在行业的行规，按照大环境的规则做事。只有这样，大学生才能在创新创业之路上越走越远、越来越好，成为成功的创业达人。

课后实践

查找10个以上值得向别人推荐的有关创新创业法律知识的网站或微信公众号。

练 习 题

一、判断题

1. 法律素养如何，体现为掌握法律知识的多寡。（ ）
2. 企业领导不懂法律也问题不大，有法律顾问就行了。（ ）
3. 为了解决企业的财务困难，我可以向广大同学或市民募集资金。（ ）

二、思考题

1. 法律素养由哪些基本内容构成？
2. 如何培养大学生创新创业的法律素养？

拓展阅读

名人谈创新创业

创新是社会进步的灵魂，创业是推动经济社会发展、改善民生的重要途径。

希望广大青年学生把自己的人生追求同国家发展进步、人民伟大实践紧密结合起来，刻苦学习，脚踏实地，锐意进取，在创新创业中展现才华、服务社会。[一]

——习近平

祖国的青年一代有理想、有追求、有担当，实现中华民族伟大复兴就有源源不断的青春力量。希望你们扎根中国大地了解国情民情，在创新创业中增长智慧才干，在艰苦奋斗中锤炼意志品质，在亿万人民为实现中国梦而进行的伟大奋斗中实现人生价值。[二]

——习近平

[一] 习近平：《创新是社会进步的灵魂》，载《人民日报》（海外版）2013年11月9日，第1版。
[二] 《习近平总书记给第三届中国"互联网+"大学生创新创业大赛"青年红色筑梦之旅"的大学生的回信》，载教育部网 2017年8月15日，http：//www.moe.gov.cn/jyb_xwfb/moe_176/201708/t20170815_311185.html。

惟创新者进，惟创新者强，惟创新者胜。㊀

——习近平

企业开办时间再减一半；项目审批时间再砍一半；政务服务一网办通；企业和群众办事力争只进一扇门；最多跑一次；凡是没有法律法规规定的证明一律取消。㊁

——李克强

科学也需要创造，需要幻想，有幻想才能打破传统的束缚，才能发展科学。

——郭沫若

成功自是人权贵，创业终由道力强。

——梁启超

对新的对象务必创出全新的概念。

——柏格森

在科学上，每一条道路都应该走一走。发现一条走不通的道路，就是对于科学的一大贡献。

——爱因斯坦

㊀ 习近平：《在欧美同学会成立100周年庆祝大会上的讲话》，载《人民日报》2013年10月22日，第1版。

㊁ 《开办企业可以这么快》，载中国政府网2018年8月8日，http://www.gov.cn/xinwen/2018-08/08/content_5312046.htm。

第二章 创业主体形式选择中的法律实务

知识路标

年轻的创客们，本章会帮你弄明白创业筹备和开展期间市场主体方面的问题：

1）大学生创新创业可以选择哪些市场主体形式？
2）大学生创新创业如何获得市场主体资格？
3）大学生创新创业应当如何构建市场主体的内部治理和管理制度？
4）大学生创新创业需要掌握哪些方面的税费政策？

时事引线

2020年10月15日，中共中央政治局常委、国务院总理李克强在北京人民大会堂出席2020年全国大众创业万众创新活动周并发表重要讲话。李克强指出，在疫情和世界经济衰退的冲击下，我国经济能够稳住基本盘、较快实现恢复性增长，上亿市场主体的强大韧性发挥了基础支撑作用。企业"双创"培育了接续有力的新动能，中小微企业蓬勃发展，很多大企业通过"双创"汇聚各方资源加速升级。"双创"以鼎新推动革故，促进了"放管服"等改革，成为提升创新效率和能力的重要抓手。

李克强指出，下一步巩固经济稳定恢复增长态势，还是要在保住上亿市场主体的基础上，让它们进一步活跃起来，这样增长才有支撑。这方面"双创"可以发挥独特而重要的作用。要落实好规模性纾困政策，加大对广大中小微企业、个体工商户和"双创"主体的帮扶。大企业要发挥优势，搭建更多"双创"平台，与中小微企业和创客融通创新，提高"双创"质量和效率。要深化"放管服"改革，打造市场化法治化国际化营商环境，持续提高开放水平，对中外企业一视同仁，让中国始终成为全球创业创新的沃土。[1]

由此可见，创业创新是国家赢得未来的基础和关键。"双创"由"众"而积厚成势，因"创"而破茧成蝶。要尽心支持每一次创业，悉心呵护每一个创新，使更多创意在碰撞中结出成果，让更多创客靠奋斗人生出彩，激励越来越多的人勇于创业、善于创新，扶持更多的企业发展壮大，成为健康合规的市场主体。

第一节　市场主体形式的选用

2014年，李克强总理在夏季达沃斯论坛上提出，让"创新创造的血液在全社会自由流动"成为重要依归，"大众创业、万众创新""人人创造"成为新浪潮。此后

---

[1] 《李克强出席全国大众创业万众创新活动周启动仪式》，载《人民日报》2020年10月16日，第3版。

"大众创业、万众创新"（简称"双创"）成为官方用语，也正式成为促进经济发展的国家政策，同时拉开了商事制度改革的序幕。除了国家就业方面的改革，通过商事制度改革优化营商环境、为市场经济发展提供法治保障，也为大学生创新创业提供了沃土。

无论在校大学生还是已经毕业的大学生，创新创业的主要途径就是进入市场开展经营活动，这就需要选择进入市场的主体形式。除了豁免登记的小商贩，其他进入市场开展经营活动的主体都需要经过登记取得市场主体资格[一]，特殊行业还需要取得营业许可资格，特殊行业可参见最新版的负面清单，包括国家发展和改革委员会发布的国家级负面清单以及各省、自贸区发布的负面清单。如果作为一般的投资者进入市场，例如只是单纯地购买股票，那就是投资主体，这样的投资主体通过证券公司开立账户，由证券登记结算机构进行证券登记结算即可，无须进行市场主体登记。如果是进行摆摊设点经营活动，只需符合城市管理的相关规定即可。

本章主要针对需要进行登记的市场主体进行介绍。根据我国当前的商事制度，市场主体形式包括团体型和个人型两种，即商事组织和商自然人（商个人）。商事组织主要是企业，包括商法人和商合伙。

一、团体型市场主体

当下社会注重团队合作，志同道合者一起创业，纵横市场，共享收益，团体型市场主体就成为此类创业者的首选。团体型市场主体主要是企业，目前常用的组织形态是公司、合伙企业、农民专业合作社。

（一）公司

公司到底是什么样的团体？公司怎样建立？公司有哪些类型呢？

[一] 目前，官方使用的是"市场主体"这一词汇，它主要是指需要履行强制登记义务的商事主体，属于狭义概念。2021年8月24日，国务院颁布的《市场主体登记管理条例》采用的就是"市场主体"和"市场主体登记"这两个概念，多数地方立法使用的是"商事主体"和"商事登记"这两个概念。商法理论上主要使用"商事主体"和"商事登记"这两个法学术语。一般而言，广义的市场主体包括投资主体、豁免登记的经营主体、强制登记的商事主体、消费主体、监管主体；狭义的市场主体是需要进行强制登记的商事主体。本章介绍的主要是需要登记的商事主体，为保持统一以及行文的方便，使用"市场主体"这一表述，需要交替使用的地方会进行必要区分。在登记制度方面，官方的很多文件交叉使用"工商登记"和"商事登记"的不同表述，中华人民共和国成立初期使用的是"工商登记"的表述。也有一些学者和其他国家、地区使用"商业登记""企业登记"的表述，本章主要使用"市场主体"和"市场主体登记"的表述，部分内容使用"商事登记"的表述，引注部分使用原文。

具体而言，公司是由符合法定人数的股东出资组成的、从事营利性经济活动的企业法人。《公司法》把公司分为有限责任公司和股份有限公司。有限责任公司简称有限公司，又分为普通的有限公司、一人有限公司和国有独资公司。股份有限公司简称股份公司，又分为不上市的股份公司和上市的股份公司。不上市的股份公司是指股票不在证券交易所公开交易的股份公司，上市的股份公司是指其股票在证券交易所交易的股份公司。

根据《公司法》的规定，公司拥有独立的法人财产，享有法人财产权，有独立的法人人格，可以以自己的名义从事民商事行为，以其全部财产对公司的债务承担责任。这就是公司法制度中的"三独"（独立的人格、独立的财产、独立的责任）和有限责任。有限责任是指有限公司的股东以其认缴的出资额为限对公司承担责任，股份公司的股东以其认购的股份为限对公司承担责任。例如，A公司注册资本为100万元，甲认缴80万元，占80%；乙认缴20万元，占20%。公司经营1个月后财产总额为110万元。公司因过错造成客户损失120万元，公司以其财产总额110万元为限对客户的120万元损失承担责任，股东甲和乙只需按照自己出资的80万元和20万元承担责任，客户另外10万元的损失可以通过其他救济途径获得赔偿。这就是公司和股东的有限责任。

公司是由股东出资建立的市场主体，有限公司的股东出资后持有的是股权，即股东因向公司出资而享有的权利，股份公司是股份。这样的区分是将股权做狭义解释，广义的股权包括有限公司的股权和股份公司的股份。股权不做等额划分，股份则通过划分为等额的股票来表现。股票是指由股份有限公司签发的证明，股东按其所持股份享有权利和承担义务的书面凭证。目前，股票已经实现电子化。股东可以用货币出资，也可以用非货币出资，如实物、知识产权（专利权、商标权、著作权、商业秘密权）、土地使用权等可以转让的财产和权利，法律、行政法规规定不得作为出资的财产除外，如劳务、信用、商誉和自然人姓名，不能作为出资。作为出资的非货币财产应当按照法律、行政法规的规定评估作价，不得高估或者低估。

股东出资后就形成了公司资本。关于资本（主要是注册资本），过去还有最低限额要求和实缴要求。2013年12月28日，国家对《公司法》进行了修订，取消了注册资本最低限额的要求，实缴改为认缴，但是银行、保险公司、证券公司、电信公司等金融类、电信类公司是需要审批获得许可的，仍然要符合《商业银行法》《保险法》《证券法》等法律关于最低注册资本的限额要求，而且必须是实缴。在当前的认缴资本制度下，对于股东出资的缴纳，由股东通过公司章程约定数额和期限。股东要按期足额缴纳公司章程规定的出资额，以货币出资的，应当把货币足额存入公司在银行开设的账户；以非货币财产出资的，应当将财产权转移到公司名下。股东不按照规定缴纳出资的,要补缴,还要向已经按期足额缴纳的股东承担违约责任。

1. 有限公司

(1) 普通的有限公司

普通的有限公司首先必须有 2 个以上 50 个以下股东;其次要有符合公司章程规定的全体股东认缴的出资额,公司章程由股东共同制定;最后要有公司名称和公司住所,并建立符合有限公司要求的组织机构,即权力机构股东会、执行机构董事会(规模较小或者人数较少的公司可以不设董事会,设一名执行董事即可)、监督机构监事会(规模较小或者人数较少的公司可以不设监事会,设一名监事即可)。

另外,如果利用有限公司创业,还要考虑公司的股权分配,这对于公司的发展具有极其重要的意义。例如三个创业者设立公司,比较常见的有 3:3:4、4:4:2、4.5:4.5:1、7:2:1 四种股权分配比例。

3:3:4 属于相对控股,比较适合公司发展到一定阶段时使用。

4:4:2 和 4.5:4.5:1 属于小股东控股,是权利、义务不对等的结构。

7:2:1 则属于绝对控股,比较适合公司在早期阶段使用。

因为在 3:3:4 的比例中,差不多是每人 1/3 的股权,看似公平,但很容易造成意见分歧无法形成决策,公司很难发展。建议在创业期通过协议让有决断力和管理能力的人做大股东,这样可以保障公司决策的效率,等公司的发展稳定以后,再调整股权比例,形成相对控股的结构。这就是公司的合伙人协议,又称合伙人制度。对于公司决策方面的股权要求,有几个比例可以参考:67% 可以决定重大事项,34% 一般可以否定重大事项,51% 可以决定一般事项,10% 享有召集主持股东会、申请公司解散等权利。以上就是设立普通的有限公司需要注意的基本问题。

创业箴言

独自创业需要勇气,共同创业需要随法而行,组建满足需要的团队。

(2) 一人有限公司

一个人也可以设立有限公司,例如一个自然人或者一个法人。一个自然人只能投资设立一家一人公司,这家公司不能再投资设立新的一人公司。在登记时还要注明自然人独资或者法人独资,并记录在公司的营业执照中。

一人公司的章程也是由股东制定的,要写清楚公司名称和住所,经营范围,注册资本,股东姓名或者名称,出资方式、出资额和出资时间,公司机构及其产生办法、职权、议事规则,法定代表人(法定代表人一般是公司董事长或者经理)。由于一人公司只有一个股东,因此一人有限责任公司不设股东会。股东做出《公司法》第三十七条第一款所列股东会职权内的决定时，应当采用书面形式，并由股东签名后置备于公司。

有限责任公司中还有一种形态是国有独资公司，但是国有独资公司是国家单独出资设立的有限公司，主要适用于涉及国家经济命脉的领域，无法在创业中适用，在此不做介绍。

2. 股份公司

（1）股份公司的设立条件

设立股份公司需要有发起人，一般由2~200个发起人发起设立或者募集设立。发起设立就是由发起人认购公司应发行的全部股份而设立公司。募集设立则是由发起人认购公司应发行股份的一部分，其余的向社会公开募集或者向特定对象募集来设立公司。要注意，发起人必须有半数以上在我国境内有住所。发起人承担公司筹办事务，要签订发起人协议，明确各自在公司设立过程中的权利和义务。

另外，要有符合公司章程规定的全体发起人认购的股本总额，如果是募集设立，要有募集的实收股本总额，也就是说，募集设立公司，发起人要实缴出资，这对创业者来说提出了较高的资金要求；股份公司的公司章程由发起人制定，全体发起人签名，采用募集方式设立的，公司章程要经创立大会通过；股份发行、筹办事项要符合法律规定；确定公司名称和公司住所，公司住所为公司主要办事机构所在地，一般就是登记地；同时建立符合股份公司要求的组织机构，股份公司的组织机构包括权力机构股东大会、执行机构董事会、监督机构监事会、高级管理人员，这些都是必须设立的机构。

股份公司章程要写清楚公司名称，住所，经营范围，设立方式，股份总数、每股金额，注册资本，发起人姓名或者名称，认购的股份数，出资方式和出资时间，董事会和监事会的组成、职权和议事规则，法定代表人，利润分配办法，解散事由与清算办法，通知和公告办法，以及股东大会会议认为需要规定的其他事项。完成上面所要求的事项，股份公司就可以到登记机关登记，获取主体资格了。

（2）上市公司的特别规定

股份公司成立后如果首次公开发行股票（Initial Public Offering，IPO），股份公

---

① 《公司法》第三十七条第一款："股东会行使下列职权：（一）决定公司的经营方针和投资计划；（二）选举和更换非由职工代表担任的董事、监事，决定有关董事、监事的报酬事项；（三）审议批准董事会的报告；（四）审议批准监事会或者监事的报告；（五）审议批准公司的年度财务预算方案、决算方案；（六）审议批准公司的利润分配方案和弥补亏损方案；（七）对公司增加或者减少注册资本作出决议；（八）对发行公司债券作出决议；（九）对公司合并、分立、解散、清算或者变更公司形式作出决议；（十）修改公司章程；（十一）公司章程规定的其他职权。"

② 目前IPO已改革为注册制。

司的股票获准发行后就可以在证券交易所上市交易，这就是上市公司。上市公司除了受《公司法》调整之外，更多的是由《证券法》调整。上市公司属于进入证券市场的市场主体，其设立条件要求较高，专业性也很强，需要丰富的金融知识和敏锐的洞察力才能在证券市场游刃有余，而且还要考虑金融市场的发展变化。鉴于目前金融市场的情况，不建议大家通过设立上市公司进行创业，上市公司投资大、设立程序比非上市公司复杂，而且风险较大。要详细了解上市公司的有关规定，可以参阅《公司法》第四章第五节"上市公司组织机构的特别规定"，以及《证券法》的有关规定。

公司这种市场主体是有史以来最为成功的发明，是推动经济发展的基础，其制度优势大，而且现在设立公司的条件逐步放宽，很适合作为创业的主体形式。有限责任公司与股份有限公司的设立条件见表 2-1，创业者可以进行比较，根据自己的需要选择创业公司形态进入市场。

表 2-1 有限责任公司与股份有限公司的设立条件

设立条件	有限责任公司		股份有限公司
	普通的有限公司	一人公司	
股东或发起人人数	股东：2~50人	股东：1人	发起人：2~200人
股份发行、筹办事项	无		有
公司章程	股东制定		发起人制定，创立大会通过（募集设立）
公司名称、组织机构	股东会、董事会（执行董事）、监事会（监事）	执行董事、监事	股东会、董事会、监事会
住所	主要办事机构所在地		

3. 公司章程

公司章程作为公司组织与行为的基本准则，对公司的成立及运营具有十分重要的意义，它既是公司成立的基础，也是公司赖以生存的灵魂，被称为公司的"小宪法"，是公司成立的必备要件。首先，公司章程是公司设立的基本条件和重要的法律文件；其次，公司章程是确定公司权利、义务关系的基本法律文件；最后，公司章程是公司实行内部管理和对外进行经济交往的基本依据。

公司章程的内容主要分为绝对必要记载事项、相对必要记载事项、任意记载事项。绝对必要记载事项是指章程中必须予以记载的、不可缺少的事项，公司章程缺少其中任何一项或任何一项记载不合法，就会导致整个章程无效，一般是公司性质所要求的必备条款。相对必要记载事项是指法律列举规定的一些事项，可以听凭章程制定人自主决定是否载入章程，一旦章程予以记载，便发生效力，如果不予记载或某项记载不合法，则仅该事项无效，章程的其他事项仍然有效，不影响整个章程的效力。任意记载事项是指法律并不列举，只要不违反法律的强行规定、公共秩序和善良风俗，章程制定人便可以根据实际需要载入章程的诸事项。

公司章程只对公司和公司内部的人员发生效力，即约束公司、股东、董事、监事、高管，对于公司外部人员，如债权人或者其他任何第三人不发生拘束力。如果公司章程对法定代表人或者负责人的权限有规定，而法定代表人或者负责人超越权限签订合同，过去都遵行越权无效原则，现代民商法确立了越权相对无效原则，《民法典》第五百零五条规定，当事人超越经营范围订立的合同的效力，应当依照本法第一编第六章第三节和本编的有关规定确定，不得仅以超越经营范围确认合同无效。其实这也涉及合同效力的问题，只要合同具备生效要件，就是有效的。

（二）合伙企业

除了公司，也可以选用合伙企业进行创业。合伙企业没有法人资格，主要分为普通合伙企业、特殊的普通合伙企业和有限合伙企业，结构比较简单。

1. 普通合伙企业

普通合伙企业由2个以上普通合伙人组成，合伙人对合伙企业债务承担的是无限连带责任。自然人要成为合伙人，必须具有完全民事行为能力。普通合伙企业必须要有书面合伙协议、合伙人认缴或者实缴的出资、企业名称和生产经营场所，名称要标明"普通合伙"字样，并满足法律、行政法规规定的其他条件。

合伙企业的出资方式和公司差不多，货币出资和非货币出资都可以，而且还可以用劳务出资。非货币出资当然也要估价，全体合伙人可以协商确定估价，也可以委托法定评估机构评估。合伙人以劳务出资的，由全体合伙人协商确定评估办法，并写进合伙协议中。以非货币财产出资的，要将财产权利转移到企业名下。

合伙协议很重要，是合伙人在合作过程中规范各自权利和义务的约定，是长期合作、共谋发展的基石。2020年5月28日通过的《民法典》吸收了《民法通则》中关于合伙的规定，在合同编增加了合伙合同，由此可见合伙协议的重要地位。合伙协议必须写清楚合伙企业的名称、主要经营场所的地点等内容，更加详细的内容可以查阅《合伙企业法》第十八条的规定㊀。合伙协议要由全体合伙人签名、盖章

㊀ 《合伙企业法》第十八条："合伙协议应当载明下列事项：（一）合伙企业的名称和主要经营场所的地点；（二）合伙目的和合伙经营范围；（三）合伙人的姓名或者名称、住所；（四）合伙人的出资方式、数额和缴付期限；（五）利润分配、亏损分担方式；（六）合伙事务的执行；（七）入伙与退伙；（八）争议解决办法；（九）合伙企业的解散与清算；（十）违约责任。"

后才能生效，合伙人按照合伙协议享有权利，履行义务。如果要修改或者补充合伙协议，应当经全体合伙人一致同意。当然，合伙协议也可以对合伙协议的修改做出约定。

2. 特殊的普通合伙企业

特殊的普通合伙企业是指在特定情况下，不由全体合伙人对合伙债务承担无限连带责任的普通合伙企业。它是普通合伙企业的一种特殊形式，只有在特定情况下不由全体合伙人对合伙企业债务承担无限连带责任。该特殊的责任形式是一个合伙人或者数个合伙人在执业活动中因故意或者重大过失造成合伙企业债务的，应当承担无限责任或者无限连带责任，其他合伙人以其在合伙企业中的财产份额为限承担责任。一般而言，如果具备专业知识或者专业技能，则可以用专业知识和专业技能为客户提供有偿服务，如法律服务、审计服务、评估服务等，这种情况就可以设立特殊的普通合伙企业。例如，取得律师执业资格的律师可以成立律师事务所，这就是特殊的普通合伙企业，还有注册会计师事务所等。特殊的普通合伙企业在公示性方面有特殊的要求，即特殊的普通合伙企业应当在名称中标明"特殊的普通合伙"字样。特殊的普通合伙企业要建立执业风险基金制度和职业保险制度，执业风险基金用于偿付合伙人执业活动造成的债务。除此之外，其他的条件都和普通合伙企业相同。

需要注意的是，律师事务所、会计师事务所是需要向业务主管部门进行登记的，律师事务所是向司法行政部门（司法局）申请设立登记，会计师事务所是向财政部门（财政局）申请设立登记。如果律师事务所和会计师事务所的组织形式不是合伙企业而是公司，则需要进行市场主体登记。

3. 有限合伙企业

有限合伙企业是由一名以上普通合伙人和一名以上有限合伙人组成的合伙企业。有限合伙企业的名称应当标明"有限合伙"字样。在有限合伙企业中，普通合伙人负责合伙企业的经营管理，对合伙企业的债务承担无限连带责任，有限合伙人不负责经营管理，以其出资额为限对合伙企业的债务承担有限责任。

有限合伙企业也必须有合伙协议，协议里要写清楚普通合伙人和有限合伙人的姓名或者名称、住所等内容。对于有限合伙人的出资，可以用货币出资或者非货币出资，但不得以劳务出资。

> **创业箴言**
>
> 创业路上合作才能共赢,如能找到得力队友,可以让你如虎添翼,在市场中大展宏图!

(三)农民专业合作社

农民专业合作社简称农业合作社,是在农村家庭承包经营基础上提供与农产品相关的服务,自愿联合、民主管理的互助性经济组织,具有法人资格。服务对象主要是其成员,也就是服务于社员。农业合作社提供农业生产资料的购买,农产品的销售、加工、运输、储藏,以及和农业生产经营有关的技术、信息等服务。

农业合作社有以下几个原则:①成员以农民为主体,农民至少应当占成员总数的80%。对于保留着农村户口的大学生来说,这就意味着可以回家乡通过设立农业合作社来创业,当然,不具有农村户口的大学生也可以参与农业合作社的创立。②以服务成员为宗旨,谋求全体成员的共同利益。③入社自愿、退社自由。④成员地位平等,实行民主管理。⑤盈余主要按照成员与农业合作社的交易量(或交易额)比例来返还。这种组织形式也会有创业者使用,尤其是具有农产品信息渠道或者掌握农业技术的大学生,可以考虑采用这种形式进行创业。

设立农业合作社要有符合《农民专业合作社法》规定的章程、组织机构,法律、行政法规规定的名称和章程确定的住所,以及章程规定的成员出资。召开由全体设立人参加的设立大会,设立时自愿成为该社成员的人就是设立人。设立大会的职权是:①通过农业合作社章程,且应当由全体设立人一致通过;②选举产生理事长、理事、执行监事或者监事会成员;③审议其他重大事项。

农业合作社章程要记载名称和住所,业务范围,成员资格及入社、退社和除名,成员权利和义务,组织机构及其产生办法、职权、任期、议事规则,成员的出资方式、出资额,财务管理和盈余分配、亏损处理,章程修改程序,解散事由和清算办法,公告事项及发布方式,以及一些需要规定的其他事项。

> **创业箴言**
>
> 乡村蕴藏无限机会,点燃创业的激情,做好抓住机遇的准备!

二、个人型市场主体

个人型市场主体主要是个人独资企业和个体工商户。个人独资企业就是过去常说的"个人私营企业",个体工商户就是常说的"个体户"。

（一）个人独资企业

个人独资企业[一]，是由一个自然人投资，财产归投资人个人所有，投资人以其个人财产对企业债务承担无限责任的经营实体。由此可见，个人独资企业的财产属于投资人个人所有，并非属于个人独资企业所有，也就是说，个人独资企业没有自己的独立财产，也就无法独立承担责任。根据《个人独资企业法》规定，设立个人独资企业的条件主要是：①投资人为一个自然人；②有合法的企业名称；③有投资人申报的出资；④有固定的生产经营场所和必要的生产经营条件；⑤有必要的从业人员。这样的市场主体形式比较适合个人独自创业，如果你具有较好的创业能力，可以考虑运用个人独资企业进入市场开展创业活动。

我们可以通过下面的案例来理解个人独资企业。甲投资10万元设立了一家一人公司——A公司，这10万元属于甲的财产，如果A公司在经营中造成他人损失20万元，那么就要用甲投入的这10万元来进行赔偿，还有10万元就由甲来承担责任，一直到还清这笔债务为止，这就是甲对A公司债务承担的无限责任。

（二）个体工商户

个体工商户简称个体户，是公民在法律允许的范围内依法登记，从事工商业经营的个人经济形式。个体户可以不起字号名称，通常是以公民个人名义而非企业名义进行法律活动的。个体户可以是个人经营，也可以是家庭经营。个人经营的，以个人财产承担责任；家庭经营的，以家庭财产承担责任，是一种无限责任。如果是个人独自创业，通过个人经营个体工商户是一种途径；如果是夫妻共同创业，家庭经营个体工商户则是较为理想的选择。

例如，李某以个人财产2万元出资设立个体户B，这就是个人经营，个体户B在经营中负债4万元，这笔债务由李某的个人财产承担，直到还清为止。如果李某与其妻子王某以他们的5万元家庭财产出资设立个体户C，那就是家庭经营，个体户C在经营中负债6万元，以出资的5万元进行赔偿后，剩余的1万元仍然由李某和其妻子王某用他们的家庭财产来偿还，直到还清为止。

对于各类市场主体设立的条件，2020年6月，国家市场监督管理总局发布了《各类市场主体设立登记条件》，内容比较详细，可以下载查看[二]。

[一] 个人独资企业虽然名称里有"企业"二字，但是该组织形式并不具备企业的一些团体要件，所以法学界很多人认为，个人独资企业属于商自然人，即个人型市场主体。

[二] 《各类市场主体设立登记条件》，载国家市场监督管理总局网2020年6月29日，http://www.samr.gov.cn/djzcj/zcfg/qt/202006/t20200629_317515.html。

> **课堂讨论**
>
> 目前,国家正在实施乡村振兴战略,广大的乡村地区就是一个商机无限的巨大市场,到乡村去创业大有可为。大家可以探讨一下如何到乡村去设立农业合作社开展涉农经营活动,为振兴乡村、助力脱贫贡献力量。

第二节 市场主体登记

选定了进入市场的市场主体形式,准备好材料,就可以到登记机关申请登记设立市场主体;取得营业执照之后,就可以开展经营活动了,如果是经营特殊行业的市场主体,还需要取得主管部门的许可证才能开展经营活动。我国从2014年开始大力改革商事登记制度,优化登记程序,为"大众创业 万众创新"政策的落实以及法治化营商环境的建设提供制度支持。自2003年世界银行颁布第一份《营商环境报告》以来,营商环境逐渐成为全球经济的一个风向标,更是观察一个国家或地区作为经济体在全球经济中采取改革措施优化营商环境的窗口。该报告通过记录190个经济体在12个商业活动领域中法规的变化,鼓励市场效率并支持经商自由。[1]首要评价指标便是开办企业的效率。

在我国大力推进"双创"的浪潮下,优化营商环境成为支持"双创"、促进经济发展的重要抓手,商事登记制度更是改革商事制度和优化营商环境的"先手棋",具有极其重要的意义。近年来,我国的商事登记制度发生了颠覆性变革,登记程序逐步简化,效率不断提高,除了到登记机关业务窗口或者政务服务大厅登记窗口申请,也可以在网上申请登记。国家通过改革以商事登记制度为核心的商事制度,大幅降低市场准入门槛,建设法治化营商环境,为广大市场主体提供高效便捷、公平、可预期的营商环境。目前,市场主体登记基本实现了统一化的程序设计,主要由《市场主体登记管理条例》进行规范,该条例自2022年3月1日起施行,主要涉及登记事项、登记规范、监督管理等内容。下面就来逐项介绍我

---

[1] 世界银行:《2020年世界营商环境报告》,载世界银行驻中国代表处网站2019年10月24日,https://chinese.doingbusiness.org/zh/reports/global-reports/doing-business-2020。2019年的报告主要考察指标是"开办企业、办理施工许可证、获得电力、登记财产、获得信贷、保护少数投资者、纳税、跨境贸易、执行合同、办理破产和劳动力市场监管"11个领域,参见世界银行:《2019年世界营商环境报告》,载《中国经济报告》2019年第3期。

国市场主体登记方面的法律实务,主要包括登记机关、登记类型、登记事项。

一、登记机关

在市场主体登记模式的选择上,我国确立了行政机关登记的模式,又称国家登记的模式。国外一些国家是法院进行登记,如德国;还有一些国家和地区是行业机构登记,又称民间登记,例如,荷兰是由当地的民间组织商事注册中心进行登记,意大利米兰则是由当地的商会进行登记。

(一) 国家市场监督管理总局

我国的市场主体登记实行分级管辖,登记机关是地方各级市场监督管理局,具体登记机构是登记注册局和乡镇的市场监督管理所。市场监督管理局是由原来的工商行政管理局、食品药品监督管理局、质量技术监督局整合组建,共17项职责,市场主体登记的相关事宜由登记注册局负责。总局主要负责"市场主体统一登记注册,指导各类企业、农民专业合作社和从事经营活动的单位、个体工商户以及外国(地区)企业常驻代表机构等市场主体的登记注册工作,建立市场主体信息公示和共享机制,依法公示和共享有关信息,加强信用监管,推动市场主体信用体系建设"。[一]登记注册局负责拟定市场主体统一登记注册和营业执照核发的制度措施并指导实施,承担指导登记注册全程电子化工作,承担登记注册信息的分析公开工作。指导市场监督管理方面的行政许可,扶持个体私营经济发展,承担建立完善小微企业名录工作,在中央组织部指导下,指导各地市场监督管理部门配合党委组织部门开展小微企业、个体工商户、专业市场的党建工作。按照党中央、国务院关于全面深化改革、进一步简政放权、最大限度减少中央机关对微观事务管理的部署要求,国家工商行政管理总局全面完成登记企业管理权限下放工作,自2017年12月1日起不再办理具体的企业登记业务,原登记企业已全部下放至地方工商和市场监督管理部门登记管理。目前负责市场主体登记业务的是各省、自治区、直辖市、设区的市(自治州)、县的市场监督管理局以及乡镇的市场监督管理所。

(二) 省级市场监督管理局

省级市场监督管理局负责省级以上人民政府或者其授权的国有资产监督管理机构履行出资人职责的公司,以及该公司投资设立并持有50%以上股权或股份的公司

[一] 参见国家市场监督管理总局网站:http://www.samr.gov.cn/jg/#zjzz。

的登记管理。同时，自 2017 年 12 月 1 日起，国家工商行政管理总局下放的登记业务也由省级市场监督管理局承担。

（三）市、县级市场监督管理局

在市场主体登记方面，市、县级市场监督管理局是主要力量，主要负责国家市场监督管理总局和省级市场监督管理局登记以外的其他公司的登记，以及国家市场监督管理总局和省级市场监督管理局授权登记的公司。

另外，大中城市还设有市场监督管理分局来负责其辖区内的个人独资企业登记。

县级市场监督管理局负责其辖区内的农业合作社、合伙企业、个人独资企业的登记。

个体户一般由县级市场监督管理局登记，也可以按照国家市场监督管理总局的规定，由县级市场监督管理局委托下属的市场监督管理所办理登记。

需要注意的是，股份公司要在地市级以上的市场监督管理局登记。

二、登记类型

根据《市场主体登记管理条例》的规定，市场主体登记主要有设立登记、变更登记、分支机构登记和注销登记四种类型。本章为了方便阐述，对分支机构登记进行单独介绍。

（一）设立登记

如果要设立市场主体，就必须通过设立登记取得主体资格。设立登记又称开业登记，登记的内容主要包括名称登记、出资人登记、住所登记、法定代表人登记、注册资本（出资额）登记、主体类型和经营范围登记。

（二）变更登记

市场主体在经营中如果发生合并、分立、转让、出租、联营，或者变更名称、住所、经营场所、法定代表人、经营期限、注册资本等，都应当办理变更登记。

（三）分支机构登记

市场主体分支机构是市场主体在其住所或主营业地以外的地方设立不具有法人资格的附属经营机构，如分店、分厂、分公司。分支机构也要按规定登记，领取营业执照才能营业。如果它的登记事项发生变更，则也要办理变更登记。

（四）注销登记

市场主体可以进入市场，理论上可以无期限存在，但是同样也可以退出市场，也就是说，市场主体实际上也有生命周期。从市场主体的主体资格和经营资格二元结构来看，市场主体退出市场有主体退出（丧失主体资格）和行为退出（丧失经营资格）之别。主体退出属于完全退出，因为市场主体的经营资格是依附于主体资格存在的，主体退出也就意味着经营资格的终止，如撤销登记、注销登记。行为退出则是部分退出，市场主体的主体资格依然存在，如营业执照被吊销、歇业等。从退出的意愿来看，市场主体退出市场还有主动退出与被动退出之分。主动退出如企业自行解散、企业申请破产、经营期限届满主动办理注销登记等，市场主体主动退出市场是符合市场经济运行规律的行为，属于正常、有序的退出。被动退出如强制解散、撤销登记、吊销营业执照或者责令关闭等，这些退出类别并非市场主体的主观意愿，而是外在因素的影响造成的。市场主体及其分支机构如果解散、歇业、撤销、破产或因其他事由终止营业，就要办理注销登记，这是消灭市场主体资格、退出市场的必经程序和唯一标准。

目前，国家对于已经清偿所有债务、缴纳所有税款的企业实行简易注销登记制度，为企业退出市场提供更加便利的服务。创业者通过设立市场主体开展创业活动，自然是希望长期发展，如果无法继续开展经营，那么就要退出市场，如果符合简易注销的条件，可以直接到市场监督管理部门的登记窗口办理注销登记，或者在各地注销"一网"平台申请注销登记，这样就可以终止市场主体资格，退出市场。

三、登记事项

根据市场主体登记制度的要求，向登记机关提交登记申请应当将所有登记事项的材料准备好，过去对于登记事项的要求较多，程序烦琐，如今市场主体登记制度改革，很多事项得到了简化，登记事项基本统一了，程序也简单了不少。不同的市场主体在登记事项上也还存在细微差别，以下分别介绍：

（一）一般事项

根据《市场主体登记管理条例》，市场主体的一般登记事项包括：①名称；②主体类型；③经营范围；④住所或者主要经营场所；⑤注册资本或者出资额；⑥法定代表人、执行事务合伙人或者负责人姓名。这是《市场主体登记管理条例》第八条第一款的规定，《市场主体登记管理条例》还将原来的一些登记事项改为了备案事项，由此可见，目前设立市场主体的一般登记事项已经得到了极大简化。

（二）分类事项

在设立市场主体时，除了登记一般事项，还应当根据市场主体类型登记下列事项：①有限责任公司股东、股份有限公司发起人、非公司企业法人出资人的姓名或者名称；②个人独资企业的投资人姓名及居所；③合伙企业的合伙人名称或者姓名、住所、承担责任方式；④个体工商户的经营者姓名、住所、经营场所；⑤法律、行政法规规定的其他事项。这是《市场主体登记管理条例》第八条第二款的规定，凸显了不同市场主体的区别，这样设计分类事项有助于申请人准备申请材料，也便于登记机关进行登记。

（三）备案事项

根据《市场主体登记管理条例》第九条的规定，市场主体的下列事项应当向登记机关办理备案：①章程或者合伙协议；②经营期限或者合伙期限；③有限责任公司股东或者股份有限公司发起人认缴的出资数额，合伙企业合伙人认缴或者实际缴付的出资数额、缴付期限和出资方式；④公司董事、监事、高级管理人员；⑤农民专业合作社（联合社）成员；⑥参加经营的个体工商户家庭成员姓名；⑦市场主体登记联络员、外商投资企业法律文件送达接受人；⑧公司、合伙企业等市场主体受益所有人相关信息；⑨法律、行政法规规定的其他事项。

《市场主体登记管理条例》颁布之前，章程、合伙协议、出资数额、缴付期限和出资方式等备案事项都是必须登记的事项，如今改为备案事项，降低了市场主体的设立成本，更加方便了大学生创业。此外，我国市场主体登记制度改革后，市场主体的住所也有了较大变化，过去一个地址只能登记为一个市场主体的住所，现在市场主体登记制度改革放宽了住所登记的要求，允许一址多照、一照多址。一址多照是指以同一地址作为两个以上市场主体的住所登记注册，形成一个地址核发多个营业执照。一址多照大多是因整体性的市场、大型商场、园区，通过出租整体或局部楼层引进各类市场主体，作为进驻企业住所登记，形成集约型、高密度的一址多照。一照多址是指在公司或者个体户注册登记后，取得一个营业执照后，因业务拓展在本区域内开办与经营范围相符的第二处经营场所，无须重新登记即可将正本盖章后悬挂在经营场所新址。

四、登记程序

办理登记，要知道由谁申请，需要提交什么材料，受理和签发营业执照的时限。目前市场主体登记制度改革，从三证合一、五证合一改革为多证合一、一照一码、证照分离，并且是一网通办。如果到政务服务中心办理申请设立市场主体，只要到登记机关的办事窗口提交一份表格、一套材料，登记生成社会信用代码，不用到税务、质监、社保等其他部门办理相关证照，最多跑一次，因为各部门已经实现信息共享，现在开始推行全程网上登记，登记效率大幅提升。多证合一是将涉及企业（包括农业合作社）登记、备案等有关事项和各类证照进一步整合到营业执照上。一照一码则是一张营业执照，一个统一的社会信用代码。2017年5月，国务院办公厅印发《国务院办公厅关于加快推进"多证合一"改革的指导意见》（国办发〔2017〕41号），开始梳理涉企证照事项，全面实行多证合一。证照分离指的是工商部门颁发的营业执照和相关主管部门颁发的经营许可证"相对脱钩"。其意义就在于形成市场主体资格和经营资格相互分离、各自独立的证明体系，让作为市场主体的企业、创业者们能够更加便利地取得参与市场经营的资格，在更加宽松的市场中竞争。2018年9月12日，国务院部署在全国有序推开证照分离改革，持续解决"准入不准营"问题，压减工业产品生产许可证1/3以上并简化审批，为市场主体减负，消除群众办事烦忧。

创业箴言

创业要充分运用网络、信息手段，设立市场主体也要体现高铁速度！

（一）登记申请

市场主体登记申请需要确定市场主体名称，然后向登记机关提交申请材料，不同的市场主体类型所需要的材料有所不同，但是都要求申请人对材料的真实性负责，如果提供虚假材料，将受到相应的行政处罚，构成犯罪的还将被追究刑事责任。这是市场主体登记制度关于诚信原则的基本要求，大学生创业也应遵循诚信原则，在设立市场主体时诚实守信，提供真实有效的申请材料。以下介绍市场主体名称的选用、市场主体的登记申请、市场主体登记容缺受理机制与证明事项告知承诺制。

1. 市场主体名称的选用

市场主体的名称又称商事名称、商业名称，我国法定的用语是企业名称、公司名称。在我国，市场主体的名称一般由行政区划+字号（商号）+行业（经营特点）+组织形式构成，例如"四川长虹电器股份有限公司"。其中，行业必须符合GB/T 4754—2017《国民经济行业分类》的要求。个体工商户的名称所使用的组织形式一般是"店""部"，如奶茶店、小卖部、批发部。个人独资企业一般是"厂""行"，例如"东莞市长安坚腾金属材料行"，或者"服务中心""工作室"，也有叫"店""部"的。名称所使用的文字必须符合《企业名称登记管理规定》（2020年12月国务院令第734号修订，2021年3月1日起施行）第十一条、第十二条的规定。^㊀详细规定可以查阅原国家工商行政管理总局印发的《企业名称禁限用规则》《企业名称相同相近比对规则》。

过去，设立企业应当向登记机关申请名称预先核准，这一程序增加了企业设立成本，不利于投资效率的提高和营商环境的优化。为了解决这一问题，国务院办公厅于 2018 年 5 月发布了《国务院办公厅关于进一步压缩企业开办时间的意见》（国办发〔2018〕32 号）。该意见提出，推进企业名称登记管理改革，扩大企业名称自主申报范围，除涉及前置审批事项或企业名称核准与企业设立登记不在同一机关外，企业名称不再实行预先核准，申请人可在办理企业登记时，以自主申报的企业名称一并办理。所以，现在设立企业不需要向登记机关申请名称预先核准，而是在企业名称开放查询比对系统中对自己的企业名称进行比对，通过系统比对后，登录企业名称自主申报平台进行自主申报。现在，市场主体名称登记可以直接到网上申报，国家市场监督管理总局登记注册处开设有专门的企业名称登记服务系统，各省（自治区、直辖市）也都建有网上申报系统，会提供比对功能，不符合规范的名称会收到系统的提示，无法选用。关于市场主体名称的登记，网上有一些操作演示视频可供参考。

2. 市场主体的登记申请

2013 年修订的《公司法》简化了公司登记事项和登记文件，之后的商事制度改革对所有市场主体的登记都进行了大幅改革。现在，申请设立市场主体应按照《市场主体登记管理条例》的规定进行实名登记，申请人应配合登记机关核验身份信息，即审核申请人资格文件。如果是设立不需要获取许可文件的有限公司，可以在网上直接申请设立，进入电子登记系统，按提示操作提交材料即可，非常方便快捷，一般 3 天内就可以拿到营业执照，最快的当天就可以拿到营业执照。随着市场主体登记制度改革的深化，目前全国各地都不断简化市场主体登记的程序，事项整合、文件简化，登记效率得到极大提高。

㊀ 《企业名称登记管理规定》第十一条　企业名称不得有下列情形：（一）损害国家尊严或者利益；（二）损害社会公共利益或者妨碍社会公共秩序；（三）使用或者变相使用政党、党政军机关、群团组织名称及其简称、特定称谓和部队番号；（四）使用外国国家（地区）、国际组织名称及其通用简称、特定称谓；（五）含有淫秽、色情、赌博、迷信、恐怖、暴力的内容；（六）含有民族、种族、宗教、性别歧视的内容；（七）违背公序良俗或者可能有其他不良影响；（八）可能使公众受骗或者产生误解；（九）法律、行政法规以及国家规定禁止的其他情形。第十二条　企业名称冠以"中国""中华""中央""全国""国家"等字词，应当按照有关规定从严审核，并报国务院批准。国务院市场监督管理部门负责制定具体管理办法。企业名称中间含有"中国""中华""全国""国家"等字词的，该字词应当是行业限定语。使用外国投资者字号的外商独资或者控股的外商投资企业，企业名称中可以含有"（中国）"字样。

《市场主体登记管理条例》规定，申请办理市场主体登记，应当提交申请书、申请人资格文件、自然人身份证明，住所或者主要经营场所相关文件，公司、非公司企业法人、农民专业合作社（联合社）章程或者合伙企业合伙协议，法律、行政法规和国务院市场监督管理部门规定提交的其他材料。国务院市场监督管理部门会根据市场主体类型分别制定登记材料清单和文书格式样本，通过政府网站、登记机关服务窗口等向社会公开，大家可以根据设立不同市场主体的需要下载清单和样式。[一]另外，登记机关能够通过政务信息共享平台获取的市场主体登记相关信息，申请人不必重复提供。对于申请材料的真实性、合法性和有效性，由申请人自负其责，这是国家完善市场信用机制的基础性要求，即更加注重申请人（市场主体）的自律品格。设立市场主体时，申请人如果没有时间或者因其他原因无法亲自办理，可以委托其他自然人或者中介机构代其办理市场主体登记，受委托的自然人或者中介机构代办登记事宜应当遵守有关规定，不得提供虚假信息和材料。对于不会操作计算机、手机或者无法填写登记材料的申请人，可以口头申报登记，登记机关的工作人员会帮助填写、准备申请材料。

3. 市场主体登记制度中的容缺受理机制与证明事项告知承诺制

如果在办理市场主体登记时有部分次要材料忘记携带，也不会影响市场主体的设立登记，因为现在市场主体登记制度规定了容缺受理机制，目的就是提高市场主体的设立效率，方便群众办事，实现"最多跑一次"的要求。容缺受理是指对基本条件具备、主要申请材料齐全且符合法定形式，但次要条件或申请材料欠缺的政务服务事项，经过申请人做出相应承诺后，政务服务单位先予受理，当场一次性告知需要补正的材料、时限和超期补正处理办法，并进行审查，在申请人补正全部材料后，在承诺办结时限内及时出具办理结果意见，颁发相关批文、证照的制度。

证明事项告知承诺制是指公民、法人和其他组织在向行政机关申请办理行政事项时，行政机关以书面形式（含电子文本，下同）将证明义务、证明内容以及不实承诺的法律责任一次性告知申请人，申请人书面承诺已经符合告知的相关要求并愿意承担不实承诺的法律责任，行政机关不再索要有关证明并依据书面承诺办理相关行政事项的工作机制。该制度源于国务院提出的"减证便民"行动，为了方便群众和企业办事、改善营商环境、提高政府服务能力，司法部根据国务院要求部署，于2019年5月制定了《开展证明事项告知承诺制试点工作方案》进行试点，2020年

[一] 参见国家市场监管总局关于印发《市场主体登记文书规范》《市场主体登记提交材料规范》的通知（国市监注发〔2022〕24号），国家市场监督管理总局：https://gkml.samr.gov.cn/nsjg/djzcj/202203/t20220301_340075.html。

11月国务院发布了《国务院办公厅关于全面推行证明事项和涉企经营许可事项告知承诺制的指导意见》（国办发〔2020〕42号），在全国推广该制度。

（二）审查程序

在市场主体登记程序中，登记机关收到申请材料后会依法进行形式审查，材料符合要求的当场就能登记发照，市场主体的设立效率大大提高，这是国家不断深化商事制度改革、进一步压缩企业开办时间、优化营商环境的结果。对于企业开办时间，《国务院办公厅关于进一步压缩企业开办时间的意见》（国办发〔2018〕32号）要求2018年年底前，各直辖市、计划单列市、副省级城市和省会城市要将企业开办时间压缩一半以上，由之前平均20天减至8.5天（指工作日，下同）以内，其他地方也要积极压减企业开办时间。目前该目标已实现，各地的市场主体登记时间都大幅缩短，当天完成登记已经很普遍。2020年9月，国务院办公厅发布了《国务院办公厅关于深化商事制度改革　进一步为企业松绑减负激发企业活力的通知》（国办发〔2020〕29号），要求2020年年底前，各省、自治区、直辖市和新疆生产建设兵团全部开通企业开办"一网通办"平台，做到企业开办全程网上办理，进一步压减企业开办时间至4个工作日内或更少。目前全国范围开展企业登记注册"减证提速"行动，通过开展"证照分离"改革、多证合一、审核合一、网上全程登记等多项措施，简化办理流程，大幅压缩办照时间，降低企业制度性交易成本，提高登记效率。根据《市场主体登记管理条例》第十九条的规定，登记机关对申请材料齐全、符合法定形式的予以确认并当场登记。不能当场登记的，应当在3个工作日内予以登记；情形复杂的，经登记机关负责人批准，可以再延长3个工作日。申请材料不齐全或者不符合法定形式的，登记机关应当一次性告知申请人需要补正的材料。也就是说，市场主体设立时的登记时限是3天，而且实践中基本已经实现"立等取照"的目标。如果登记申请不符合法律、行政法规规定，或者可能危害国家安全、社会公共利益的，登记机关会不予登记，并且说明理由。

登记机关对申请人设立市场主体的登记申请依法予以登记的，签发营业执照。营业执照签发日期为市场主体的成立日期。各地都在深化市场主体登记制度改革，登记程序越来越简便，申请人还可以在网上提出登记申请，按照提示操作十分方便，登记全程电子化也已经实现，使人工智能辅助材料审查，自动签发营业执照。现在国家还推行电子营业执照，申请人可以用手机下载、公示，需要纸质营业执照的自行打印即可。

2019年3月1日，全国市场监管部门统一启用和换发新版营业执照。新版营业执照体现了商事制度改革新成果，实现了二维码与公示系统无缝链接，在显著位置增加"扫描二维码登录'国家企业信用信息公示系统'了解更多登记、备案、许可、监管信息"的提示语，扫描二维码可以快速查询该企业的公示信息，方便社会各界了解企业情况，进一步扩大营业执照在社会管理领域的应用，为企业自律、部门监管和社会共治奠定了坚实基础。新版营业执照在实现营业执照样式统一的前提下，按照现行法律法规的明确规定，维持现有事项不变，分别适用公司法人、非公司企业法人、合伙企业、农民专业合作社、个人独资企业、个体工商户、各类非法人企业、分公司、分支机构，方便社会公众迅速了解和区分不同类型市场主体的法定登记事项、基本组织结构和责任形式，保证营业执照的法定性、稳定性和一贯性。从2019年3月1日起，全国市场监管部门将为准予设立登记、变更登记以及补发营业执照的各类市场主体，统一颁发新版营业执照。之前存续的各类市场主体，可以继续使用原版营业执照，也可以申请换发新版营业执照。

2019年6月，为贯彻落实《电子商务法》的要求，为市场主体公示营业执照提供便利的服务，方便群众办事创业，市场监管总局设计开发了电子营业执照亮照系统，于2019年6月10日正式上线运行，电子营业执照亮照系统主要面向各类市场主体提供网上亮照服务。市场主体使用电子营业执照登录亮照系统（https：//zzlz.gsxt.gov.cn/businessShow/），按系统提示输入亮照信息后，系统即生成该市场主体电子营业执照的展示链接和标识图标。市场主体将电子营业执照展示链接及图标嵌入网页，便可实现营业执照网上自主公示。社会公众单击网站上公示的电子营业执照亮照图标可对该市场主体的营业执照进行真伪查验。

五、救济措施

根据一般法理，有权利必有救济，市场主体登记过程中涉及申请人的大量权利和义务，就必定会有救济措施予以保障。申请人对登记结果不满的，或者登记机关存在徇私舞弊等违法行为的，可以通过投诉举报、行政复议、行政诉讼来维护自己的合法权益。

（一）投诉举报

申请人发现登记机关存在违法违规行为的，可以向登记机关或者登记机关的上级机关以及纪检监察部门投诉、举报。例如，赵某想设立一家合伙企业，准备好了符合要求的材料，向D县市场监督管理局提交设立申请，D县市场监督管理局的登记人员故意刁难赵某，迟迟不予受理，导致赵某的合伙企业无法按时成立，造成了一定损失，这时赵某可以向D县市场监督管理局举报登记人员的违法行为，由D县市场监督管理局对涉嫌违法的登记人员进行处分，并按规定为赵某办理合伙企业的设立登记，颁发营业执照。

（二）行政复议

除了投诉和举报，申请人可以直接向有行政复议资格的机构申请行政复议，寻求行政救济。仍以上面提到的赵某为例，如果他设立合伙企业的申请被受理，但是 D 县市场监督管理局最后做出不予登记的决定，那么赵某可以向 D 县行政复议部门申请行政复议，要求审查不予登记决定的合法性。复议部门经审查如果认为赵某提交的材料合法，应当为其办理登记的，可以撤销不予登记的决定，要求登记机关为赵某办理营业执照；如果认为赵某的材料不合法，不符合设立合伙企业的条件，就会做出维持不予登记决定的复议结果。

（三）行政诉讼

如果赵某不服 D 县市场监督管理局不予登记的决定，还可以直接向人民法院提起行政诉讼，也可以因为对行政复议结果不满，而向人民法院提起行政诉讼，寻求司法救济。

以上就是投诉举报、行政复议、行政诉讼这三种法定维权方式，是大学生创业者维护自身合法权益、监督登记机关依法行政的有力法律武器。

课堂讨论

如何起草一份符合公司发展需要的公司章程？示范文本固然可资借鉴，但是自身个性也要彰显，大家可以参考一些公司章程，然后拟出适合自己需求的章程，为成立公司奠定基础。

第三节　市场主体内部治理

市场主体的设立需要具备一定的构造条件，即便是个人独资企业和个体工商户也会具有一定的法律构造要求，所以市场主体在设立阶段便面临具体的内部构造问题，尤其是公司，其治理结构必须完备，机构健全方能得以成立，内部治理完善才能健康运行。

一、公司的治理结构和管理制度

公司早在古罗马就出现了雏形，是比较成熟的市场主体。在人类的经济发展史上，公司扮演了非常重要的角色，为人类的财富积累和经济进步做出了很大贡献。所以到今天，世界各国（地区）的公司制度较为完备，形成了权利与权力如何配置、制衡等一系列的制度安排，也就是公司的治理结构，包括公司内部的具体组织构造和外部的相关监督制约。由于公司的外部治理较复杂，本节只介绍公司的内部治理。

（一）公司的治理结构

公司的治理结构是指为适应公司的产权结构，以出资者（股东）与经营者分离、分立和整合为基础，连接并规范股东会、董事会、监事会、经理相互之间权利、利益、责任关系的制度安排。这主要体现为股东（大）会、董事会、高级管理人员、监事会的设置和权力分配。

1. 股东（大）会

该机构，有限公司称股东会，股份公司称股东大会。股东（大）会是公司的权力机构，具有以下职权：①决定公司的经营方针和投资计划；②选举和更换非由职工代表担任的董事、监事，决定有关董事、监事的报酬事项；③审议批准董事会的报告、监事会或者监事的报告、公司的年度财务预算方案、决算方案、利润分配方案和弥补亏损方案；④对公司增资减资、发行公司债券、合并、分立、解散、清算或者变更公司形式做出决议；⑤修改公司章程；⑥公司章程规定的其他职权。对股东以书面形式一致表示同意的事项，可以不召开股东（大）会会议，直接做出决定，并由全体股东在决定文件上签名、盖章。

一人公司不设股东（大）会，股东直接行使股东（大）会的职权，做出决定要采用书面形式，并由股东签名后置备于公司。

2. 董事会

除了股东（大）会这样的权力机构，公司还要有执行机构，即董事会。它的成员是3~13人，设董事长1人，可以设副董事长。董事长、副董事长的产生办法、董事任期由章程规定。董事每届任期不得超过3年，可以连选连任。董事会对股东会负责，享有对内经营管理权，包括决策权、执行权、人事任免权、监督权；其具体职权可以参见《公司法》的规定以及公司章程规定的其他职权。

董事长的权力主要是召集和主持董事会会议；董事长不能履行职务或者不履行职务的，由副董事长召集和主持；副董事长不能履行职务或者不履行职务的，由半数以上董事共同推举1名董事召集和主持。董事会的议事方式和表决程序除了遵守《公司法》的规定，公司章程也可以做出规定。董事会应当对所议事项的决定做成会议记录，出席会议的董事应当在会议记录上签名。董事会决议的表决，实行一人一票。

股东人数较少或者规模较小的有限公司，可以设一名执行董事，不设董事会。执行董事可以兼任公司经理。执行董事的职权由公司章程规定。

股份公司必须设董事会，成员是5~19人。董事会成员中可以有公司职工代表。职工代表由公司职工代表大会、职工大会或者其他形式民主选举产生。董事会的职权与有限公司一样。董事任期和有限公司也一样。设董事长1人，可以设副董事长。董事长和副董事长由董事会以全体董事的过半数选举产生。

根据《公司法》规定，公司法定代表人依照公司章程的规定，由董事长、执行董事或者经理担任，并依法登记。公司法定代表人变更，应当办理变更登记。

3. 高级管理人员

高级管理人员（简称高管）是指公司的经理、副经理、财务负责人、上市公司董事会秘书和公司章程规定的其他人员。

（1）经理

有限公司可以设经理，也可以不设，如果设置经理职位，由董事会决定聘任或者解聘。经理对董事会负责，其主要职权是：①主持公司的生产经营管理工作，组织实施董事会决议、公司年度经营计划和投资方案；②拟订公司内部管理机构设置方案和基本管理制度；③制定公司的具体规章；④提请聘任或者解聘公司副经理、财务负责人；⑤决定聘任或者解聘除应由董事会决定聘任或者解聘以外的负责管理人员；⑥董事会授予的其他职权。公司章程也可以对经理职权另外做出规定。经理列席董事会会议。

股份公司必须设经理，由董事会决定聘任或者解聘，其职权与有限公司经理一样。

（2）财务负责人

财务负责人一般由总会计师或财务总监担任，由董事会聘任，全面负责公司的财务管理、会计核算与监督工作，参与公司重大事项及生产经营决策。严格地说，必须有会计师资格的人才能胜任，且从事会计工作多年，经验丰富，有一定的管理能力。

（3）董事会秘书

按照《公司法》的要求，上市公司设董事会秘书，负责公司股东大会和董事会会议的筹备、文件保管以及公司股东资料的管理，办理信息披露等事宜。董事会秘书由董事长提名，经董事会聘任或解聘。公司董事或者其他高管可以兼任公司董事会秘书。

4. 监事会

有限公司设监事会，其成员不得少于3人。股东人数较少或者规模较小的有限公司，可以设1~2名监事，不设监事会。监事会应当包括股东代表和适当比例的公司职工代表，其中职工代表的比例不得低于1/3，具体比例由公司章程规定。监事会中的职工代表由公司职工代表大会、职工大会或者其他形式民主选举产生。董事、高管不得兼任监事。

监事会设主席1人，由全体监事过半数选举产生。监事会主席召集和主持监事会会议；监事会主席不能履行职务或者不履行职务的，由半数以上监事共同推举1名监事召集和主持监事会会议。监事的任期每届3年。监事任期届满，可以连选连任。

监事会、不设监事会的公司监事的权力主要是：①可以检查公司财务；②监督董事、高管执行职务的行为，建议罢免违反法律、行政法规、公司章程或者股东（大）会决议的董事、高管；③要求损害公司利益的董事、高管纠正损害行为；④提议召开临时股东（大）会会议，在董事会不履行召集和主持股东（大）会会议职责时召集和主持股东会会议；⑤向股东（大）会会议提出提案；⑥依照规定对董事、高管提起诉讼。公司章程可以规定监事会的一些其他职权。

监事可以列席董事会会议，并对董事会决议事项提出质询或者建议。监事会、不设监事会的公司监事发现公司经营情况异常时，可以进行调查；必要时，可以聘请会计师事务所等协助其工作，费用由公司承担。监事会每年至少召开1次会议，监事可以提议召开临时会议。监事会的议事方式和表决程序，除遵守《公司法》的规定，可以由公司章程规定。监事会决议应当经半数以上监事通过，对所议事项的决定制成会议记录，出席会议的监事要在会议记录上签名。

股份公司必须设监事会，其结构、职权和有限公司一样。监事会、不设监事会的公司的监事行使职权所必需的费用，由公司承担。

（二）公司的管理制度

设立公司时就要考虑制度建设，例如制定用工制度、劳动纪律、财务制度和奖惩制度，来保证公司的正常运营。公司的用工制度应当符合《劳动法》和《劳动合同法》的要求，通过签订劳动合同建立劳动关系。劳动纪律等规章制度一定要向劳动者进行公示和说明，因为这是公司开展工作的依据，也是遇到劳动纠纷时的重要证据。还有一个重要问题是不要拖欠工资，尤其是农民工工资。在农民工工资保障方面，2019年12月4日，国务院第73次常务会议通过了《保障农民工工资支付条例》，自2020年5月1日起施行。

管理制度的另一个核心内容就是要依法设置财会人员，接受审计。具体来说就是按照规定设立商事账簿，如财务会计报表、资产损益表、现金流量表等，这是公司重要的财务凭证。

印章管理制度也很重要。市场主体的印章包括公章、法定代表人章、财务专用章、合同专用章和发票专用章，需要使用这些公章的市场主体主要是公司、非公司制法人企业、农民专业合作社。公司的所有印章刻制都需要到公安机关备案登记后到指定的刻印机构刻制。根据现在的市场主体登记制度改革，刻制印章已经和设立登记合并办理，均可线上办理。创业初期设立公司，应当制定科学合理的印章管理制度，印章应由专人管理，按规定程序使用，防范印章管理不善可能引发的风险。

二、非公司市场主体的内部治理

对于非公司市场主体，这里主要介绍农民专业合作社、合伙企业、个人独资企业的内部治理模式。

（一）农民专业合作社

农民专业合作社的组织机构主要是成员大会、理事长、监事会（监事）、经理和财务会计人员，也可以设理事会，管理制度的核心是财务管理。

1. 成员大会

成员大会是农民专业合作社的权力机构，由全体成员组成，其职权是：①负责修改章程；②选举和罢免理事长、理事、执行监事或者监事会成员；③决定重大财产处置、对外投资、对外担保和生产经营活动中的其他重大事项；④批准年度业务报告、盈余分配方案、亏损处理方案；⑤对合并、分立、解散、清算做出决议；⑥决定聘用经营管理人员和专业技术人员的数量、资格和任期；⑦听取理事长或者理事会关于成员变动情况的报告；⑧章程规定的其他职权。

农民专业合作社召开成员大会，出席人数应当达到成员总数 2/3 以上。成员大会选举或者做出决议，应当由本社成员表决权总数过半数通过；做出修改章程或者合并、分立、解散的决议应当由本社成员表决权总数的 2/3 以上通过。章程可以对表决权数做出较高规定。

2. 理事长

农民专业合作社设理事长 1 名，可以设理事会。理事长是法定代表人。

3. 监事会（监事）

农民专业合作社也要有监督机构，也就是设执行监事或者监事会。理事长、理事、经理和财务会计人员不得兼任监事。

理事长、理事、执行监事或者监事会成员，由成员大会从本社成员中选举产生，依照《农民专业合作社法》和章程的规定行使职权，对成员大会负责。

理事会会议、监事会会议的表决，实行一人一票。

4. 经理和财务会计人员

农民专业合作社的日常经营可以由理事长或者理事会按照成员大会的决定聘任经理和财务会计人员，理事长或者理事可以兼任经理。经理按照章程规定或者理事会的决定，可以聘任其他人员。经理按照章程规定和理事长或者理事会授权，负责具体生产经营活动。

5. 财务管理

农民专业合作社应当按照国务院财政部门制定的财务会计制度进行会计核算。农民专业合作社的理事长或者理事会应当按照章程规定，组织编制年度业务报告、盈余分配方案、亏损处理方案以及财务会计报告，于成员大会召开的15日前，置备于办公地点，供成员查阅。农民专业合作社与其成员的交易、与利用其提供的服务的非成员的交易，应当分别核算。

农民专业合作社可以按照章程规定或者成员大会决议从当年盈余中提取公积金。公积金用于弥补亏损、扩大生产经营或者转为成员出资。每年提取的公积金按照章程规定量化为每个成员的份额。

农民专业合作社应当为每个成员设立成员账户，主要记载该成员的出资额、该成员的公积金份额、该成员与本社的交易量（额）。

设立执行监事或者监事会的合作社，由执行监事或者监事会负责对本社的财务进行内部审计，审计结果应当向成员大会报告。成员大会也可以委托审计机构对本社的财务进行审计。

（二）合伙企业

合伙企业中，合伙人对合伙事务的执行享有同等的权利。按照合伙协议的约定或者经全体合伙人决定，可以委托一个或者数个合伙人对外代表合伙企业，执行合伙事务。

合伙企业委托一个或者数个合伙人执行合伙事务的，其他合伙人不再执行合伙事务。不执行合伙事务的合伙人有权监督执行事务合伙人执行合伙事务的情况。

由一个或者数个合伙人执行合伙事务的，执行事务合伙人应当定期向其他合伙人报告事务执行情况以及合伙企业的经营和财务状况，其执行合伙事务所产生的收益归合伙企业，所产生的费用和亏损由合伙企业承担。合伙人有权查阅合伙企业会计账簿等财务资料。

合伙人分别执行合伙事务的，执行事务合伙人可以对其他合伙人执行的事务提出异议。提出异议时，应当暂停该项事务的执行。如果发生争议，依照《合伙企业法》第三十条规定做出决定。

受委托执行合伙事务的合伙人不按照合伙协议或者全体合伙人的决定执行事务的，其他合伙人可以决定撤销该委托。

合伙人对合伙企业有关事项做出决议，按照合伙协议约定的表决办法办理。合伙协议未约定或者约定不明确的，实行合伙人一人一票并经全体合伙人过半数通过的表决办法。

除合伙协议另有约定外，合伙企业的下列事项应当经全体合伙人一致同意：①改变合伙企业的名称；②改变合伙企业的经营范围、主要经营场所的地点；③处分合伙企业的不动产；④转让或者处分合伙企业的知识产权和其他财产权利；⑤以合伙企业名义为他人提供担保；⑥聘任合伙人以外的人担任合伙企业的经营管理人员。

合伙人不得自营或者同他人合作经营与本合伙企业相竞争的业务。除合伙协议另有约定或者经全体合伙人一致同意外，合伙人不得同本合伙企业进行交易。有限合伙人不受以上竞业禁止和自我交易限制的约束。合伙人不得从事损害本合伙企业利益的活动。

合伙企业的利润分配、亏损分担，按照合伙协议的约定办理；合伙协议未约定或者约定不明确的，由合伙人协商决定；协商不成的，由合伙人按照实缴出资比例分配、分担；无法确定出资比例的，由合伙人平均分配、分担。合伙协议不得约定将全部利润分配给部分合伙人或者由部分合伙人承担全部亏损。

被聘任的合伙企业经营管理人员应当在合伙企业授权范围内履行职务。被聘任的合伙企业经营管理人员，超越合伙企业授权范围履行职务，或者在履行职务过程中因故意或者重大过失给合伙企业造成损失的，依法承担赔偿责任。

合伙企业应当依照法律、行政法规的规定建立企业财务、会计制度。

（三）个人独资企业

个人独资企业投资人可以自行管理企业事务，也可以委托或者聘用其他具有民事行为能力的人负责企业的事务管理。投资人委托或者聘用他人管理个人独资企业事务，应当与受托人或者被聘用的人签订书面合同，明确委托的具体内容和授权范围。受托人或者被聘用的人员应当履行诚信、勤勉义务，按照与投资人签订的合同负责个人独资企业的事务管理。投资人对受托人或者被聘用的人员职权的限制，不得对抗善意第三人。

个人独资企业应当依法设置会计账簿，进行会计核算。

课堂讨论

怎样选择合伙企业的合伙事务执行人？由合伙人自己担任还是外聘专业人员？

第四节 市场主体的税费

依法纳税、缴纳社会保险费是市场主体的法定义务。2012年以来，国家进行营业税改增值税的改革，缴纳营业税的应税项目改成缴纳增值税，也就是常说的"营改增"。同时，国家也对社会保险费费率进行了大幅调整。减税降费构成了"双创"政策的重要内容，也是推动商事制度改革、建设法治化营商环境的重要举措。

一、市场主体的税种

除了过去的营业税，目前市场主体的税种主要还有流转税、资源税、所得税、特定目的税、财产和行为税5个类别。流转税一般包括增值税、消费税、关税；资源税类一般包括资源税、城镇土地使用税；所得税主要是企业所得；特定目的税主要是城市维护建设税、土地增值税、耕地占用税、车辆购置税、烟叶税、房产税；财产和行为税主要有印花税和契税。2016年3月，财政部、国家税务总局公布了《营业税改征增值税试点实施办法》《营业税改征增值税试点有关事项的规定》《营业税改征增值税试点过渡政策的规定》《跨境应税行为适用增值税零税率和免税政策的规定》。2016年5月1日起，营业税改征增值税试点全面推开，将建筑业、房地产业、金融业、生活服务业4个行业的营业税改为增值税。2017年12月，国务院常务会议通过《国务院关于废止〈中华人民共和国营业税暂行条例〉和修改〈中华人民共和国增值税暂行条例〉的决定》，标志着实施60多年的营业税正式退出历史舞台。

二、市场主体的税费优惠政策

国家正在大力推进商事制度改革，优化营商环境，支持创新创业，在税收和行政事业性收费、社会保险费率方面进行了大幅改革，减税降费成为国家经济体制改革的一个重要内容。对于市场主体来说，除了上文提及的营业税改增值税的改革，各种税收都在降低，很多行政事业性收费也取消或者停征了，社会保险费率也不断下调。

（一）市场主体的税收优惠

市场主体的具体优惠事项，可以参阅《企业所得税优惠事项办理指引》（2019年版）以及国家税务总局于2021年6月修订的《"大众创业　万众创新"税收优惠政策指引汇编》。2021年3月31日召开的国务院常务会议确定加大小微企业所得税优惠力度并将个体工商户纳入优惠政策范围，从2021年1月1日起至2022年年底，对小微企业和个体工商户年应纳税所得额不到100万元的部分，在现行优惠政策的基础上，再减半征收所得税，进一步降低实际税负。另外，从2021年4月1日起至2022年年底，将小微企业、个体工商户等小规模纳税人增值税起征点，由现行月销售额10万元提高到15万元。

目前，税务登记也包含在市场主体的设立登记，其中，缴纳税款可以通过网络进行，或者通过一些省、自治区、直辖市税务部门开发的 App 以及市场主体所在地税务部门的微信公众号也可以缴纳。国家税务总局编制发布了《办税事项"最多跑一次"清单》（国家税务总局公告2018年第12号发布，简称《清单》），从2018年4月1日起在全国实施。根据《国家税务总局关于推行办税事项"最多跑一次"改革的通知》（税总发〔2018〕26号），办税事项"最多跑一次"是指纳税人办理《清单》范围内事项，在资料完整且符合法定受理条件的前提下，最多只需要到税务机关跑一次。根据《国家税务总局关于贯彻落实全国深化"放管服"改革转变政府职能电视电话会议精神　优化税收营商环境有关事项的通知》（税总函〔2018〕461号），国家税务总局将"在全国范围内建成规范统一的电子税务局，实现'四个统一'，提供功能更加全面、办税更加便捷的网上办税系统，优化业务信息系统功能，提供预填或免填单服务，减少纳税人基础信息重复填写，让纳税人多跑网路、少跑马路"。现在很多地方都开始推广使用自助办税终端和增值税发票自主领取终端，极大地方便了申请人，提高了办事效率。

（二）市场主体的行政事业性收费优惠

2014年12月，财政部发布了《关于取消、停征和免征一批行政事业性收费的通知》，自2015年1月1日起，取消或暂停征收12项中央级设立的行政事业性收费。各省（区、市）要全面清理省级设立的行政事业性收费项目，取消重复设置、收费养人以及违背市场经济基本原则的不合理收费。自2015年1月1日起，对小微企业（含个体工商户）免征42项中央级设立的行政事业性收费。2017年以来，财政部、国家发展和改革委员会发布了《关于清理规范一批行政事业性收费有关政策的通知》等文件，取消或停征一大批行政事业性收费项目。

（三） 市场主体的社会保险费优惠

降低社会保险费率，是减轻企业负担、优化营商环境、完善社会保险制度的重要举措。根据《国务院办公厅关于印发降低社会保险费率综合方案的通知》（国办发〔2019〕13号），自2019年5月1日起，降低城镇职工基本养老保险（包括企业和机关事业单位基本养老保险，简称养老保险）单位缴费比例。各省、自治区、直辖市及新疆生产建设兵团养老保险单位缴费比例高于16%的，可降至16%；目前低于16%的，要研究提出过渡办法。同时，继续阶段性降低失业保险、工伤保险费率，降低比例达20%~50%。2020年以来，为应对疫情的不利影响，允许市场主体的社会保险费减少或缓交，大大减轻了企业负担。

课后实践

创新创业要及时关注国家和各地方的最新政策法规动态，依法依规开展创业活动，进入市场应当诚实守信，合法经营。相关的政策法规和时事动态可以登录中央人民政府门户网站"中国政府网（http：//www.gov.cn/）"，里面设有"双创政策文件库（http：//sousuo.gov.cn/s.htm?t=zhengcelibrary&q=双创）""营商环境政策文件库（http：//sousuo.gov.cn/s.htm?t=zhengcelibrary&q=营商环境）""减税降费政策文件库（http：//sousuo.gov.cn/s.htm?t=zhengcelibrary&q=减税降费）"，这些政策文件库按国务院和各部委以及文件发布的时间顺序整理了相关的政策文件，非常方便查阅。国务院各部委的网站也有专门的政策法规板块，可以检索各部委的政策法规。各级地方政府尤其是省级政府的网站一般也都有专门的政策法规库，可以查阅地方的政策法规。

大家也可以关注一些微信公众号，例如国务院的微信客户端、市场监督管理总局主办的"市监沙龙"、登记注册小助手，利用手机就可以随时关注最新的政策法规动态。

本章无法将所有政策、法律、法规、部门规章、地方性法规以及地方政府规章和其他规范性文件一一列举出来，有需要的可以自己在网上查阅。如果要了解市场上市场主体的基本信息，如名称、住址、经营范围等，可以登录国家企业信用信息公示系统（http：//www.gsxt.gov.cn/index.html）查询，在与其他市场主体进行交易之前应当查询该市场主体的基本信息，确保该市场主体是合法合规的，这样才能避免因信息不对称造成损失。

练习题

一、单选题

1. 我国《公司法》规定，有限责任公司股东最高人数为（　　）。
   A. 21 人　　　　B. 30 人　　　　C. 40 人　　　　D. 50 人

2. 张某与潘某欲共同设立一家有限责任公司。关于公司的设立，下列哪一说法是错误的？（　　）
   A. 张某、潘某签订公司设立书面协议可代替制定公司章程
   B. 公司的注册资本可约定为 50 元
   C. 公司可以用张某姓名设计公司名称
   D. 张某、潘某二人可约定以潘某住所作为公司住所

3. 根据《合伙企业法》规定，设立合伙企业，应当有（　　）合伙人。
   A. 2 个以上　　B. 3 个以上　　C. 4 个以上　　D. 5 个以上

4. 根据《农民专业合作社法》规定，合作社章程如何通过？（　　）
   A. 理事长通过　B. 理事会通过　C. 设立大会通过　D. 监事会通过

二、多选题

1. 我国《公司法》将公司分为（　　）。
   A. 有限责任公司　B. 无限责任公司　C. 股份有限公司　D. 两合公司

2. 根据《农民专业合作社法》规定，合作社章程应当记载（　　）。
   A. 名称和住所　B. 业务范围　C. 成员权利和义务　D. 章程修改程序

3. 根据《个人独资企业法》规定，设立个人独资企业的条件有哪些？（　　）
   A. 合法的企业名称
   B. 投资人申报的出资
   C. 固定的生产经营场所和必要的生产经营条件
   D. 必要的从业人员

拓展阅读

"大众创业　万众创新"税收优惠政策指引[一]

推进大众创业、万众创新，是发展的动力之源，也是富民之道、公平之计、强国之策。近年来，大众创业、万众创新持续向更大范围、更高层次和更深程度

[一] 《"大众创业　万众创新"税收优惠政策指引》，载国家税务总局网 2021 年 7 月 26 日，http://www.chinatax.gov.cn/chinatax/n810341/n810825/c101434/c5167236/content.html。

推进，创新创业与经济社会发展深度融合，对推动新旧动能转换和经济结构升级、扩大就业和改善民生、营造公平营商环境和创新社会氛围发挥了重要作用。截至2021年6月，我国针对创业就业主要环节和关键领域陆续推出了102项税收优惠措施。

一、企业初创期税费优惠

企业初创期，除了普惠式税收优惠，符合条件的增值税小规模纳税人、小型微利企业、个体工商户，特殊群体创业或者吸纳特殊群体就业（高校毕业生、失业人员、退役士兵、军转干部、随军家属、残疾人、回国服务的在外留学人员、长期来华定居专家等）还能享受特殊的税费优惠。同时，国家还对扶持企业成长的科技企业孵化器、大学科技园等创业就业平台，创投企业、金融机构、企业和个人等给予税收优惠，充分发挥集聚效应，给予企业金融支持。具体包括：

（一）小微企业税费优惠

1. 符合条件的增值税小规模纳税人免征增值税
2. 阶段性减免增值税小规模纳税人增值税
3. 小型微利企业减免企业所得税
4. 个体工商户应纳税所得不超过100万元部分个人所得税减半征收
5. 增值税小规模纳税人减征地方"六税两费"
6. 符合条件的企业暂免征收残疾人就业保障金
7. 符合条件的缴纳义务人免征有关政府性基金
8. 符合条件的增值税小规模纳税人免征文化事业建设费

（二）重点群体创业就业税费优惠

9. 重点群体创业税费扣减
10. 吸纳重点群体就业税费扣减
11. 退役士兵创业税费扣减
12. 吸纳退役士兵就业税费扣减
13. 随军家属创业免征增值税
14. 随军家属创业免征个人所得税
15. 安置随军家属就业的企业免征增值税
16. 军队转业干部创业免征增值税
17. 自主择业的军队转业干部免征个人所得税
18. 安置军队转业干部就业的企业免征增值税
19. 残疾人创业免征增值税

20. 安置残疾人就业的单位和个体工商户增值税即征即退

21. 特殊教育校办企业安置残疾人就业增值税即征即退

22. 安置残疾人就业的企业残疾人工资加计扣除

23. 安置残疾人就业的单位减免城镇土地使用税

24. 长期来华定居专家进口自用小汽车免征车辆购置税

25. 回国服务的在外留学人员购买自用国产小汽车免征车辆购置税

（三）创业就业平台税收优惠

26. 科技企业孵化器和众创空间免征增值税

27. 科技企业孵化器和众创空间免征房产税

28. 科技企业孵化器和众创空间免征城镇土地使用税

29. 大学科技园免征增值税

30. 大学科技园免征房产税

31. 大学科技园免征城镇土地使用税

（四）创业投资税收优惠

32. 创投企业投资未上市的中小高新技术企业按比例抵扣应纳税所得额

33. 有限合伙制创业投资企业法人合伙人投资未上市的中小高新技术企业按比例抵扣应纳税所得额

34. 公司制创业投资企业投资初创科技型企业抵扣应纳税所得额

35. 有限合伙制创投企业法人合伙人投资初创科技型企业抵扣从合伙企业分得的所得

36. 有限合伙制创投企业个人合伙人投资初创科技型企业抵扣从合伙企业分得的经营所得

37. 天使投资个人投资初创科技型企业抵扣应纳税所得额

38. 创业投资企业灵活选择个人合伙人所得税核算方式

39. 中关村国家自主创新示范区试行公司型创业投资企业所得税优惠政策

（五）金融支持税收优惠

40. 创新企业境内发行存托凭证试点阶段增值税优惠政策

41. 创新企业境内发行存托凭证试点阶段企业所得税优惠政策

42. 创新企业境内发行存托凭证试点阶段个人所得税优惠政策

43. 以非货币性资产对外投资确认的非货币性资产转让所得分期缴纳企业所得税

44. 以非货币性资产对外投资确认的非货币性资产转让所得分期缴纳个人所得税

45. 金融机构小微企业及个体工商户小额贷款利息收入免征增值税

46. 金融机构农户小额贷款利息收入企业所得税减计收入

47. 金融企业涉农和中小企业贷款损失准备金税前扣除

48. 金融企业涉农和中小企业贷款损失税前扣除

49. 金融机构与小型微型企业签订借款合同免征印花税

50. 小额贷款公司农户小额贷款利息收入免征增值税

51. 小额贷款公司农户小额贷款利息收入企业所得税减计收入

52. 小额贷款公司贷款损失准备金企业所得税税前扣除

53. 为农户及小型微型企业提供融资担保及再担保业务免征增值税

54. 中小企业融资（信用）担保机构有关准备金企业所得税税前扣除

55. 账簿印花税减免

二、企业成长期税费优惠

为营造良好的科技创新税收环境，促进企业快速健康成长，国家出台了一系列税收优惠政策，帮助企业不断增强转型升级的动力。对研发费用实施所得税加计扣除政策，对制造业企业研发费用实施所得税100%加计扣除政策。对企业固定资产实行加速折旧，对制造业及部分服务业企业符合条件的仪器、设备实行加速折旧。对科学研究机构、技术开发机构、学校、图书馆进口国内不能生产或性能不能满足需求的科学研究、科技开发和教学用品，免征进口关税和进口环节增值税、消费税。实施科技成果转化税收优惠，帮助企业和科研机构留住创新人才，激发科研人员研发创新和科技成果转化的积极性。具体包括：

（一）研发费用加计扣除政策

56. 研发费用加计扣除

57. 制造业企业研发费用企业所得税100%加计扣除

58. 委托境外研发费用加计扣除

（二）固定资产加速折旧政策

59. 固定资产加速折旧或一次性扣除

60. 制造业及部分服务业企业符合条件的仪器、设备加速折旧

61. 制造业及部分服务业小型微利企业符合条件的仪器、设备加速折旧

（三）进口科研技术装备用品税收优惠

62. 重大技术装备进口免征增值税

63. 科学研究机构、技术开发机构、学校等单位进口免征增值税、消费税

（四）科技成果转化税收优惠

64. 技术转让、技术开发和与之相关的技术咨询、技术服务免征增值税

65. 技术转让所得减免企业所得税

66. 中关村国家自主创新示范区特定区域内居民企业技术转让所得减免企业所得税

（五）科研创新人才税收优惠

67. 科研机构、高等学校股权奖励延期缴纳个人所得税

68. 高新技术企业技术人员股权奖励分期缴纳个人所得税

69. 中小高新技术企业向个人股东转增股本分期缴纳个人所得税

70. 获得非上市公司股票期权、股权期权、限制性股票和股权奖励递延缴纳个人所得税

71. 获得上市公司股票期权、限制性股票和股权奖励适当延长纳税期限

72. 企业以及个人以技术成果投资入股递延缴纳所得税

73. 由国家级、省部级以及国际组织对科技人员颁发的科技奖金免征个人所得税

74. 职务科技成果转化现金奖励减免个人所得税

三、企业成熟期税费优惠

为助力企业持续发展壮大、做大做强，国家从不同角度、不同领域出台了一系列税收优惠政策，帮助我国企业加快创新追赶步伐、抢占科技制高点。对高新技术企业、技术先进型服务企业减按15%的税率征收企业所得税，对高新技术企业和科技型中小企业亏损结转年限延长至10年，先进制造业纳税人给予增值税期末留抵退税优惠。对软件产品实施增值税超税负即征即退，国家鼓励的软件企业可以享受企业所得税定期减免优惠，尤其是国家鼓励的重点软件企业，可减按10%的税率征收企业所得税。对集成电路重大项目企业给予增值税期末留抵税额退税优惠，对符合规定的集成电路生产企业或项目定期减免企业所得税，对集成电路生产企业生产设备缩短折旧年限，对动漫企业销售自主开发生产动漫软件实行增值税超税负即征即退、动漫软件出口免征增值税等政策。具体包括：

（一）高新技术类企业和先进制造业税收优惠

75. 高新技术企业减按15%税率征收企业所得税

76. 高新技术企业和科技型中小企业亏损结转年限延长至10年

77. 技术先进型服务企业减按15%税率征收企业所得税

78. 先进制造业纳税人增值税期末留抵退税

（二）软件企业税收优惠

79. 软件产品增值税超税负即征即退

80. 国家鼓励的软件企业定期减免企业所得税

81. 国家鼓励的重点软件企业减免企业所得税

82. 软件企业取得即征即退增值税款用于软件产品研发和扩大再生产企业所得税政策

83. 符合条件的软件企业职工培训费用按实际发生额税前扣除

84. 企业外购软件缩短折旧或摊销年限

(三) 集成电路企业税费优惠

85. 集成电路重大项目企业增值税留抵税额退税

86. 集成电路企业退还的增值税期末留抵税额在城市维护建设税、教育费附加和地方教育附加的计税（征）依据中扣除

87. 承建集成电路重大项目的企业进口新设备可分期缴纳进口增值税

88. 线宽小于0.8微米的集成电路生产企业定期减免企业所得税

89. 线宽小于0.25微米的集成电路生产企业定期减免企业所得税

90. 投资额超过80亿元的集成电路生产企业定期减免企业所得税

91. 投资额超过150亿元的集成电路生产企业或项目定期减免企业所得税

92. 国家鼓励的线宽小于28纳米的集成电路生产企业或项目定期减免企业所得税

93. 国家鼓励的线宽小于65纳米的集成电路生产企业或项目定期减免企业所得税

94. 国家鼓励的线宽小于130纳米的集成电路生产企业或项目定期减免企业所得税

95. 国家鼓励的线宽小于130纳米的集成电路生产企业延长亏损结转年限

96. 国家鼓励的集成电路设计、装备、材料、封装、测试企业定期减免企业所得税

97. 国家鼓励的重点集成电路设计企业定期减免企业所得税

98. 集成电路生产企业生产设备缩短折旧年限

(四) 动漫企业税收优惠

99. 销售自主开发生产动漫软件增值税超税负即征即退

100. 符合条件的动漫设计等服务可选择适用简易计税方法计算缴纳增值税

101. 动漫软件出口免征增值税

102. 符合条件的动漫企业可申请享受国家现行鼓励软件产业发展的企业所得税优惠政策

第三章 创新创业中的合同法律实务

知识路标

大学生在创新创业的过程中会面临合同上的法律风险。本章需要掌握以下内容：
1）合同主要有哪些种类？
2）在合同签订时应该注意哪些问题？
3）合同纠纷的解决应该注意哪些问题？

时事引线

大学生小刘（甲方）与大学生小王（乙方）签订书面合同约定：甲方于 2019 年 6 月 3 日前将位于南宁市的店铺转让给乙方使用。店铺交付乙方后，乙方同意代替甲方与广西某职业技术学院履行租赁合同，并享有和承担合同的各项责任与义务，按时交纳租金、水电费等各项费用，自负盈亏；店铺转让费为 55 500 元，2019 年 6 月 3 日乙方付给甲方 5500 元，由于乙方经济问题，尾款 5 万元分期付款，双方协定于 2019 年 7 月 14 日前付 2 万元，2019 年 10 月 1 日前付 3 万元。合同中还对其他事项做出了约定。

2019 年 6 月 3 日，小王向小刘出具欠条记载：小王尚欠小刘 5 万元，于 2019 年 7 月 14 日前还 2 万元，2019 年 10 月 1 日前还清，如到期未还，将收回该职业技术学院创业园 120 号铺面。小王于 2019 年 6 月 3 日通过微信向其转款 4500 元，后再未付款，小刘迫于无奈，带着二人签署的欠条，将小王诉至法院请求支付剩余租赁费用。

由此现实中的案例我们可以看出，在创新创业的过程中经常要借助合同开展，要用合同法律规则对我们的权利予以保护。当一方违约时，我们可以依法要求对方履行合同义务，必要时还可以通过诉讼程序达到合同目的。

第一节　合同法律制度概要

一、合同与创新创业

（一）合同的概念

合同又称契约。合同的本意为"相互交易"，是一种合意或协议，即合同是经过要约与承诺达成的合意。

要约是希望和他人订立合同的意思表示。该意思表示应当符合要约是特定合同当事人的意思表示；要约必须向要约人希望与之缔结合同的相对人发出；要约必须具有缔约目的并表明经承诺即受此意思表示的拘束；要约的内容必须具备足以使合同成立的主要条件。

承诺是受要约人同意要约的意思表示。该意思表示应当符合以下特征：①承诺必须由受要约人做出；②承诺必须向要约人做出；③承诺的内容必须与要约的内容一致；④承诺必须在有效期限内做出。例如小马对小朱说卖手机，小牛对小马说买手机，这不叫达成合意，因为小马和小牛之间并没有达成买卖手机的一致想法。又如小红对小兰说卖纯净水，小兰对小红说买爽肤水，小兰和小红之间也没有就买卖的标的物达成合意。再如小科对小龙说3元卖一瓶纯净水，小龙对小科说2元买一瓶纯净水，他们就价格也没有达成合意。只有约定达成合同的主要条款一致，合意才能达成，合同才能成立。

根据《民法典》合同编的有关规定，合同具有以下法律特点：

1）合同是平等主体的自然人、法人和其他组织所实施的一种民事法律行为。订立合同的民事主体必须是平等地位的自然人、法人和其他组织。例如，小王的公司同区政府订立了办公设备买卖合同，交易中小王的公司与区政府就是平等的民事主体，不存在管理与被管理、服务与被服务的关系，只要小王的公司能够按照约定履行交付办公设备的义务，区政府都应该如约履行支付价款的义务；如果区政府没有按照约定履行义务，则小王可以据此提起违约之诉。

2）合同以设立、变更或终止民事权利义务关系为目的。《民法典》第四百六十四条规定，合同是民事主体之间设立、变更、终止民事法律关系的协议。婚姻、收养、监护等有关身份关系的协议，适用有关该身份关系的法律规定。合同的法律效果是民事主体之间会设立、变更、终止民事法律关系，例如李雷与韩梅梅之间签订了遗赠扶养协议，李雷承诺去世后将自己的遗产赠与韩梅梅，但韩梅梅应该扶养照看李雷直至其死亡，这样，李雷、韩梅梅就因合同的生效产生民事权利义务关系，分别享有一些权利，并需要承担一些义务。

3）合同是当事人协商一致的产物。合同是意思表示一致的协议，是合意的结果，因此它必须包括以下要素：①合同的成立必须要有两个以上的当事人；②各方当事人必须互相做出意思表示，通俗来讲就是要有表达和承诺；③双方意思表示一致，即当事人达成了一致的协议，一个卖西瓜的和一个买黄瓜的就不会达成一致协议。

（二）合同的种类

合同作为商品交换的法律形式，其类型因交易方式的多样化而各有不同。一般来说，合同主要有以下种类：

1. 双务合同和单务合同

双务合同是指当事人双方互负对待给付义务的合同，如买卖合同、租赁合同。卖方或出租人需要付出一些东西，如商品或使用房屋的权利，买方和承租人也需要付出相应的价款。单务合同是指合同当事人双方并不互相享有权利和义务，而主要由一方负担义务，另一方并不负有相对义务的合同，如达成赠与合同的双方，只需要赠与的一方交付东西给接受赠与的一方，接受赠与的人不需要有回馈。

2. 有偿合同和无偿合同

有偿合同是指一方通过履行合同规定的义务而给对方某种利益，对方要得到该利益必须为此支付相应代价的合同，如买卖合同和租赁合同。无偿合同是指一方给付某种利益，对方取得该利益时并不支付任何报酬的合同，如赠与合同、无偿借用合同、无偿保管合同等。

3. 有名合同和无名合同

有名合同又称典型合同，是指法律上已经确定了一定的名称和规则的合同。例如《民法典》合同编规定的19类，买卖合同、委托合同、运输合同、租赁合同等。无名合同又称非典型合同，是指法律上尚未确定一定的名称与规则的合同。根据合同自由原则，合同当事人可以自由决定合同内容，因此即使当事人订立的合同不属于有名合同的范围，只要不违背法律的禁止性规定和社会公共利益，也仍然是有效的，例如肖像权使用合同。

4. 诺成合同和实践合同

诺成合同是指当事人一方的意思表示一旦经对方同意即能产生法律效果的合同。除了法律明文规定的几种实践合同以外，生活中大多数合同都是诺成合同。实践合同又称要物合同，是指除当事人双方意思表示一致以外尚需交付才能成立的合同。最典型的几种实践合同有定金合同、保管合同、自然人之间的借款合同。只有将定金、保管物、借款交付到合同相对人手中，合同才成立或生效。若只签订合同，而不交付以上标的物，则日后不具备向对方请求交付该标的物的权利，因为合同尚未成立或生效。

5. 要式合同和不要式合同

要式合同是指根据法律规定应当采取特定方式订立的合同。对于一些重要的交易，法律常要求当事人必须采取特定的方式订立合同，例如，中外合资经营企业合同必须由审批机关批准方可成立。又如，有些法律规定某种合同必须采用书面形式才成立，则当事人未采用书面形式时合同便不成立。《民法典》第四百九十条规定，当事人采用合同书形式订立合同的，自当事人均签名、盖章或者按指印时合同成立。在签名、盖章或者按指印之前，当事人一方已经履行主要义务，对方接受时，该合同成立。不要式合同是指当事人订立的合同依法并不需要采取特定的形式，当事人可以采取口头方式，也可以采取书面形式。根据合同自由原则，当事人有权选择合同形式，但对于法律有特别的形式要件规定的，当事人应当遵循法律规定。

6. 主合同和从合同

主合同是指不需要其他合同的存在即可独立存在的合同，具有独立属性。从合同又称附属合同，不具备独立性，是指以其他合同的存在为前提的合同。主合同的成立与效力直接影响从合同的成立与效力，但是从合同的成立与效力不会影响主合同。例如，对于保证合同而言，主债权债务关系的合同就是主合同，保证合同对于主合同而言，就是从合同。债权债务消灭，保证合同自然也不复存在。但是保证合同解除或无效，债权债务合同仍然单独成立。

分清合同的种类，可以有助于我们真正厘清具体案件中的法律关系，有效解决纠纷。

（三）创新创业中合同的作用

在就业压力与日俱增和企业之间竞争越发激烈的大环境下，创新创业成为许多就业者与企业的不二选择。在工作与经营的过程中，自主创新与创业是体现一个企业或工作者竞争能力大小的决定因素，在这些因素中，合同扮演着纽带与润滑剂的角色。合同管理是企业管理工作中一项重要的管理工作。企业的不同部门、不同层次的管理者都要参与到企业合同管理的审核、签订以及管理工作中。企业只有制定了合理规范的合同，才能更好地使合同管理为企业的创新能力提供更加规范的保障。在企业与劳动者之间，必须有合理规定了知识产权归属的合同，才能使企业与劳动者免于纠纷，提高劳动者的创新动力与企业的活力。在全民创新创业的形势下，合同不仅连接着企业内部各部门之间、雇主与雇员之间的关系，还是企业存在于市场，与企业间或者与政府间合作获得盈利的重要方式。在合同终止以后，企业与就业者还可以通过订立新的合同保护自己的创新成果不被滥用。

创业箴言

在创新创业中，合同法律始终至关重要，是人们合作或交易活动的保护神。

二、合同法律制度的原则

（一）合同法律制度的基本原则

合同法律制度的基本原则是制定和执行合同法律制度的总的指导思想，是合同法律制度的灵魂。合同法律制度的基本原则是合同法律制度区别于其他法律的标志，集中体现了合同法律制度的基本特征。合同法律制度的基本原则包括以下几个方面：

1. 平等原则

合同当事人的法律地位平等，一方不得将自己的意志强加给另一方。合同当事人的法律地位一律平等，合同中的权利义务对等，合同当事人必须就合同条款充分协商，取得一致，合同才能成立。

> **创业箴言**
>
> 法律不能使人人平等，但在法律面前人人是平等的。

2. 自愿原则

自愿原则是指当事人依法享有自愿订立合同的权利，任何单位和个人不得非法干预。自愿原则贯彻合同活动的全过程。

3. 公平原则

当事人应当遵循公平原则确定各方的权利和义务。不得滥用权利，不得欺诈，不得假借订立合同恶意进行磋商，确定风险的合理分配，根据公平原则确定违约责任。

4. 诚实信用原则

当事人行使权利、履行义务都要遵守诚实信用原则，不得有欺诈或其他违背诚实信用原则的行为，自觉履行通知、协助、保密等义务。

5. 不得损害社会公共利益原则

当事人订立、履行合同应当遵守法律、行政法规，尊重社会公德，不得扰乱社会经济秩序，损害社会公共利益。

（二）合同法律制度的专属原则

合同法律制度还有其自身的专属原则，人民法院在审理合同纠纷案件时，要坚持这些专属原则，充分尊重当事人的意思自治。合同法律制度的专属原则如下：

1. 合同自由原则

合同自由是指当事人在法律允许的范围内，就与合同有关的事项享有选择和决定的自由。其中包括缔约自由、选择相对人的自由、决定合同内容的自由、变更或解除合同的自由、选择合同形式的自由。合同自由原则与上文提到的自愿原则存在一些差异，自愿原则更强调在缔结合同时的法律行为是当事人自主决定的，而合同自由原则则昭示着国家允许当事人实施法律行为的范围和自由度。

2. 合同正义原则

合同正义就是平均正义，是指对任何人都同样看待，双方的所得与所失都是对等的，而不考虑其自身地位如何。它主要作用于人们之间的交换关系，所以又称"交换正义"，表现为给付与对待给付之间具有对等性。

> **创业箴言**
>
> 天下没有免费的午餐。享受好处者，应承担相应的负担。

3. 鼓励交易原则

合同法律制度主要是调整交易关系的，其一般规则就是交易过程中维护交易秩序的基本规则，各类合同的法律制度也是保护正常交换的具体准则。鼓励交易为市场发展趋势所必需，也是提高效率、增进社会财富积累的重要手段，鼓励交易原则有利于维护合同自由，实现当事人缔约的意志和自由。

实践中，法院在认定法律事实时，会从合同法律制度相关原则进行推定。由此可见，合同法律原则不仅可以作为裁量双方法律责任的依据，也可以在判断案件事实的层面发挥一定作用。

三、《民法典》合同编的内容

《民法典》合同编第一分编"通则"部分集中规定了对合同关系进行法律调整的一般原则和基本制度，阐明了合同法律制度的立法目的、合同的订立、合同的效力、合同的履行、合同的变更和转让、合同的权利义务终止、违约责任和关于合同的其他规定。

合同编第二分编"典型合同"承担着两项功能：①将合同编通则中所做的一般规定，结合现实经济生活中几种典型的交易类型，予以具体化；②结合各种具体交易类型的自身特点，做出不同于通则一般规定的特别规定。在这种意义上，合同编第二分编构成了通则的特别规定。在合同编第一分编"通则"与第二分编的规定出现矛盾或冲突时，我们应该依据特别法优于一般法的法律适用原则，优先适用第二分编的规定，但法律另有规定的除外。第二分编包括了买卖合同，供用电、水、气、热力合同，赠与合同，借款合同，保证合同，租赁合同，融资租赁合同，保理合同，承揽合同，建设工程合同，运输合同，技术合同，保管合同，仓储合同，委托合同，物业服务合同，行纪合同，中介合同，合伙合同，共19类有名合同。

第二节 合同的签订与效力

一、合同的签订

（一）签订合同的原因

在当下社会中，有很多人大学毕业之后都会选择走上工作岗位，但无论你是选择去应聘成为一家工作单位的员工，还是选择自主创业，签合同都是必不可少的重要一环，决不能单纯地以为仅凭口头协议就能解决一些重要的问题，法律意识一定要有，要明白合同的重要性。并且我们刚走进社会，在某种程度上来说属于弱势的一方，只有在签订合同后有了法律的保障，才能切实维护自身权益。

签订合同，实际是在书面上将双方已经确定的权利义务法律化。之后，交易双方才能够认真履行自己的义务以及考虑违反义务的法律后果，从而依据合同得到自己想要的产品或者服务。因此，签订合同的重要性不言而喻。

例如，小张毕业后想创办一家公司，这就涉及租房问题。有些人租房时只是口头协商，不签订书面合同，发生纠纷后很可能因为没有合同而吃哑巴亏。因此，在租房时，一定要和房东签订书面的房屋租赁合同，以此来明确双方的权利和义务。合同中要对租赁期限、租金数额、支付方式、房屋用途、违约责任等做出约定，以便日后解决纠纷时有据可依。房东在交房时应告知房屋、家用电器等附属设施的使用方式，煤气用具、淋浴器等使用时要注意的问题等。作为房客，也应主动向房东了解这些情况。合同双方将可能出现的问题做出约定，日后出现纠纷则可简单化，各方的责任更为明晰。

从法律的角度讲，房屋租赁合同属于不动产租赁合同，是租赁合同的一种。根据《民法典》合同编的规定，租赁合同是出租人将租赁物交付承租人使用、收益，承租人支付租金的合同（出租人就是房东，承租人就是房客）。房屋租赁合同是一种诺成合同，也就是说，合同一经签订，即对房东和房客双方具有法律约束力，出租人房东不仅应按时交付作为标的物的房屋，而且交付的房屋应符合约定的使用目的。

在上面的例子中，小张租完房屋，就要涉及房屋装修问题，这时就会产生装修合同。签订装修合同的重要性体现在以下方面：①它是双方存在合同关系的重要证据，有利于保护双方的权益；②可以避免双方履行过程中产生争议；③预防合作双方对对方的行为不予认可。涉及装修的细节问题，如果不提前签订书面合同进行约定，消费者很可能会面临施工方偷工减料的风险，难以举证捍卫自己的合法权益。在没有合同来约定工期的情况下，施工方可能拖延工期，对装修方造成不必要的麻烦。

小张的公司装修完后开始运营，在公司运行过程中，就会面临签订商务合同的问题。在国际贸易方面，国际贸易的买卖双方分处两国，相距甚远，在卖方交货和买方接货的过程中会涉及很多问题，例如，由何方承担运输工具、装货、卸货，由何方办理货运保险、申领进出口许可证和报关纳税等进出口手续，由何方支付运费、装卸费、保险费、税捐和其他杂项费用，由何方负担货物在运输途中可能发生的损坏和灭失的风险。如果每笔交易都要求买卖双方对上述手续、费用和风险，逐项反复洽商，这将耗费大量的时间和费用，并影响交易的达成。为此，在国际贸易的长期实践中，逐渐形成了各种不同的贸易术语。在每一笔出口或进口贸易中，通过使用贸易术语就可以明确买卖双方在手续、费用和风险方面的责任划分，从而促进交易的达成。因此，国际贸易进行中更需要合同的法律保护，同时也能保证发货人收到货款，收货人收到正常的货物。签订合同是为了避免后面的法律纠纷，同时也使双方的利益最大化，因此，合同在国际贸易中也起着极其重要且不可替代的作用。

（二）签订合同的注意事项

现已了解签订合同的重要性，那么我们在签订合同时需要注意哪些事项呢？举个例子，小李毕业后想自主创办一家广告公司，这时候就需要租赁工作场地，于是小李就与某公司签订了房屋租赁合同。一般情况下，合同一经当事人双方签字生效就具有法律上的效力，这时如果发现不利于自己的条款想要反悔基本是不可能的。要想避免损害自己利益的条款出现，就必须要在签订合同之初了解清楚其中有哪些需要注意的事项。

1）核实确认对方当事人的主体资格。第一种情况，合同对方为自然人，要核实并复印、保存其身份证件，确认其真实身份及行为能力。第二种情况，合同对方为法人，要到当地工商部门查询其工商注册资料并实地考察其公司情况，确定其真实性；核实订约人是否经其所在公司授权委托，查验其授权委托书、介绍信、合同书；签订合同必须加盖对方单位公章、合同专用章。第三种情况，合同对方为"其他组织",对方当事人如果是个人合伙或个人独资企业,我们就要核对其营业执照登记事项与其介绍情况是否一致,是否是由合伙人及独资企业经办人签字盖公章。第四种情况,合同对方为法人筹备处,我们就要确认经办人身份及股东身份,加盖法人筹备处和股东公章。合同对方除了加盖公章、私章外,还须有亲笔签名。

司法实践中,有些公司有意刻制两套甚至多套公章,有的法定代表人或者代理人甚至私刻公章,订立合同时恶意加盖非备案的公章或者假公章,发生纠纷后,法人以加盖的是假公章为由否定合同效力的情形并不鲜见。该行为明显属于违背诚实信用原则的行为,故2019年11月最高人民法院发布的《全国法院民商事审判工作会议纪要》(法〔2019〕254号,因是第九次全国法院民商事审判工作会议纪要,故又称《九民会议纪要》)明确规定,法定代表人或者其授权之人在合同上加盖法人公章的行为,表明其是以法人名义签订合同,除《公司法》第十六条等法律对其职权有特别规定的情形外,应当由法人承担相应的法律后果。法人以法定代表人事后已无代表权、加盖的是假章、所盖之章与备案公章不一致等为由否定合同效力的,人民法院不予支持。代理人以被代理人名义签订合同,要取得合法授权。代理人取得合法授权后,以被代理人名义签订的合同,应当由被代理人承担责任。被代理人以代理人事后已无代理权、加盖的是假章、所盖之章与备案公章不一致等为由否定合同效力的,人民法院不予支持。由此,对于想通过假公章来"挖坑"的行为,法院可以据此加以处理。

2)必须以书面形式签订合同。如果是采用口头、信件、数据电文形式订立合同的,必须签订确认书并盖章签字。

3)合同的必备条款要具体、明确。合同有很多种,但是你知道哪些是合同的必备条款吗?合同的必备条款主要包括:①当事人名称,必须真实、一致;②合同标的、数量、质量、价款、包装方式,要具体、明确;③验收方法、程序和时间;④履行方式,要具体,主要有交货方式、结算方式等;⑤履行期限,需要确定某一时间点或时间段;⑥合同履行地(要尽量明确本公司所在地为合同履行地);⑦违约责任,要具体为违约金或确定违约赔偿金的计算方法;⑧解决争议办法,为协商或者诉讼、仲裁,约定由本公司所在地法院管辖或仲裁委员会仲裁。

4)订约前的合同义务。合同双方要尽到协助、通知义务,并且订约时获取的对方商业秘密不得泄露和使用。

5)遇有重大误解、显失公平,受欺诈、胁迫、乘人之危订立的合同,要及时收集保全证据,在权利除斥期间(即存续期间)内行使撤销权。

6)合同内容不得损害社会公共利益,不得恶意串通损害国家、集体、第三人的利益,不得含有造成对方人身伤害或因故意及重大过失造成对方财产损失的免责条款。

二、合同的效力

（一）签好的合同有哪些法律效力

我们顺利签完合同之后，合同具有哪些法律效力呢？可以说，合同双方当事人平等自愿签订的合同具有法律约束力。其法律约束力体现在以下几个方面：

1）双方当事人应该承担相应的法律义务。
2）双方当事人不得擅自变更或解除合同。
3）合同效力受国家强制力保障。

签好的有效合同主要有以下三个方面的法律效力：①从权利上来说，当事人双方的权利依法受到保护。也就是说，签订合同的双方当事人的权利如果受到他人侵犯，就可以凭着这份有效合同来捍卫自己的权利。②从义务上来说，当事人应按合同约定履行合同义务，否则要承担违约责任。③在一定条件下对第三人具有拘束力。

（二）存在问题的合同

前文介绍了规范合同所具有的法律效力。那么，有问题的合同我们怎么辨别出来呢？根据我国法律规定，无效合同、可撤销合同就是我们通常所说的有问题的合同。

1. 无效合同

例如，乙为了创办公司，与甲签了房屋买卖合同，约定以100万元的价格购买甲的房屋，尚未办理过户登记。后来房价不断上涨，甲觉得价格太低，又不好跟乙讲，于是与丙商议，以50万元的价格将房屋出卖给丙，并给丙办理了过户登记。在这个例子中，甲和丙的行为就构成了恶意串通，是无效合同。《民法典》规定的无效合同主要有：①因欺诈、胁迫订立且损害国家利益的合同；②恶意串通，损害国家、集体或者第三人利益的合同；③以合法形式掩盖非法目的的合同；④损害社会公共利益的合同；⑤违反法律、行政法规的强制性规定的合同。

> **创业箴言**
>
> 创业过程中，行使自己的权利以不损害他人权利为限。

近年来，违反法律、行政法规的强制性规定的合同效力引发了理论和实务界的大量争论。通说认为，并不是违反法律、行政法规的强制性规定的所有合同均会导致无效的后果，应当根据合同所违反的法律、行政法规的规定的性质加以判断，如果违反的是效力性强制性规定的，则应当无效；如果违反的是管理性强制性规定的，并不当然无效。随之而来的问题是，哪些是效力性强制性规定，哪些不是呢？判断的标准是什么呢？

根据有关法律规定，人民法院在审理合同纠纷案件时，要慎重判断"强制性规定"的性质，特别是要在考量强制性规定所保护的法益（即法律权益）类型、违法行为的法律后果以及交易安全保护等因素的基础上认定其性质，并在裁判文书中充分说明理由。下列强制性规定，应当认定为"效力性强制性规定"：强制性规定涉及金融安全、市场秩序、国家宏观政策等公序良俗的；交易标的禁止买卖的，如禁止人体器官、毒品、枪支等买卖；违反特许经营规定的，如场外配资合同；交易方式严重违法的，如违反招投标等竞争性缔约方式订立的合同；交易场所违法的，如在批准的交易场所之外进行期货交易。关于经营范围、交易时间、交易数量等行政管理性质的强制性规定，一般应当认定为"管理性强制性规定"。

例如，丙未经甲授权，擅自以甲的名义与乙订立了一份买卖合同，这时乙的买卖合同就因无权代理而效力待定，属于效力待定合同中的一种。《民法典》第五百零三条规定，无权代理人以被代理人的名义订立合同，被代理人已经开始履行合同义务或者接受相对人履行的，视为对合同的追认。也就是说，被代理人不履行合同义务或者不接受相对人履行的，视为不予追认，合同无效。（善意取得情形除外）

典型案例

某乡政府与某公司租赁合同纠纷案

某乡政府与某公司签订租赁合同，约定该乡政府将集体所有的林地租赁给该公司，用于军事训练。后双方发生争议诉至法院。辽宁高院判决认定案涉租赁合同无效。该乡政府不服辽宁高院判决，向最高法院申请再审，主张《森林法》第十五条、《土地管理法》第六十三条的规定属于管理性规定，案涉租赁合同合法有效。

最高人民法院的再审判决认为：正确理解、识别效力性强制性规定与管理性规定，不仅关系到民商事合同效力维护，还影响市场交易的安全与稳定。人民法院应当根据法律法规的意旨，权衡相互冲突的权益，综合认定《森林法》《土地管理法》的有关规定属于效力性强制性规定还是管理性规定。判断某项规定属于效力性强制性规定还是管理性规定的根本在于，违反该规定的行为是否严重侵害国家、集体和社会公共利益，是否需要国家权力对当事人意思自治行为予以干预。土地制度是我国的根本制度，保护森林关系到国家的根本利益，违反《森林法》第十五条、《土地管理法》第六十三条的规定改变林地用途，将会损害国家、集体和社会公共利益。因此，《森林法》第十五条、《土地管理法》第六十三条属于效力性强制性规定。该乡政府违反该规定将涉案林地租赁给该公司用于军事训练，改变了林地用途，原审判决认定该林地租赁合同无效符合法律规定的精神。⊖

⊖ 《瓦房店市泡崖乡人民政府诉大连顺达房屋开发有限公司土地租赁合同纠纷案》，中华人民共和国最高人民法院民事裁定书（2016）最高法民申1223号。

2. 可撤销合同

可撤销的合同是指因意思表示不真实，通过撤销权人行使撤销权，使已经生效合同归于消灭的一类合同。

例如，甲和乙订立劳动合同时，甲因遭受欺诈误以为月工资为4万元人民币，合同签订之后，甲才知道自己被骗，月工资实际为4万韩元。这种合同就属于可撤销合同。《民法典》合同编规定的可撤销合同类型主要有：①因重大误解订立的合同；②订立合同时显失公平的合同；③因对方欺诈或第三人欺诈订立的合同；④因胁迫订立的合同。

值得注意的是，撤销权只能由当事人自己行使，人民法院和仲裁机构都不能代为行使。实践中有当事人在诉讼中主张合同无效，但是并没有提出无效的理由，而提出了合同可撤销的理由，此时应当驳回当事人的诉讼请求吗？《九民会议纪要》给出了否定的回答，规定此时人民法院应当全面审查合同是否具有无效事由以及当事人主张的可撤销事由。当事人关于合同无效的事由成立的，人民法院应当认定合同无效。当事人主张合同无效的理由不成立，而可撤销的事由成立的，因合同无效和可撤销的后果相同，人民法院也可以结合当事人的诉讼请求，直接判决撤销合同。

撤销权必须在除斥期间内行使，当事人请求变更的，人民法院或仲裁机构应当予以变更而不得撤销。当事人请求撤销的，人民法院可以酌情予以变更或撤销。

> **典型案例**
>
> **因提供劳务而受伤引发的合同纠纷案**
>
> 原告与被告系雇佣关系，2019年8月26日，原告在为被告提供劳务时受伤，未住院治疗，后在大连市某外科诊所进行了左手大拇指截肢。被告垫付了医疗费用，原被告双方签订了协议书一份，被告赔偿原告2万元，原告确已收到。之后，原告以对签订的协议书存在重大误解为由，认为赔偿数额太少，将被告诉至法院。被告称：不同意原告诉讼请求，原、被告就双方纠纷已于2019年8月29日自愿达成协议，并已履行完毕；协议中明确约定履行赔偿义务后，乙方保证就此事不再以任何理由向其索要其他赔偿费用，原告以此事起诉被告已违背诚信原则，请求驳回原告的诉讼请求。
>
> 法院认为：依据《合同法》第五十四条第二款的规定，在订立合同时显失公平的，是指一方以欺诈、胁迫的手段或者乘人之危，使对方在违背真实意思的情况下订立的合同，受损害方有权请求人民法院或者仲裁机构变更或者撤销。本案中，原告并未提供证据证明在协议签订时被告以欺诈、胁迫的手段或者乘人之危，使原告在违背真实意思的情况下订立了案涉协议书，故案涉协议书合法有效。双方在签订协议时，原告左手拇指已经缺失，但协议签订时间在原告受伤后的第三天，此时原告尚无法使用受伤的手生活、工作，亦无法感知到左手拇指的缺失是否构

成伤残，会给其生活带来怎样的影响。协议第一条列明的赔偿项目中并未明确包括伤残赔偿金、营养费、鉴定费，故原告对于双方就本次事故处理终结系出于重大误解，原告有权要求被告增加一次性伤残赔偿金、营养费以及鉴定费的赔偿。

案例分析：本案争议的焦点在于，原、被告于 2019 年 8 月 29 日签订的协议书是否是双方真实意思表示，原告是否拥有诉权。本案法官对涉案协议书中的意思表示是否真实给予了全面的审查，法官认为合同在签订时没有产生重大误解，因此涉案协议合法有效，但是协议里关于事故处理终结的内容是出于重大误解，因此法院最终变更了协议内容，支持了原告伤残赔偿金等费用的诉求。

综上所述，一个完整有效的合同应该具备三个要素：①主体上，行为人具有相应的缔约能力；②意愿上，意思表示要真实；③内容上，不违反强制性法律或者社会公共利益。如果主体要素欠缺，属于效力待定；意愿要素欠缺，属于可撤销；而内容要素欠缺，属于无效。主体要素欠缺是可以挽救的，通过追认，合同就会有效。意愿要素欠缺，在一定期间内可以通过撤销认定合同无效；不行使撤销权，合同自然有效。但是，内容上违反强制性规定和损害公共利益的，则合同自始无效，没有任何可挽救的余地。

第三节　合同的履行和纠纷解决

一、合同的履行

现代大学生创新创业需要签订合同，签订合同之后只有各方履行合同才能让合同发挥作用，那么，什么是合同的履行呢？举一个简单的例子：小张毕业后自己创业，与原材料供应商签订原材料买卖合同，合同中规定小张预付一部分定金，收到原材料一周内付尾款，有质量问题的原材料可退回。付定金和在一周内付尾款是合同中规定给小张的义务，小张在履行这些义务时就是在履行合同，同时原材料供应商提供原材料并保证质量也是在履行合同。可以看出，这是一份合同双方当事人都要履行义务的合同，大部分合同都是这种情况。

从合同成立的目的来看，任何人包括正在创新创业的大学生订立合同，都是为了能够实现合同订立中约定的内容。而想让合同内容最终实现，则需要签订各方履行合同中的约定。因此，合同的履行表现为当事人执行合同义务的行为。当合同中约定的事项全部达成，合同也就履行完毕。其意义在于，能够促使合同双方当事人在合同成立生效之时，就关注合同相对人对于合同义务的履行状况，确保合同义务得到全面正确的履行，而且还能使当事人尽早发现合同相对人因不能履行或者不能全面履行时，采取相应的补救措施，避免遭受更大的损失。

（一）合同履行需要注意的问题

1. 按约履行合同义务

针对合同中关于己方的义务，依据《民法典》第五百零九条第一款规定，当事人应当按照约定全面履行自己的义务。所以，一定要按照约定的标的、质量、数量、期限履行，不然会因为违反约定承担相应的违约责任。例如，合同中约定大学生创业者一方要在规定时间内交付商品，那么大学生创业者就需要按时提交，不然会承担违约责任，赔偿对方的经济损失。

2. 积极寻求利益最大化的纠纷解决方法

遇到问题，合同签订各方要积极寻求解决方法，不要轻易选择主动违约、解除合同，或者提起诉讼等方式解决，与各方平等协商，寻找都能接受的解决方案更加有利于减少损失。在履约的过程中，一定要讲求经济效益，也就是付出最小成本，获取最大收益。

3. 尽量通过银行结算

在确定付款方式时，无论付款方还是收款方，除了金额较小的交易外，应尽量通过银行结算，以减少现金结算可能会带来的不必要的麻烦。

4. 及时验收货物、提出异议

要及时验收货物，发现货物不符合合同约定的，一定要在法律规定或者合同约定的期限内尽快以书面形式向对方明确提出异议。不必要的拖延耽搁，有可能导致索赔权的丧失。

5. 不要泄露商业秘密

在磋商、履行合同过程中，经常不可避免地接触到交易伙伴的商业信息，甚至是商业秘密。在磋商、履行合同乃至合同履行完毕后，务必不要泄露或者使用这些信息，否则将可能承担相应责任。

6. 适当行使不安抗辩权

不安抗辩权是指当事人互负债务，有先后履行顺序的，先履行的一方有确切证据证明另一方丧失履行债务能力时，在对方没有恢复履行能力或者没有提供担保之前，有权中止合同履行的权利。规定不安抗辩权是为了切实保护当事人的合法权益，防止借合同进行欺诈，促使对方履行义务。

7. 履行减损义务

如果对方违约，无论什么理由，己方都应该及时采取措施，防止损失扩大，由此产生的合理费用将由违约方承担。如果消极对待、放任损失的扩大，对于扩大的损失，法院将无法予以保护。

8. 注意诉讼时效的相关规定

诉讼时效是指民事权利受到侵害的权利人在法定的时效期间内不行使权利，当时效期间届满时，人民法院对权利人的权利不再进行保护的制度。法谚云："法律从不保护在权利上睡觉的人。"所以，要注意诉讼时效，及时保护自己的合法权利。

（二）合同不能履行的处理方式

1. 针对合同约定不明确

制定一个合同的过程是复杂的，尤其涉及大量权利和义务时，合同制定中难免会有约定不明确的地方，导致合同不能履行。《民法典》第五百一十条规定，合同生效后，当事人就质量、价款或者报酬、履行地点等内容没有约定或者约定不明确的，可以协议补充；不能达成补充协议的，按照合同相关条款或者交易习惯确定。由此可知，补救措施共有三种：①协议补充；②按照合同有关条款确定；③按照交易习惯确定。《民法典》第五百一十一条明确规定：

当事人就有关合同内容约定不明确，依据前条规定仍不能确定的，适用下列规定：

（一）质量要求不明确的，按照强制性国家标准履行；没有强制性国家标准的，按照推荐性国家标准履行；没有推荐性国家标准的，按照行业标准履行；没有国家标准、行业标准的，按照通常标准或者符合合同目的的特定标准履行。

（二）价款或者报酬不明确的，按照订立合同时履行地的市场价格履行；依法应当执行政府定价或者政府指导价的，依照规定履行。

（三）履行地点不明确，给付货币的，在接受货币一方所在地履行；交付不动产的，在不动产所在地履行；其他标的，在履行义务一方所在地履行。

（四）履行期限不明确的，债务人可以随时履行，债权人也可以随时请求履行，但是应当给对方必要的准备时间。

（五）履行方式不明确的，按照有利于实现合同目的的方式履行。

（六）履行费用的负担不明确的，由履行义务一方负担；因债权人原因增加的履行费用，由债权人负担。

2. 针对合同违约

《民法典》第五百七十七条规定，当事人一方不履行合同义务或者履行合同义务不符合约定的，应当承担继续履行、采取补救措施或者赔偿损失等违约责任。由此可知，不履行合同导致合同违约的解决办法有三种：①要求不履行义务方继续履行；②要求不履行义务方采取补救措施；③要求不履行义务方赔偿损失。

3. 针对不可归责原因导致的合同不能履行

合同有效成立后，因不可归责于双方当事人的原因发生情势变更，致合同基础动摇或丧失，若继续维持合同原有效力显失公平，允许变更合同内容或者解除合同。《民法典》第五百三十三条规定，合同成立后，合同的基础条件发生了当事人在订立合同时无法预见的、不属于商业风险的重大变化，继续履行合同对于当事人一方明显不公平的，受不利影响的当事人可以与对方重新协商；在合理期限内协商不成的，当事人可以请求人民法院或者仲裁机构变更或者解除合同。人民法院或者仲裁机构应当结合案件的实际情况，根据公平原则变更或者解除合同。例如，双方签订了运输合同，在运输途中发生山体滑坡致运输货物受损，这种情况就属于不可归责于双方当事人的原因。针对这种情况，允许变更合同内容或者解除合同。

典型案例

房屋买卖合同纠纷案

2018年9月5日，原、被告签订房屋买卖合同，合同约定："被告自愿将其名下的位于某市种畜场二分场两户平房（一户面积96m²，另一户面积77m²）卖给原告，共计价格19万元，被告有义务配合原告将房屋手续办完和房子盖完，原告将剩余款全部付给被告。原告在签订合同时，支付定金2万元，次日原告给付被告房款10万元等。"原告先付定金2万元，后付房款10万元，合计12万元。原告付款后，原、被告未交接双方买卖的两户房屋，双方未办理房屋产权过户手续。现两户房屋由被告实际占有、使用。

被告名下有一户面积77m²的平房，2013年8月21日，经J管理委员会证明该房为危房。原告购买房屋后，准备将该户危房进行改造建设。双方在合同履行过程中，因被告名下已经有一套房屋，J管理委员会不准许再盖房。剩余房款7万元原告未付，双方签订的房屋买卖合同未继续履行，因而双方发生争议，诉至法庭。

法院查明，J管理委员会于2018年7月11日下发的文件《××新区2018年危房改造管理工作实施意见》第二项规定："按照市规划局申请危房改造审批、验收，具备以下条件的可以申请危房改造：①危房申请两证齐全的可以申请危房改造，两证或不动产登记证标注的产权人与危房申请人身份证一致；②危房申请人具有××新区户籍的，且本人及同由户口簿家庭成员名下只有此一套拟改造危房房屋，并无其他房屋。"庭审中，原、被告均陈述，双方签订买卖房屋合同时对上述文件相关规定内容不知晓。

  法院认为：本案原、被告自愿签订的房屋买卖合同，是双方当事人的真实意思表示，该合同有效，应依法受到保护。原告庭审中陈述其购买的被告名下位于新区辖区内的两户房屋的目的，是准备将其中的一户危房进行改造建设。原、被告在签订房屋买卖合同时，对J管理委员会下发的关于危房改造管理工作实施意见中的相关内容，双方均不知晓。原告本人是城镇户口，不具备J管理委员会下发危房改造管理工作实施意见中的相关条件。依据《合同法》的规定，当事人订立、履行合同，应当遵守法律、行政法规。J管理委员会下发危房改造管理工作实施意见，应属于双方当事人不能预见、不可抗力的行为，符合法律规定的情势变更原则的情形，双方当事人应协商或诉讼依法解除合同。原、被告在履行合同过程中，双方均无主观过错和违约行为，但双方当事人均未按法律规定协商解除合同，致使争议、纠纷未及时妥善解决。双方签订的房屋买卖合同，如果继续履行，原告不能实现合同目的，无实际意义。因此，合同应依法解除，故原告主张解除合同及返还房款的诉讼请求，本院予以支持。被告提出原告违约，应承担违约责任的辩解意见，其向本院提供的证据不能证明其主张成立，亦未提供相关证据加以佐证，但考虑到双方签订的买卖房屋合同是出于其他原因而未得以实际履行完毕，而非双方主观因素，该合同未能履行，双方买卖的两户房屋也未实际交付，但可能给被告实际生产和生活带来诸多的不便，原告应适当地补偿被告比较公平，故由原告一次性给付被告补偿费1万元。

二、合同纠纷的解决

  什么是合同纠纷？例如，买卖合同中，买方与卖方签订了购销钢材的合同之后，合同所确定的钢材价格上涨，卖方见如果仍按合同规定的价格交给买方，就会损失一大笔钱，于是卖方就想提价或毁约，或以支付违约金的方式不履行合同。买方则不同意，坚持按事先规定的价格购买，双方遂起纠纷。概而言之，合同纠纷是指因合同的生效、解释、履行、变更、终止等行为而引起的合同当事人之间的所有争议。

（一）合同纠纷的发生原因

1. 主观原因

  合同是双方当事人协商一致的结果。既然双方当事人在自愿、平等的基础上订立了合同，那么，按合同履行义务应当是毫无疑问的。然而，合同签订后，一方当事人可能会出于种种原因而主观上不想履行或不想完全履行合同。例如，技术实施许可合同中，技术转让方已经与另一方签订了独家许可合同。但见另外一方又欲高价受让此技术，转让方则又将此技术许可给另外一方使用。独家受许可方获知后，要求转让方赔偿损失，双方纠纷因此而起。由此可见，主观原因往往引起违约行为，再由违约行为导致纠纷的产生。纯粹主观上的原因是少见的，主观原因背后往往存在着客观原因。

2. 客观原因

一项合同从订立到履行完毕，除了即时清结的之外，往往经过一个较长的过程。在合同履行过程中，也会出现一些客观原因，导致合同无法按约履行，由此引起纠纷。这里所说的客观原因是指由非合同当事人主观意志所导致的，不得已而为之的因合同履行过程中的变化而引起纠纷的原因。例如，在合同履行过程中发生了不可抗力，致使合同不能全部或部分履行。双方当事人对不可抗力的范围，遭受不可抗力的一方是否采取了措施防止损失扩大，不可抗力是否已导致合同不能履行等问题的看法不一致，因此而起纠纷。再如，由于双方当事人在订立合同时未考虑周全，致使合同在履行过程中出现诸如履行地点不明确、质量规格不明确等情况，协商不能达成一致时就会引起纠纷。一项合同纠纷，有时由单纯的主观原因或客观原因而引起，有时则既有主观原因又有客观原因。合同纠纷归根到底是与双方当事人订立合同的意图相违背的，除非一方当事人有意欺骗对方当事人，借纠纷而企图获利。合同在履行甚至终止时发生纠纷是在所难免的。重要的是，在发生纠纷之后如何能行之有效地解决纠纷。

（二）解决合同纠纷的方式

1. 协商

合同当事人在友好的基础上，通过相互协商解决纠纷，这是成本最小，也是最佳的解决方式。

2. 调解

合同当事人如果不能协商一致，可以要求有关机构调解，例如，一方或双方是国有企业的，可以要求上级机关进行调解。上级机关应在平等的基础上分清是非进行调解，而不能进行行政干预。当事人还可以要求合同管理机关、仲裁机构、法院等进行调解。但是，法院的调解和经过法院确认的调解才有强制执行力，其他调解一律没有国家强制力。

3. 仲裁

合同当事人协商不成、不愿调解的，可根据合同中约定的仲裁条款或双方在纠纷发生后达成的仲裁协议向仲裁机构申请仲裁。仲裁相对于诉讼有几点优势：①仲裁有高效性，一裁终局，对于法律关系明确、证据充分的案件，通过仲裁，可以及时拿到生效的法律文书；②仲裁有专业性，仲裁涉及的范围均是民商事纠纷，常常涉及复杂的法律、经济、贸易和技术性问题，所以各仲裁机构大都备有分专业的仲裁员名册，供当事人选定仲裁员，而仲裁员是各行业具有丰富实践经验、在其所属领域有较高威望和声誉的专家、学者、教授；③仲裁有保密性，原则上不公开审理。商业秘密和商业信誉对市场主体进行生产经营至关重要，而仲裁正适应了市场主体的这种要求。

4. 诉讼

如果合同中没有订立仲裁条款，事后也没有达成仲裁协议，合同当事人可以将合同纠纷起诉到法院，寻求司法解决。诉讼相对于仲裁的优势是诉讼的终局性。人民法院作出的生效法律文书，除非审判监督程序发现不当外，没有任何机构可以否认裁判文书的效力。

> **创业箴言**
>
> 没有救济就没有权利，创业者需了解常见的合同纠纷救济途径。

（三）合同解除需要注意的问题

合同解除是指合同成立后，当具备解除条件时，根据合同双方或单方的意思表示，使合同法律关系消灭的一种行为。需注意以下几点：①合同的解除针对的必须是有效合同，也就是说，无效合同、效力待定合同、可撤销合同都不能以解除的方式消灭。②合同的解除必须要具备解除条件，解除条件分为法定解除和约定解除，对于法定解除情形，《民法典》合同编给予了详细的列举。③合同解除原则上必须要有解除行为。约定解除是合同双方协商的结果，但法定解除只需要单方意思表示行为即可。

1. 关于约定解除的条件

如果合同双方当事人事先约定了解除合同的条件，在条件出现时，是否就一定能解除合同呢？《九民会议纪要》应当看违约方的违约程度是否显著轻微，是否影响守约方合同目的实现，根据诚实信用原则，确定合同是否应解除。违约方的违约程度显著轻微，不影响守约方合同目的实现，守约方请求解除合同的，人民法院会不予支持；反之，则依法予以支持。例如合同约定了具体交付日期，并约定迟延交付一个月的，对方可以解除合同。在合同履行过程中，一方迟延交货40天。在此情形下，对方是否取得解约权取决于迟延交付的影响，即是否影响合同目的的实现。如果迟延交付时对方已经另购货物并已送达，对方当然可以解除合同；但是如果对方并无其他动作，货物的市场价格等也都没有变化，此时解除合同对迟延履行一方显然不公平。所以，显著轻微的违约行为并非取决于违约的程度，而是取决于违约行为是否导致合同目的不能实现的后果。

2. 关于约定解除的主体

一般情形下，只有非违约方享有解除合同的权利。违约方不能享有，否则会导致恶意违约情形的出现。但是在特殊情形下，违约方也享有解除合同的权利。这种情形主要存在于所谓的"合同僵局"中，即非违约方不愿意主动解除合同，此种情形下对双方尤其是对违约方不利，或者说违约方承受着超出其应当承担责任的"惩罚"。故符合下列条件，违约方起诉请求解除合同的，人民法院一般会依法予以支持：①违约方不存在恶意违约的情形；②违约方继续履行合同，对其显失公平；③守约方拒绝解除合同，违反诚实信用原则。例如，甲方（守约方）将一个上好地段的房屋出租给乙方（违约方），合同签订了五年，同时约定房屋不得转租，在第二年，乙方由于经营不善，企业破产，继续履行租赁合同将不能实现合同目的，而甲方的房屋属于上好地段，随时可以出租出去。甲方作为守约方，完全可以要求乙方按照合同约定的履行期限，继续要求乙方承租房屋，乙方又无权利转租出去。此时，这份租赁合同对于乙方来说就存在"合同僵局"的情况，继续履行合同对乙方来说显失公平，并且乙方的破产只是由乙方经营不善导致的，并非乙方的恶意违约。此种情形下，乙方就可以请求法院依法解除合同。但是解除合同，乙方应该承担因解除合同给甲方造成的损失。

3. 关于通知解除的条件

合同一方向对方发函，通知对方解除合同，合同是否解除呢？这要看通知一方是否有解除权，如果没有解除权，其通知当然无效；如果有解除权，接受通知的对方在约定或法定的期限内没有提出异议，合同即产生解除的法律效果，若提出有效异议，则合同是否解除需要通过诉讼程序。《九民会议纪要》规定，只有享有法定或者约定解除权的当事人才能以通知方式解除合同。不享有解除权的一方向另一方发出解除通知，另一方即便未在异议期限内提起诉讼，也不发生合同解除的效果。人民法院在审理案件时，应当审查发出解除通知的一方是否享有约定或者法定的解除权来决定合同是否应解除，不能仅以受通知一方在约定或者法定的异议期限届满内未起诉这一事实就认定合同已经解除。

典型案例

房屋租赁合同纠纷

原告将其房屋承租给被告,约定租赁期限为十年。从 2014 年 1 月 1 日至 2023 年 12 月 31 日,第一年租金为 68 万元,前三年租金不变,从 2017 年 1 月 1 日开始每年递增 7%。原告按照合同向被告交付了房屋,被告接房后对所租赁的房屋进行了装修并更换和添置了部分设施设备,开始经营。经营期间,由于被告拖欠房租等款项,双方于 2018 年 7 月 9 日进行了结算,并形成了书面结算清算单一份,其中载明:尚欠 424 091 元。经双方签字生效,以此为据,其他单据作废。被告在该结算单上手写(并捺印):"情况属实,此款按每天 1500 元转至 2019 年 12 月。"此后,被告即按照每天 1500 元向原告支付租金至 2019 年 11 月 5 日,共计 40 余万元。后来,原告以被告未按每年 7% 递增金额足额支付 2019 年的房租及预付 2020 年的房租为由,诉至法院。

诉讼中,法院主持调解,原告要求被告按合同约定每年递增 7% 向其支付 2019 年的房租费和一次性预付 2020 年的房租费,被告称其经营困难,资金紧张,希望还是按每天 1500 元支付房租,且不同意房租费按每年 7% 递增。为此,双方各持己见,调解未果。同时,法院查明,2019 年 10 月 16 日,原告向被告发出《催收函》,2019 年 10 月 25 日向被告发出《解除合同通知书》,被告于 2019 年 10 月 26 日向原告发出《告知函》,表明不同意原告单方面解除合同。

法院认为:根据法律规定,当事人协商一致,可以解除合同。当事人可以约定一方解除合同的事由。解除合同的事由发生时,解除权人可以解除合同。原告以被告未足额支付租金和预付租金即要求解除合同,但双方在签订的《租赁合同》中并未约定原告在被告拖欠租金的情况下有权解除合同。同时,从查明的事实可见,自从双方于 2018 年 7 月 9 日结算之后,被告按照欠条约定履行了主要付款义务,而且,双方签订的合同期限为 10 年,被告在房屋上的确也投入了较大资金,现解除合同必然会造成更大损失,也有失公允。故此原告现要求解除合同缺乏约定和法定事由,不予支持。因合同不予解除,原告所主张的要求被告现交还承租屋,承租屋内所有投资归其所有并赔偿未交还房屋给其带来的损失的理由即不能成立,对此不予支持,但要求被告在 3 个月内全面履行合同义务,结清欠款。

案例分析:案件争议的焦点是原、被告双方所签订的租赁合同是否符合解除条件。本案中,原告向被告发出了《解除合同通知书》,被告向原告发出《告知函》,而并没有依据《最高人民法院关于适用〈中华人民共和国合同法〉若干问题的解释(二)》第二十四条规定,在异议期间内向法院提出异议。但是法院仍然审查原告是否具备解除权,审慎考虑合同解除的后果,本着鼓励交易、保持合同稳定性的原则,做出比较平衡的判决。

课后实践

请关注、了解以下有关创业的微信公众号,并从中找寻、分析与合同有关的案例:

1）微信公众号：创业家，账号主体：北京创业未来传媒技术有限公司。
2）微信公众号：创业中国人，账号主体：背景前系文化传媒有限公司。
3）微信公众号：腾讯创业，账号主体：深圳市腾讯计算机系统有限公司。
4）微信公众号：三农创业联盟，账号主体：中国农业电影电视中心。
5）微信公众号：创业黑马学院，账号主体：创业黑马科技集团股份有限公司。

练 习 题

一、单选题

1. 甲公司章程规定：公司的法定代表人为张某；公司签订金额100万元以上的合同须经董事会决议。后张某擅自以甲公司名义与不知情的乙公司签订了一份150万元的合同。张某的代表行为（　　）。
   A. 有效　　　B. 可撤销　　　C. 无效　　　D. 效力待定
2. 下列行为中属于要约的是（　　）。
   A. 投标　　　B. 发布拍卖广告　　C. 寄送价目表　　D. 刊登招股说明书
3. 下列协议中，应由《民法典》合同编调整的是（　　）。
   A. 甲与乙签订的收养协议
   B. 甲与乙离婚时签订的子女抚养协议
   C. 甲行政机关与公务员签订的廉政协议
   D. 甲村委会与本村村民签订的土地承包经营权协议

二、简答题

1. 什么是不安抗辩权？
2. 合同的种类主要有哪些？

拓展阅读

国务院关于强化实施创新驱动发展战略
进一步推进大众创业万众创新深入发展的意见（摘要）[一]

各省、自治区、直辖市人民政府，国务院各部委、各直属机构：

创新是社会进步的灵魂，创业是推进经济社会发展、改善民生的重要途径，创新和创业相连一体、共生共存。近年来，大众创业、万众创新蓬勃兴起，催生了数量众多的市场新生力量，促进了观念更新、制度创新和生产经营管理方式的深刻变

[一]《国务院关于强化实施创新驱动发展战略　进一步推进大众创业万众创新深入发展的意见》（国发〔2017〕37号），载中国政府网2017年7月27日，http://www.gov.cn/zhengce/content/2017-07/27/content_5213735.htm。

革,有效提高了创新效率、缩短了创新路径,已成为稳定和扩大就业的重要支撑、推动新旧动能转换和结构转型升级的重要力量,正在成为中国经济行稳致远的活力之源。为进一步系统性优化创新创业生态环境,强化政策供给,突破发展瓶颈,充分释放全社会创新创业潜能,在更大范围、更高层次、更深程度上推进大众创业、万众创新,现提出如下意见。

一、大众创业、万众创新深入发展是实施创新驱动发展战略的重要载体

深入推进供给侧结构性改革,全面实施创新驱动发展战略,加快新旧动能接续转换,着力振兴实体经济,必须坚持"融合、协同、共享",推进大众创业、万众创新深入发展。要进一步优化创新创业的生态环境,着力推动"放管服"改革,构建包容创新的审慎监管机制,有效促进政府职能转变;进一步拓展创新创业的覆盖广度,着力推动创新创业群体更加多元,发挥大企业、科研院所和高等院校的领军作用,有效促进各类市场主体融通发展;进一步提升创新创业的科技内涵,着力激发专业技术人才、高技能人才等的创造潜能,强化基础研究和应用技术研究的有机衔接,加速科技成果向现实生产力转化,有效促进创新型创业蓬勃发展;进一步增强创新创业的发展实效,着力推进创新创业与实体经济发展深度融合,结合"互联网+""中国制造2025"和军民融合发展等重大举措,有效促进新技术、新业态、新模式加快发展和产业结构优化升级。

——创新为本、高端引领。以科技创新为基础支撑,实现创新带动创业、创业促进创新的良性循环。坚持质量效率并重,引导创新创业多元化、特色化、专业化发展,推动产业迈向中高端。坚持创新创业与实体经济相结合,实现一二三产业相互渗透,推动军民融合深入发展,创造新供给、释放新需求,增强产业活力和核心竞争力。

——改革先行、精准施策。以深化改革为核心动力,主动适应、把握、引领经济发展新常态,面向新趋势、新特征、新需求,主动作为,针对重点领域、典型区域、关键群体的特点精准发力,出实招、下实功、见实效。着力破除制约创新创业发展的体制机制障碍,促进生产、管理、分配和创新模式的深刻变革,继续深入推进"放管服"改革,积极探索包容审慎监管,为新动能的成长打开更大空间。

——人才优先、主体联动。以人才支撑为第一要素,改革人才引进、激励、发展和评价机制,激发人才创造潜能,鼓励科技人员、中高等院校毕业生、留学回国人才、农民工、退役士兵等有梦想、有意愿、有能力的群体更多投身创新创业。加强科研机构、高校、企业、创客等主体协同,促进大中小微企业优势互补,推动城镇与农村创新创业同步发展,形成创新创业多元主体合力汇聚、活力迸发的良性格局。

——市场主导、资源聚合。充分发挥市场配置资源的决定性作用，整合政府、企业、社会等多方资源，建设众创、众包、众扶、众筹支撑平台，健全创新创业服务体系，推动政策、技术、资本等各类要素向创新创业集聚，充分发挥社会资本作用，以市场化机制促进多元化供给与多样化需求更好对接，实现优化配置。

——价值创造、共享发展。以价值创造为本质内涵，大力弘扬创新文化，厚植创业沃土，营造敢为人先、宽容失败的良好氛围，推动创新创业成为生活方式和人生追求。践行共享发展理念，实现人人参与、人人尽力、人人享有，使创新创业成果更多更公平地惠及全体人民，促进社会公平正义。

二、加快科技成果转化

重点突破科技成果转移转化的制度障碍，保护知识产权，活跃技术交易，提升创业服务能力，优化激励机制，共享创新资源，加速科技成果向现实生产力转化。

（一）建立完善知识产权运用和快速协同保护体系，扩大知识产权快速授权、确权、维权覆盖面，加快推进快速保护由单一产业领域向多领域扩展。搭建集专利快速审查、快速确权、快速维权等于一体，审查确权、行政执法、维权援助、仲裁调解、司法衔接相联动的知识产权保护中心。探索建立海外知识产权维权援助机制。发挥国家知识产权运营公共服务平台枢纽作用，加快建设国家知识产权运营服务体系。

（二）推动科技成果、专利等无形资产价值市场化，促进知识产权、基金、证券、保险等新型服务模式创新发展，依法发挥资产评估的功能作用，简化资产评估备案程序，实现协议定价和挂牌、拍卖定价。促进科技成果、专利在企业的推广应用。

（三）探索在战略性新兴产业相关领域率先建立利用财政资金形成的科技成果限时转化制度。财政资金支持形成的科技成果，除涉及国防、国家安全、国家利益、重大社会公共利益外，在合理期限内未能转化的，可由国家依法强制许可实施转化。

（四）引导众创空间向专业化、精细化方向升级，支持龙头骨干企业、高校、科研院所围绕优势细分领域建设平台型众创空间。探索将创投孵化器等新型孵化器纳入科技企业孵化器管理服务体系，并享受相应扶持政策。

（五）推动科研院所落实国家科技成果转化法律法规和政策，强化激励导向，提高科研院所成果转化效率。坚持试点先行，进一步扩大科研院所自主权，激发科研院所和科技人员创新创业积极性。

……

三、拓展企业融资渠道

不断完善金融财税政策，创新金融产品，扩大信贷支持，发展创业投资，优化投入方式，推动破解创新创业企业融资难题。

......

（十二）推动国家新兴产业创业投资引导基金、国家中小企业发展基金、国家科技成果转化引导基金设立一批创业投资子基金。引导和规范地方各级人民政府设立创业投资引导基金，建立完善对引导基金的运行监管机制、财政资金的绩效考核机制和基金管理机构的信用信息评价机制。

（十三）健全完善创新券、创业券的管理制度和运行机制，在全面创新改革试验区域探索建立创新券、创业券跨区域互通互认机制。

四、促进实体经济转型升级

深入实施"互联网+""中国制造2025"、军民融合发展、新一代人工智能等重大举措，着力加强创新创业平台建设，培育新兴业态，发展分享经济，以新技术、新业态、新模式改造传统产业，增强核心竞争力，实现新兴产业与传统产业协同发展。

（十四）加强基础研究，提升原始创新能力。改革和创新科研管理、投入和经费使用方式。高校和科研院所要鼓励科研人员与创业者开展合作和互动交流，建立集群思、汇众智、解难题的众创空间。面向企业和社会创新的难点，凝练和解决科学问题，举办各种形式的创新挑战赛，通过众包共议方式，提高创新效率和水平。

......

五、完善人才流动激励机制

充分激发人才创新创业活力，改革分配机制，引进国际高层次人才，促进人才合理流动，健全保障体系，加快形成规模宏大、结构合理、素质优良的创新创业人才队伍。

......

（三十一）各地区可根据实际需要制定灵活的引才引智政策，采取不改变人才的户籍、人事关系等方式，以用为本，发挥实效，解决关键领域高素质人才稀缺等问题。

六、创新政府管理方式

持续深化"放管服"改革，加大普惠性政策支持力度，改善营商环境，放宽市场准入，推进试点示范，加强文化建设，推动形成政府、企业、社会良性互动的创新创业生态。

......

(三十三)推进"多证合一"登记制度改革,将涉企登记、备案等有关事项和各类证照进一步整合到营业执照上。对内外资企业,在支持政策上一视同仁,推动实施一个窗口登记注册和限时办结。推动取消企业名称预先核准,推广自主申报。全面实施企业简易注销登记改革,实现市场主体退出便利化。建设全国统一的电子营业执照管理系统,推进无介质电子营业执照建设和应用。

　　……

　　(三十九)办好全国"双创"活动周,营造创新创业良好氛围。组织实施好"创响中国"系列活动,开展创业投资企业、院士专家、新闻媒体地方行。高质量办好创新创业赛事,推动创新创业理念更加深入人心。

　　各地区、各部门要认真落实本意见的各项要求,进一步细化政策措施,切实履职尽责,密切配合,勇于探索,主动作为,及时总结经验,加强监督检查,确保各项政策落到实处,推进大众创业、万众创新深入发展,为全面实施创新驱动发展战略、培育壮大新动能、改造提升传统动能和促进我国经济保持中高速增长、迈向中高端水平提供强劲支撑。

国务院
2017年7月21日

第四章 创新创业中的知识产权法律实务

知识路标

大学生创新创业普遍面临知识产权风险。通过本章学习，你会掌握以下基本知识：

1）创新创业面临的著作权、专利权、商标权风险有哪些？
2）创新创业中如何保护知识产权？

时事引线

敬汉卿是B站（哔哩哔哩）2018年百大名主、直播签约主播，拥有数百万B站粉丝。安徽芜湖的知桥电子销售部成立于2017年，注册资本20元，申请注册商标有109件，其中申请在第41类教育娱乐的商标有30件，大多为知名博主，包括"敬汉卿""搞笑辣条哥"。2019年8月，敬汉卿被知桥电子告知商标侵权，今后不得在商业活动、公众号使用该字样，"否则近期我方将会委托律师发函要求各大视频平台查封贵方的'敬汉卿'相关公众号"。①

近年来，随着"互联网+"的不断发展，"网络主播""网游解说"逐渐成为创新创业的新业态，与此相关的知识产权问题也相应增多。B站主播"敬汉卿"面临的就是他人的商标侵权威胁。知识产权已经融入创新创业的各个方面，有效识别、防范以及应对创新创业中的知识产权风险，是创业者赢得市场竞争的基本素质，是提高大学生创新创业成功率的关键环节。本章主要介绍知识产权的基本范畴、创新创业与知识产权的紧密联系、创新创业中的知识产权风险以及应对。

第一节　知识产权的基本范畴

随着我国加入世界贸易组织，以及国家知识产权战略、创新驱动发展战略的相继实施，知识产权在国民经济中的地位日益显著。大到国家的各项方针政策，中到国际贸易、创新创业、媒体报道，小到日常生活，我们都可以看到知识产权的存在。而中美贸易摩擦及贸易协议的签订，以及人工智能、物联网、大数据、区块链的深入发展，进一步凸显了知识产权对经济社会发展的重要地位。为了强化知识产权的

---

① 《网红敬汉卿姓名被抢注商标，不改名就侵权？回应：这是我真名》，载腾讯网2019年8月6日，https://xw.qq.com/cmsid/20190806A0QHP700。

保护和宣传，世界知识产权组织于 2001 年 4 月 26 日设立世界知识产权日，目的是在世界范围内树立尊重知识、崇尚科学和保护知识产权的意识，营造鼓励知识创新的法律环境。

与有形财产不同，作为一种财产，知识产权具有无形性的特点，其权利客体、权利内容、权利保护理解起来具有较强的专业性。由于知识产权课程尚未纳入我国高校的通识教育范围，大学生的知识产权意识、知识产权基本知识均有待加强，因此有必要介绍知识产权的基本范畴，包括知识产权的概念、知识产权的类型以及知识产权的保护，为后文奠定知识基础。

一、知识产权的概念

关于什么是知识产权，相关国际公约、各国立法并未做出明确规定，而是普遍采取罗列知识产权客体范围的方式进行界定。根据《与贸易有关的知识产权协议》，"知识产权"术语系指第二部分第 1～7 节中所包括的所有类别的知识产权，即版权与邻接权、商标权、地理标志权、工业品外观设计权、专利权、集成电路布图设计权、未披露过的信息专有权。

尽管各国就知识产权的概念并未形成一致意见，但从知识产权的英文名称"Intellectual Property"来看，"Intellectual"表示"智慧的"，"Property"表示"财产权"。也就是说，知识产权并非就一般的知识所享有的权利，而是就人们通过智力活动而形成的成果——智力活动成果所享有的权利。由此出发，我们可对知识产权做出以下界定：知识产权是人们就某些智力活动成果所享有的权利。

知识产权是就智力活动成果享有的权利，这在著作权、专利权方面比较容易理解，但如何理解商标法保护的商业标记也属于智力活动成果的范畴，则可能存在理解上的偏差。一般认为，商标法并不仅仅保护商业标记本身，而主要是保护商业标记背后所承载的商誉（Goodwill），即消费者关于使用相关商标的商品或服务的积极评价。

具体来说，与著作权法、专利法鼓励文学艺术创作、科学技术发明不同，商标法的目的并不是鼓励人们发明各式各样的标记，相关标记如果构成作品，可以受到著作权法保护，商标法不必再提供额外保护。商标法保护的实质是商誉，而商誉的获得又是需要经过对商标的长期使用方能获得，其背后往往需要先进技术、过硬的产品质量、良好的售后服务等作为支撑，这都以大量智力活动为基础。由此出发，无论著作权法保护的作品、专利法保护的技术发明，还是商标法保护的商业标记，均属于智力活动成果的范畴。

理解知识产权的概念实质，除了要关注知识产权的客体——智力活动成果外，还应着重分析知识产权的主体——人类。在漫长的人类发展过程中，人类的智力活动成果并未获得知识产权保护，包括苏格拉底的作品、我国的"四大发明"。知识产权是随着商品经济的发展、特别是工业革命之后，各国为加速科学技术的发展、文学艺术的创作而采取的激励政策，使从事发明创造的人们有所回报，进而调动更多的人从事发明创造。由此可见，知识产权的主体是人类，而非动物、机器以及其他的非人类主体。那些关于人工智能生成内容能够获得知识产权保护的观点是值得商榷的。

二、知识产权的类型

根据知识产权的概念，知识产权的客体是智力活动成果。尽管如此，并非所有的智力活动成果都能成为知识产权的客体，只有法律规定的"某些"智力活动成果才能成为知识产权的客体。至于哪些智力活动成果能得到知识产权保护，则应考察相关的国际公约和各国法律规定。

一方面，知识产权具有地域性的特点。为了协调各国的知识产权法律，消除国际贸易壁垒，各国先后缔结了若干知识产权国际公约，包括《保护工业产权巴黎公约》《保护文学和艺术作品伯尔尼公约》《与贸易有关的知识产权协定》等。这些国际公约对知识产权的客体做了明确规定，缔约国应根据国际公约制定、修改其国内的知识产权法律。这样，作为国际贸易的通行规则，各国的知识产权客体范围就得到国际公约的协调。

具体而言，《保护工业产权巴黎公约》要求成员保护专利、工业品的外观设计、商标，制止不正当竞争；《保护文学和艺术作品伯尔尼公约》要求成员保护文学艺术领域的作品；《与贸易有关的知识产权协定》则在相关国际公约的基础上，对知识产权客体做了归纳概括，要求成员保护版权与邻接权、商标权、地理标志权、工业品外观设计权、专利权、集成电路布图设计权、未披露过的信息专有权。由于大多数国家（地区）都加入了《与贸易有关的知识产权协定》，各个国家（地区）知识产权保护的客体趋于协调。

另一方面，虽然知识产权保护的客体类型得到相关国际公约的协调，但各国可在相关国际公约的基础上，根据自身的发展需要，扩大知识产权保护的客体范围。因此，知识产权保护的客体范围还要考虑各国的知识产权法律。例如，《保护工业产权巴黎公约》规定制止不正当竞争，其内容包括制止仿冒、虚假宣传、商业诋毁、窃取商业秘密；在此基础上，美国还增加了制止侵犯形象权（Right of Publicity）的规定，德国、日本则增加了制止依样模仿（Slavish Imitation）的规定，这些属于较高水平的知识产权保护。

就我国而言，我国已经加入主要的知识产权国际公约，并先后制定、修改了《商标法》《专利法》《著作权法》《反不正当竞争法》《植物新品种保护条例》《集成电路布图设计保护条例》《计算机软件保护条例》《信息网络传播权保护条例》《著作权集体管理条例》等法律法规。目前，我国知识产权保护的客体包括作品、技术发明、工业品外观设计、商业标识、集成电路布图设计、植物新品种、商业秘密。与之相应，知识产权的类型包括著作权（含邻接权）、专利权、工业品外观设计权、商标权、集成电路布图设计权、植物新品种权以及制止不正当竞争的权利。[一]

三、知识产权的保护

知识产权事业包含知识产权创造、知识产权运用、知识产权管理、知识产权保护四个方面，知识产权保护是人们实施知识产权战略的支点，是获取市场收益和竞争优势的法律保障。理解不同类型知识产权的保护，是大学生创新创业的基础。

（一）申请审批保护和自动保护

就保护条件而言，知识产权保护包括申请审批保护和自动保护两种类型。就申请审批保护而言，知识产权保护以提出申请并获得国家机关审批为条件，包括专利保护、商标保护、地理标志保护、植物新品种保护、集成电路布图设计保护等，我国多数知识产权类型采取申请审批的保护方式。《专利法》第二十六条规定，申请发明或者实用新型专利的，应当提交请求书、说明书及其摘要和权利要求书等文件。《商标法》第四条规定，自然人、法人或者其他组织在生产经营活动中，对其商品或者服务需要取得商标专用权的，应当向商标局申请商标注册。不以使用为目的的恶意商标注册申请，应当予以驳回。

就自动保护而言，知识产权保护不用履行任何申请审批程序，也不用加注任何标记，即可自动获得保护，主要体现为著作权保护。《保护文学和艺术作品伯尔尼公约》第五条规定，著作权的享有和行使无须履行任何手续，并与作品的来源国给予的保护无关。《著作权法》第二条明确规定，中国公民、法人或者其他组织的作品，不论是否发表，依照本法享有著作权。换句话说，只要相关作品创作完成，即自动享有著作权保护。需要指出的是，计算机软件作为作品的范畴，其创作完成就可以获得著作权保护，计算机软件登记证书只是证明著作权的证据，而非获得著作权保护的必要条件。

[一] 一些学者认为，我国法律意义上的知识产权还包括对商号（字号）、产品或服务的名称以及包装或装潢、网络域名、网络名称或代号、地理标志、特许资质、商誉等享有的权利。

（二）司法保护和行政保护

就保护方式而言，知识产权保护包括司法保护和行政保护两种模式。知识产权司法保护，即通过提起民事诉讼的方式，要求侵权者停止侵权、赔偿损失，它在知识产权保护中起着主导作用。最高人民法院的工作报告指出，2018年人民法院共新收一审、二审、申请再审等各类知识产权案件334 951件，审结319 651件，比2017年分别上升41.19%和41.64%，司法保护知识产权的主导作用得到积极发挥。[1]

知识产权的行政保护，即各级知识产权管理部门责令侵权者停止侵权并对其进行行政处罚。在司法保护周期长、举证难、赔偿低，以及权利人通常请求禁令救济的背景下，知识产权的行政保护具有依职权启动、注重效率、执法措施有力的特点，逐渐受到知识产权权利人的青睐，也是我国知识产权纠纷多元化解机制的重要内容。

第二节　创新创业与知识产权

知识产权与创新创业具有密切联系。随着我国经济发展步入新常态，创新驱动发展成为我国新旧动能转换、产业转型升级的重要抓手。在此背景下，国家适时提出"大众创业、万众创新"的倡议，其典型的时代特点就是创新驱动。由于创新驱动的结果是产生众多创新成果，离不开作为国际规则的知识产权制度，故创新驱动的实质是知识产权驱动。

一、创新创业的知识产权属性

从创新创业的内涵而言，"创新"并非单纯的理论创新，其后面加了"创业"二字，表明"创新"是以"创业"为导向的，是具有应用属性的创新活动。而"创业"亦非资源依赖型、劳动密集型的传统创业，其前面加了"创新"二字，表明"创业"是以"创新"为基础的，是具有知识属性的高层次创业。故创新创业并非"创新"和"创业"的简单相加，它强调创新的实践性和应用性，以及创业的创新性和高层次性。[2]恰如创业教育之父杰弗里·蒂蒙斯所说："如果把创业比作美国经

---

[1] 参见最高人民法院民三庭（知识产权审判庭）《2018年中国法院知识产权司法保护概况》，载《人民法院报》2019年6月6日，第5版。

[2] 程洪莉：《"互联网＋"背景下高校创新创业教育的实施策略探析》，载《国家教育行政学院学报》2017年第5期。

济的发动机,那么创新就是此发动机的气缸,它带动了许多重要的新发明和新技术的诞生。"㊀

> **创业箴言**
>
> 青春岁月用创业圆梦,激情澎湃以智慧营商。

具体而言,创新创业将形成众多智力活动成果,包括新作品、新产品、新材料、新方法、新商业模式等,其中诸多是可以获得知识产权保护的智力活动成果。这些智力活动成果具有无形性,只有及时转化为知识产权,才能获得法律保护,否则难以应对竞争者的抄袭、擅自使用。事实上,日常生活中的众多创新创业都伴随知识产权的存在。例如,票房高达50亿元的国产动画电影《哪吒之魔童降世》,毫无疑问作为电影作品可获得著作权法的保护,他人未经许可不得盗播。其人物形象作为美术作品,同样可获得著作权法的保护,他人未经许可不得擅自使用。此外,还可将电影的相关元素申请注册商标,获得商标保护。

创新创业的知识产权属性,还可从知识产权作为国际贸易规则的角度进行理解。如本章第一节所述,知识产权具有鲜明的地域性特点,相关知识产权仅能在特定国家范围内获得该国法律的保护,超过这个国家范围,就无法获得该国法律的保护。㊁为克服知识产权的地域性带来的国际贸易壁垒,各国缔结了系列知识产权国际公约,特别是《与贸易有关的知识产权协定》,由于大多数国家(地区)都是其成员,使各个国家(地区)的知识产权规则得到很大程度的协调,最终使知识产权成为国际通行的贸易规则。

市场主体无论开展国内贸易,还是开展国际贸易,都应按照知识产权法律制度进行。尤其是以知识产权的创造、运用为内容的创业者,不仅要熟悉知识产权的获得规则,适时将创新成果转化为知识产权,防止他人擅自使用创新成果,而且要熟悉知识产权的保护规则,明确知识产权的权利范围和侵权判定标准,适时寻求知识产权的许可使用,避免知识产权侵权。

近年来,随着我国知识产权意识不断提升,涌现了诸多积极进行知识产权布局的典型案例。2019年5月,美国商务部将华为列入所谓"实体清单",阻止华为购买美国企业研发的配件和操作系统。但华为早在2012年就启动"备胎"计划,并于2019年8月推出了自主研发的鸿蒙系统,并独立开发芯片。华为能够不断创造竞

㊀ 杰弗里·蒂蒙斯、小斯蒂芬·斯皮内利:《创业学》(第六版),周伟民、吕长春译,人民邮电出版社2005年版,第8页。

㊁ 李明德:《知识产权法》(第二版),法律出版社2014年版,第16页。

争优势，突破美国政府的技术"封杀"，根本原因在于其强大的创新能力和知识产权布局。2019 年世界知识产权组织的年度报告显示，2018 年华为的专利申请量高达 5405 件，位居全球第一。票房高达 56 亿元的国产电影《战狼Ⅱ》，其背后也有着强大的知识产权布局和风险防控作为支撑。自该电影筹备开始，吴京就陆续申请了 14 件版权、57 件商标，包括战狼的 LOGO（标志）、吴京的签名、战狼中队的队徽等。由此可见，创新创业与知识产权高度契合。

二、知识产权在创新创业中的作用

如前所述，创新创业具有天然的知识产权属性。不仅如此，知识产权在创新创业中也发挥着重要作用。事实上，知识产权已成为市场经营者的竞争优势，创新创业佼佼者无不将知识产权作为一种战略资源，在全球进行"跑马圈地"。正所谓"产品未至，知识产权先行"。知识产权在创新创业中的作用，体现在知识产权对创新创业成果的法律保护，以及知识产权本身就是竞争优势。

（一）知识产权是创新创业的法律保障

因创新创业活动而形成的技术发明、文学艺术作品、良好的市场声誉等智力活动成果，具有无形性的特点，无法通过物理隔离的方式进行保护，特别是在互联网时代，这些以信息形式存在的创新成果，很容易遭到竞争者未经许可擅自复制、模仿、传播，加之互联网传播速度快、没有国界的特点，进一步加剧了窃取创新成果的后果，导致创新创业的努力沦为他人的嫁衣。当然，创业者可采取严格的保密措施，将相关技术信息作为商业秘密进行保护。但其弊端较为明显，一旦竞争者通过独立实验、反向工程成功破解相关的技术信息，创业者就无法阻止竞争者使用。

更为严重的是，如果竞争者将相关技术方案申请专利，则创业者本身的使用范围也会面临法律限制。《专利法》第七十五条规定，在专利申请日前已经制造相同产品、使用相同方法或者已经做好制造、使用的必要准备，并且仅在原有范围内继续制造、使用的，不视为侵犯专利权。换句话说，一旦他人就相关技术信息获得专利，原有使用者仅能在原有范围内继续制造、使用，否则将构成专利侵权。由此可见，通过商业秘密保护创业者的技术信息，存在较大的法律风险。

知识产权较好解决了创业者面临的法律困境：①就技术发明而言，通过以公开换保护的制度设计，专利法鼓励创业者将相关技术信息适时申请专利，获得有期限的专利保护。同时，作为获得专利的对价，创业者须充分公开其技术信息，进而促进技术信息的传播。这样的制度设计为创业者的技术创新消除了后顾之忧。②就文学艺术作品而言，如果没有著作权制度，他人便可以擅自复制、传播、窃取作者的创新成果。根据著作权法，一旦作品创作完成即可自动获得保护，这极大消除了作品创作者的后顾之忧。③就商业信誉而言，创业者可以及时申请商标，固化苦心经营的良好口碑，形成品牌效应。防止他人未经许可使用相同或近似的标记，企图造成消费者混淆。

正是基于知识产权对创新创业的法律保障，我国将知识产权制度改革作为优化营商环境的重要内容。《优化营商环境条例》第十五条规定，国家建立知识产权侵权惩罚性赔偿制度，推动建立知识产权快速协同保护机制，健全知识产权纠纷多元化解决机制和知识产权维权援助机制，加大对知识产权的保护力度。同时，该条例规定，国家持续深化商标注册、专利申请便利化改革，提高商标注册、专利申请审查效率。显然，无论是强化知识产权的保护制度，还是推进知识产权审批的便利化改革，均旨在营造良好的知识产权保护环境，消除创业者关于创新成果保护的后顾之忧，吸引国内外的创新创业资源。

（二）知识产权本身是竞争优势

知识产权属于财产权，其本身就是创业者的竞争优势。作为一项排他性的权利，知识产权持有人有权禁止未经许可的使用行为。而为了避免侵犯他人的知识产权，经营者只有寻求许可，使用他人享有知识产权的文学艺术作品、技术方案、商业标记等智力活动成果。这样，通过知识产权许可、转让，知识产权能够为创业者创造经济效益和竞争优势。例如，2017年，山东理工大学某团队研发的无氯氟聚氨酯化学发泡剂，以20年独占许可授予某公司，总价5.2亿元。国务院发布的《国家知识产权战略纲要》还将知识产权运用作为战略重点，指出要依靠财政、金融、投资、政府采购政策和产业、能源、环境保护政策，引导和支持市场主体运用知识产权。

事实上，知识产权许可、转让仅仅是知识产权发挥竞争优势的初级模式。近年来，通信领域的专利巨头通过标准化组织，将其掌握的核心专利写入相关的通信标准，使之成为标准必要专利（Standards Essential Patents）。众多的通信设备制造商不得不使用相关的通信标准和标准必要专利，支付专利许可费。为防止垄断，标准必要专利权人应向标准制定组织做出公平、合理、无歧视的许可承诺（FRAND承诺）。由此形成技术标准，通过标准必要专利收取许可费，成为知识产权发挥竞争优势的高级模式。

以美国高通公司为例，其在通信领域拥有大量标准必要专利。2018年，高通公司年收入达到227亿美元，专利授权收入就占1/4以上，创造了通过收取专利授权费进行盈利的高通模式。高通公司的专利授权费包括两部分：固定授权费和专利许可费。固定授权费通常为几十万美元到几百万美元不等。专利许可费则按照授权产品销售价格的一定比例收取（3%～5%），如苹果公司每销售一部苹果手机要向高通公司交 40 美元的专利许可费。这种专利授权收费模式还被业内称为"高通税"。

此外，知识产权本身是竞争优势的基本原理，还体现在知识产权的质押融资方面。《民法典》第四百四十条明确规定，依法可以转让的商标专用权、专利权、著作权中的财产权可以质押，这为知识产权的质押融资提供了法律依据。在企业融资难、融资贵的背景下，知识产权的质押融资能够拓展企业（特别是民营小微企业、创新创业企业）获得贷款的渠道。例如，甘肃某能源科技公司凭借其在锂电池领域掌握的 13 项核心专利，估值超过 2000 万元，与银行成功签约，获得贷款 1500 万元。[一] 国务院出台了专项政策，鼓励商业银行在风险可控的前提下，通过单列信贷计划、专项考核激励等方式，支持知识产权质押融资业务发展，例如 2019 年中国银保监会、国家知识产权局、国家版权局联合发布《关于进一步加强知识产权质押融资工作的通知》。相关统计数据显示，2019 年我国专利、商标质押融资总额达到 1515 亿元，同比增长 23.8%。[二]

课堂讨论

伴随我国营商环境的持续优化，知识产权保护环境得到显著改善。习近平总书记在多个场合强调，要提高知识产权的保护水平，加大知识产权侵权的惩罚力度。结合上述背景，讨论知识产权保护对创新创业有哪些作用。

第三节 创新创业中需防范的知识产权风险

创新创业过程存在诸多知识产权风险，包括知识产权的获取风险、权属风险、保护风险、侵权风险等。如何识别、防范乃至化解知识产权风险，是创业者必须具备的基本素质。本节将结合创新创业中的典型案例，从市场竞争普遍存在的著作权风险、专利权风险、商标权风险三个方面进行梳理。

[一]《盘活"细软""知本"变现——全国新增专利质押融资金额达到 532 亿元》，载搜狐网 2017 年 12 月 1 日，https://www.sohu.com/a/207779692_603229。

[二]《国家知识产权局就 2019 年主要工作统计数据及有关情况举行新闻发布会》，载中央政府网 2020 年 1 月 15 日，http://www.gov.cn/xinwen/2020-01/15/content_5469519.htm。

一、著作权风险

近年来,随着生活水平的提高,人们的精神文化需要明显提高。国家电影局发布的数据显示,2019 年我国电影总票房达 642.66 亿元,其中,国产电影票房为 411.75 亿元,占 64.07%。文化产业蓬勃发展的同时,著作权案件日益增多。最高人民法院的报告显示,2018 年地方各级人民法院新收知识产权一审民事案件283 414件,其中,著作权案件 195 408 万件,同比上升 42.36%。①快速增长的著作权民事案件,彰显了创业者面临较大的著作权风险。

(一) 创意构思的保护风险

大学生思维活跃,创新创业过程中经常闪现富有商业价值的创意构思,如共享单车、共享雨伞等。这些未形成文字表达的创意构思能够得到著作权法的保护吗?如何应对他人未经许可实施相关的创意构思?要回答这些问题,需回到著作权法的起点。

著作权法保护的客体是文学艺术作品,要符合独创性和表达两个要件。首先来看独创性。独创性要求作品是作者独立创作,而非抄袭他人的作品。独创性的判定与作品的学术水平或艺术水平、作品的市场销售规模、作品表达的思想观念新旧无关,它仅关注相关作品是否体现作者精神或人格的印记。例如,电视剧《都挺好》中的主角苏大强创作的"请君伴我一路行……昼夜作诗到天明",尽管是蹩脚诗句、质量平平,但仍体现了其精神或人格,可获得著作权法保护。

再来看表达。著作权法的基本原理是,只保护思想观念的表达,而不保护思想观念本身,即思想观念与表达的二分法(Idea/Expression Dichotomy)。思想观念包括概念、原则、公示、名词术语、客观事实、科学发现和科学原理等,它们属于人类的共同财富,无论它们在作品中以何种形式被描述、解释、说明或者体现,都不能为任何人所垄断。而基于思想观念所形成的表达,包括文字的、音符的、数字的、线条的、色彩的、形体动作的,可以在具备独创性时构成文字作品、音乐作品、美术作品、计算机软件作品等,进而获得著作权法的保护。

根据思想观念与表达的二分法,我们来分析创意构思面临的著作权风险。创意构思属于著作权法中的思想观念范畴,其本身并不受著作权法保护。只有将创意构思具体化为表达,如形成详细的文字报告,才能禁止他人擅自复制、传播。但即便

---

① 参见最高人民法院发布的《中国法院知识产权司法保护状况 (2018 年)》白皮书。

如此，按照创意构思的内容实施，只要没有复制相关的具体表达，仍然不构成著作权侵权。因为著作权法仅能控制作品的使用，根据创意构思开展的实施，并不属于著作权法的调整范围。当然，如果相关创意构思属于技术方案，可申请专利，获得专利法的保护。由此可见，创意构思无法获得著作权法保护，即便形成具体表达，其保护范围也非常有限。

以"女子十二乐坊"案[1]为例，原告于1998年构思"中华女子乐坊"的创意，并形成《北京中华女子乐坊整合报告》（简称《整合报告》）。后原告曾向被告介绍其创意，并希望被告投资，被告由此接触原告的《整合报告》。后双方并未进行合作。2001年，被告与案外人创作完成《"女子十二乐坊"项目实施计划》（简称《实施计划》），成立"女子十二乐坊"。原告认为，"中华女子乐坊"的创意构成作品，被告"女子十二乐坊"剽窃其"中华女子乐坊"创意作品，构成著作权侵权。

北京市第二中级人民法院二审认为，涉案《整合报告》和《实施计划》是文字作品，将二者进行整体上的比对，二者在篇章结构的编排、选择及文字的表达方面不相同，虽二者创作目的均是对成立女子乐团、演奏民乐的演出模式予以说明和实施，但由于二者所涉及的演出模式包括创意和操作方法，总体上属于创意、构思或理念的范畴，不属于《著作权法》规定的作品保护范围。因此，在著作权法意义上，不能认定《实施计划》对《整合报告》构成剽窃、改编或汇编。

既然无法获得著作权法的保护，那么应该如何保护创业者富有商业价值的创意构思呢？创意构思虽然与著作权法中的作品相关，但关于创意构思的保护需借助其他部门法的作用，特别是合同法律的保护。美国《思想观念提供法》提倡通过合同来对提供创意、思想、策划的人进行保护。美国加利福尼亚州最高法院指出："抽象的思想观念虽然不受版权的保护，但并不妨碍它获得合同的保护。"[2]具体而言，对于具有新颖性和具体性的创意，一旦接受披露的人使用了该创意，他就应当基于明示、默示或者法定合同关系向创意提供者支付报酬。因此，创业者在提供自己富有商业价值的创意构思时，应尽可能通过与客户签订创意使用合同，明确自身的权利，运用合同理论对抽象的创意构思提供保护。

（二）作品创作的侵权风险

在文学艺术作品的创作过程中，创业者普遍面临著作权的侵权风险——抄袭他人作品。如何评估、防范作品创作过程面临的著作权侵权风险，首先需要掌握著作

---

[1] 北京市第二中级人民法院（2005）二中民终字第00047号民事判决书。
[2] 李明德：《美国知识产权法》（第二版），法律出版社2014年版，第753页。

权侵权判定的基本原理。从司法实践来看，著作权侵权的判定需要满足"接触""实质性相似"两个要件。

一方面，著作权侵权的判定方法是，将原告作品和被告作品进行比较，如果完全相同，毫无疑问构成侵权。如果并非完全相同，而是抄袭了原告作品的实质内容，也构成侵权。实质性相似包括两种情形：字面相似性（Literal Similarity）和非字面相似性（Nonliteral Similarity）。前者是被告逐字逐句复制了原告的作品；后者不是原封不动地复制原告作品，而是改头换面的使用，如被告使用了实质相似的人物、相似的场景和相似的情节。非实质相似性的判定非常困难。

另一方面，著作权法保护独创性的作品，只要作品是作者独立创作，即便出现偶然的相同情况，也可获得著作权法的保护。由此可见，构成著作权侵权，还应考察被告是否能够接触原告作品。需要注意的是，这里的"接触"，强调的是有接触的机会，并不要求原告证明被告实际接触其作品。在1988年美国的一起案件中，原告于1954年在法国创作了一首歌曲，作为电影的一部分，但电影和歌曲都不太成功。多年后，被告于1973年在巴西创作歌曲《感觉》，获得极大的商业成功。原告起诉被告构成版权侵权。美国第二巡回上诉法院认为，相关证据表明，原告曾在20世纪50年代向若干出版商提供过其作品。正是从其中的一家出版商那里，被告接触了原告的作品，因为被告与出版商的合同表明了二者的关系。

著作权侵权应满足"接触"和"实质性相似"要件的基本原理，在《梅花烙》作者诉于某案⊖中得到典型体现。原告于1992年—1993年创作完成小说和同名电视剧剧本《梅花烙》，在我国大陆地区多次出版，拥有广泛的社会影响力。被告于某于2012年—2013年创作电视剧剧本《宫锁连城》。原告认为，被告擅自使用涉案作品的核心独创情节进行改编，构成著作权侵权。

法院认为，是否构成改编权侵权需要满足"接触"和"实质性相似"两个要件。根据剧本《梅花烙》拍摄的电视剧《梅花烙》早已在我国大陆地区公开播放，相关公众通过观看电视剧《梅花烙》即可获知剧本《梅花烙》的内容，由此可推定被告接触了剧本《梅花烙》。剧本《梅花烙》和剧本《宫锁连城》的情节选择、结构安排、情节推进、人物关系、人物设置均高度一致，超越了合理借鉴的界限，两部作品构成实质性相似。由此，法院判定被告构成著作权侵权。

基于著作权侵权的判定原理，我们来分析作品创作面临的侵权风险。如果是原创作品，固然能够有效避免著作权的侵权风险。作品的创作允许合理借鉴，特别是不受著作权法保护的思想观念，包括作品风格、历史材料、客观事实、科学原理等。

⊖ 北京市高级人民法院（2015）高民（知）终字第1039号民事判决书。

针对存在合理借鉴的创作过程,要根据作品类型来评估著作权的侵权风险。具体而言,科幻、小说题材的作品,由于故事情节独创性较高,即便较低程度的借鉴都极可能构成侵权;而历史、记录题材的作品,由于要遵循客观事实,即便具有较高程度的相似也不构成著作权侵权。

当然,如果难免使用他人作品进行创作,或者难以确定是否可能侵权,为避免著作权的侵权风险,创业者可积极寻求著作权人的改编许可,支付适当的许可费即可。值得注意的是,即便得到著作权人的改编许可,也不意味着可以随心所欲地进行创作,仍然应当尊重原作者享有的精神权利,特别是署名权和保护作品完整权,应注明改编所依据的原作品及其作者,同时不能对原作品进行歪曲、篡改。

以"鬼吹灯"案[1]为例。原告张某创作的盗墓题材的系列小说《鬼吹灯》,风靡华语世界。被告陆某拍摄的电影《九层妖塔》系获得改编权许可,根据原告创作的《鬼吹灯之精绝古城》改编而成。电影上映后,观众普遍反映与原著差距甚大,原告起诉被告侵犯其享有的保护作品完整权。北京知识产权法院认为,保护作品完整权是作者享有的禁止他人歪曲、篡改作品的权利。即便获得对原作品的改编许可,改编作品所做改动也应当符合必要限度。如果改动的结果导致作者在原作品中要表达的思想情感被曲解,则构成对原作品的歪曲、篡改。

法院分析认为,被告的涉案电影将主要人物设定为具有异能的鬼族后人。同时,原告的《鬼吹灯之精绝古城》讲述的是普通人类摸金校尉利用风水玄学探险的故事,而涉案电影将其改为具有超能力的英雄后人与鬼族人和怪兽战斗的故事。上述改动构成对涉案小说主要人物设定、故事背景等核心表达的大幅改动,对作者在原作品中表达的观点和情感做了本质上的改动,构成对原作品歪曲、篡改,侵犯原告享有的保护作品完整权。

(三) 作品运用的被侵权风险

即便能够避免作品创作面临的著作权风险,创业者在作品运用环节亦面临被侵权的风险。特别是获得市场成功的作品,往往面临侵权者的盗版、盗播、盗录。热门电影、电视剧、图片、音乐、网络游戏,以及体育赛事直播,更是著作权侵权的"重灾区"。如何规避作品运用过程中的被侵权风险,创业者要明确其享有的著作权范围。

著作权包括两方面内容:精神权利(Moral Right)和经济权利(Economic Right)。精神权利是作者就作品中所蕴含的人格和精神所享有的权利。根据著作权

---

[1] 北京知识产权法院(2016)京73民终587号民事判决书。

法的基本原理，作品是作者思想情感、精神状态和人格的延伸，是作者的精神产物，作者对作品所体现出的人格和精神拥有绝对权利。就精神权利的内容而言，各国著作权法的规定不同。《保护文学和艺术作品伯尔尼公约》按照最大公约数的原则，仅规定署名权和保护作品完整权两项精神权利。《著作权法》规定了4项精神权利：发表权、署名权、保护作品完整权、修改权。

经济权利是指作者利用作品获得经济利益的权利。著作权法旨在鼓励作品的创作和传播，促进文化、科学和经济发展，只有赋予作者一定的经济权利，才能激励作品创作。由此出发，设置相应的经济权利，是各国著作权法乃至相关国际公约的重要内容。就经济权利的内容而言，《保护文学和艺术作品伯尔尼公约》规定的经济权利包括翻译权、复制权、公开表演权、播放权、公开朗诵权、改编权、电影摄制权。在此基础上，《著作权法》规定了13项经济权利：复制权、发行权、出租权、展览权、表演权、放映权、广播权、信息网络传播权、摄制权、改编权、翻译权、汇编权以及应当由著作权人享有的其他权利。

基于作者享有的精神权利和经济权利，我们来分析创业者面临的被侵权风险。在市场竞争中，创业者主要面临经济权利的被侵权风险。经济权利旨在控制作品的利用，创新创业的领域不同，相关作品的利用方式亦不同，创业者面临的著作权被侵权风险各异。从司法实践来看，文字作品、摄影作品往往面临复制权、发行权、信息网络传播权的被侵权风险，电影作品、音乐作品主要面临复制权、放映权、信息网络传播权的被侵权风险，计算机软件作品经常面临信息网络传播权的被侵权风险。创业者要根据所在行业的特点，合理评估其面临的著作权被侵权风险。

值得注意的是，互联网时代，创业者普遍面临信息网络传播权的被侵权风险。数字化的作品很容易被复制、传播、使用，网络既是作品商业化利用的主要渠道，也是著作权侵权风险的主要来源。根据相关报道，2019年春节档电影《流浪地球》《疯狂的外星人》《飞驰人生》在上映之初，盗版资源即开始在网络蔓延，且并非质量模糊的"枪版"，而是质量极高的高清版本，而单片价格仅为1~5元不等，给票房和正版视频平台造成巨大损失。

有效防范作品运用的被侵权风险，需要创业者建立规范的著作权管理制度。首先，通过使用技术措施、与相关人员签订保密协议、加强著作权侵权的市场监测等方式，尽量降低、尽早识别著作权侵权风险；其次，重视权利管理信息的使用，即在作品中加入识别作者、表演者、其他权利人的信息，以及作品的使用条款和条件，用以昭示作者和其他权利人的身份，以及明示作品使用之前必须接受的合同条款，促使作品使用者尊重著作权;⊖最后,通过提起著作权侵权的民事诉讼、求助国家版权管理部门、向公安部门举报,追究侵权者的民事责任、行政责任乃至刑事责任。

(四) 擅自使用他人作品的侵权风险

独立创作作品固然值得鼓励,但使用他人现有作品更是市场常态。当使用他人的现有作品时,要查明是公有领域的作品还是著作权法保护的作品。进入公有领域的作品,人人都可以自由使用;而著作权法保护的作品,使用者应当寻求著作权人的许可,签订著作权的许可使用合同,或者寻求著作权的转让,签订著作权的转让合同,擅自使用他人作品将面临侵权风险。特别是在自媒体快速发展,读图、看视频非常便捷的当下,创业者在微博、微信中使用他人享有著作权的作品时要慎重,拒绝使用来源不明的作品,否则很可能陷入意想不到的著作权纠纷。

以"林志颖微博配图"案⊖为例,2013年8月25日,被告林志颖为庆祝微博粉丝量达到2100万,发布了图文微博。微博图片的原图是知名摄影师朱某的摄影作品,林志颖将作品中左起第三名展示的头像换成了自己的头像,并配上文字"2100万粉丝礼物提前来啰!光头的我造型还是可以的"。该微博被大量转发、评论和点赞。原告朱某认为,其摄影作品展现了我国侦察兵的真实面貌,林志颖的行为致使该作品表达的思想遭到严重曲解,侵犯其署名权、修改权和保护作品完整权。

法院认为,林志颖发布涉案配图时未署名朱某,侵犯了原告对涉案作品享有的署名权。同时,林志颖的微博配图与涉案作品不同,在人物形象与图片篇幅上进行了较大改动,侵犯原告对涉案作品享有的修改权。最后,虽然林志颖对涉案作品人物面部的替换并无贬损之意,但其行为客观上歪曲、篡改了原告的创作本意和涉案作品的主题思想,侵犯了原告对涉案作品享有的保护作品完整权。最终,法院判定被告林志颖赔偿原告朱某34.5万元。

由此可见,使用他人享有著作权的作品,寻求著作权人的许可或者转让,就显得非常必要。关于著作权的许可和转让,《著作权法》做了专门规定。根据该法规定,使用他人作品应当同著作权人订立许可使用合同,合同主要内容包括许可使用的权利种类、专有使用权或者非专有使用权、许可使用的地域范围和期间、付酬标准和办法、违约责任等。转让著作权中的经济权利应订立书面合同,合同内容包括作品的名称、转让的权利种类和地域范围、转让价金、交付转让价金的日期和方式、违约责任等。

⊖ 王迁:《知识产权法教程》(第六版),中国人民大学出版社2019年版,第250页。
⊖ 北京市海淀区人民法院(2017)京0108民初1334号民事判决书。

二、专利权风险

近年来，我国专利申请量增长迅速，"大众创业、万众创新"效果明显。相关数据显示，我国发明专利申请量从 2012 年的 65.3 万件增长到 2019 年的 140.1 万件，PCT 国际专利申请量从 2012 年的 2.0 万件增长到 2019 年的 6.1 万件，[1]表现出强劲的技术创新活力。面对日益活跃的技术创新活动，如何有效保护技术创新成果、防范相关的专利权风险，是创业者需要掌握的基本技能。

（一）技术研发的重复风险

技术研发的重复风险是指如果忽视对专利文献的分析，会导致技术研发的重复风险。随着各国科技竞争的日益激烈，围绕某个技术领域，特别是人工智能、大数据、区块链、5G 通信、新能源、航空航天等热点领域，往往聚集着全球的创新资源。这样，技术研发的重复风险在所难免。而专利文献是创业者掌握技术研发的最新动态、避免技术研发的重复风险的重要工具。

一方面，专利权的获得需要经过申请审批程序。作为授予专利权的对价，专利法要求专利申请者通过专利说明书、权利要求书以及相关附图等申请文件，详细披露相关的技术方案，使本领域的普通技术人员无须进行过度试验，即可实施相关的发明创造。创业者在涉足某项技术领域之前，有必要进行专利检索，掌握现有技术，进而站在巨人肩膀上精准研发。

另一方面，专利权具有鲜明的地域性。与著作权的全球自动获得不同，专利权只有经过主权国家的授权才能获得，且保护范围仅限于主权国家的范围内。这样，那些尚未在我国申请专利的外国专利技术，不受《专利法》保护，属于人人都可以免费使用的发明创造。创业者在使用某项国外的专利技术前，有必要检索相关的技术发明是否在我国申请专利，避免不必要的专利许可使用费。

（二）专利申请的风险

技术创新的成果是取得诸多技术方案。这些以信息方式存在的技术方案很容易遭到他人的窃取，而适时申请专利是保护技术方案的有效途径。在市场竞争中，对于这些技术创新成果，是否申请专利、何时申请专利，仍然是创业者可能面临的专

---

[1] 《国家知识产权局 2018 年主要工作统计数据及有关情况发布》，载人民网 2019 年 1 月 10 日，http://ip.people.com.cn/n1/2019/0110/c179663-30515513.html。

利风险。

1. 是否申请专利的风险

对于技术方案的保护，存在商业秘密保护和申请专利保护两种模式。对于商业秘密保护模式，其优点是只要不被泄露，商业秘密可永久获得保护。例如借助严格的保密措施，可口可乐配方至今仍属"绝密"。但商业秘密保护模式的缺点非常明显，一旦他人通过反向工程、独立研发破解相关的技术方案，商业秘密持有者就无法控制竞争者的使用行为，甚至还可能因为竞争者公开技术方案而丧失商业秘密保护。对于申请专利保护模式，其优点是以公开技术方案换取有期限的垄断保护。在专利保护期内，专利权人有权禁止其他竞争者的生产、使用、销售、许诺销售、进口行为。专利保护期满，相关的技术方案即进入公有领域，人人都可以自由使用。

技术方案的商业秘密保护和申请专利保护模式，没有孰优孰劣之分，可以根据实际情况合理选择。例如，对于世界领先的原始创新成果，其他竞争者短期内可能难以研发突破，不妨先通过商业秘密的方式进行保护，待竞争者可能研发突破时再申请专利保护。又如，对于一般的创新成果，不妨通过发表论文的方式进行公开，防止其他竞争者申请专利形成干扰。当然，市场竞争的实际情况远比上述情况复杂，创业者应结合市场、技术、成本等因素进行科学论证。

2. 何时申请专利的风险

我国专利申请实行先申请原则，根据专利法的规定，同样的发明创造只能授予一项专利权，两个以上的申请人分别就相同的发明创造申请专利的，专利权授予最先申请的人。[1]这样，对于技术创新较为活跃的领域，及时申请专利保护显得非常必要。以移动通信技术为例，随着5G通信商业化的迅速推进，相关企业的技术创新加速布局。相关数据显示，华为2019年的发明专利授权量为4510件，OPPO的发明专利授权量为2614件，分别居国内企业的第一名和第三名。[2]

关于何时申请专利，创业者还面临新颖性的风险。根据专利法的规定，专利授权需要满足三个要件：新颖性、创造性、实用性。[3]新颖性是指相关的技术发明不属于现有技术。如果创业者在申请专利之前，就将使用发明创造的产品推向市场，将导致相关的技术发明丧失新颖性，进而无法获得专利授权。事实上，新颖性的丧失多半是由创业者导致的。

---

[1] 参见《专利法》第九条。
[2] 中央人民政府"国家知识产权局就2019年主要工作统计数据及有关情况举行新闻发布会"，载中国政府网2020年1月15日，http://www.gov.cn/xinwen/2020-01/15/content_5469519.htm。
[3] 参见《专利法》第二十二条。

以"陆风越野车"案[1]为例,路虎汽车于2010年12月21—27日举行的广州国际车展公开展览其越野汽车,于2011年11月24日向我国国家专利局提出外观设计专利申请。2014年11月,在广州车展进行国内首发、由江铃汽车生产的"陆风越野"模仿了路虎汽车的外观设计,同样向我国国家专利局申请外观设计专利。在路虎汽车与江铃汽车的专利权纠纷案中,双方都请求宣告对方外观设计专利权无效。专利复审委员会认为,路虎汽车公司在广州国际车展上的公开展览构成事实上的公开,其外观设计丧失了新颖性;《专利法》规定的新颖性宽限期为6个月,而路虎汽车的车展日到专利申请日之间长达11个月,超过了新颖性的宽限期。由于路虎汽车的外观设计属于现有设计,故江铃汽车的外观设计亦缺乏新颖性。专利复审委员会宣告路虎汽车和江铃汽车的外观设计专利均无效,北京市朝阳区法院、高级人民法院先后于2016年、2018年维持了专利复审委员会的上述认定。

(三) 专利运用的被侵权风险

与作品运用环节的被侵权风险类似,技术发明在获得专利权后同样面临被侵权的风险。防范专利运用环节的被侵权风险,创业者同样需要掌握专利权的范围。根据《专利法》,发明和实用新型专利权人有权排除任何单位或个人未经许可实施其专利,即不得为生产经营目的制造、使用、许诺销售、销售、进口其专利产品,或者使用其专利方法以及使用、许诺销售、销售、进口依照该专利方法直接获得的产品。外观设计专利权人有权排除任何单位或个人,未经许可实施其专利,即不得为生产经营目的制造、许诺销售、销售、进口其外观设计产品。

除明晰专利的权利范围之外,创业者还要了解专利侵权的判定方法,进而科学评估专利运用中的侵权风险。专利侵权判定的基本方法是,将专利权利要求记载的技术特征与被控侵权产品或方法进行比较。如果权利要求记载的技术特征,没有任何变化地落入了被控侵权产品或方法当中,则构成字面侵权(Literal Infringement)。字面侵权属于级别较低的侵权类型,创业者较为容易判定。市场竞争普遍存在较高级别的专利侵权。侵权者期望的效果是,既利用专利进行非法获利,又对权利要求的技术特征进行简单的替换或合并,进而骗过专利权人或人民法院。如果相关技术特征的简单替换或者合并,与权利要求记载的技术特征相比,只有非实质性的区别,则构成等同侵权(Equivalent Infringement)。

前面介绍了专利权的权利内容以及如何评估专利被侵权的风险。在市场竞争中,

---

[1] 北京市高级人民法院(2018)京行终4169号行政判决书。该案入选2018年中国法院十大知识产权案件和50件典型知识产权案例。

创业者还经常面临他人的专利侵权指控，那么该如何应对呢？创业者大可不必惊慌，可就专利权的有效性提出抗辩。根据专利法，实用新型和外观设计只进行形式审查，只要相关的申请文件齐全，且缴纳了相关的费用，即可进行实用新型和外观设计的专利授权。至于是否满足专利授权的实质要件，则留待专利纠纷的处理程序，权利稳定性较弱。如果出现实用新型或者外观设计的专利侵权指控，大可提供缺乏新颖性、创造性、实用性的证据，向专利复审委员会提起专利无效宣告请求。发明专利虽然经过形式审查和实质审查，权利稳定性较强，但同样可以提出专利无效宣告请求。

当然，即便最终被判构成专利侵权，创业者也不必沮丧，还可转而寻求专利许可。相关数据显示，我国专利的转化率约为10%。[1]从专利技术到具体产品，本身就存在距离，需要付出诸多努力。相关专利能够未经许可被他人应用于产品，对专利权人而言已经非常难得。与其让专利继续作为证书放在柜子里，倒不如让其产生经济效益，故专利权人往往具有专利许可意向。

（四）专利许可和转让的效力风险

市场竞争中，专利许可和转让非常普遍。就使用者而言，通过专利许可或转让，使用他人成熟的专利技术，可以避免技术研发投入。就专利权人而言，通过收取专利许可费或者转让费，专利权人可以获得直接经济效益，收回技术研发的成本，形成研发成本与收益的良性循环。由此出发，提高专利权的许可率或转让率，是推进科技成果转化的重要措施。

在专利许可或转让贸易中，创业者注意防范相关专利的效力风险。一方面，专利权具有保护期限的限制。过了保护期限的技术发明就进入公有领域，人人都可以自由使用。而且，即便是在保护期内，想要维持专利的效力，专利权人须承担专利的维持费。一旦专利权人不再缴纳专利维持费，可推定专利权人放弃专利权，相关的技术发明就进入公有领域。相关研究表明，世界各国95%以上的专利权都可能在专利保护期届满前，因为不按规定缴纳费用而提前终止。[2]创业者要通过专利检索系统，检索相关专利权的法律状态。

另一方面，专利权具有鲜明的地域性。只有向我国提出申请并获得授权的专利技术，才能获得我国专利法的保护。在进行专利许可或转让贸易前，创业者有必要问清楚相关的专利权是哪国授权的。专利的地域性问题往往容易被人忽视。在我国

---

[1] 马忠法：《对知识产权制度设立的目标和专利的本质及其制度使命的再认识》，载《知识产权》2009年第11期。

[2] 李明德：《知识产权法》（第二版），法律出版社2014年版，第164页。

专利法孕育过程中，就存在这样的认识误区：我国制定专利法，只能保护外国垄断公司的利益，因为它们拥有大量专利。①事实上，只有到我国提出专利申请并获得批准的专利技术，才能获得我国法律保护。

当然，根据专利法的基本原理，专利局授予的专利权只是推定有效的权利，任何单位和个人都可以提起无效宣告请求。由此可见，创业者还需对寻求许可或转让的专利权的稳定性进行评估，特别是对于仅经过形式审查就授权的实用新型专利和外观设计专利。

我国的DVD产业就曾遭受无效专利的欺骗。在2000年左右，我国是DVD的最大生产国和出口国，产量一度占据世界产量的90%。DVD的核心专利和技术标准全部由国外企业掌握，它们组建了3C专利联盟、6C专利联盟。我国每出口1台DVD要向6C专利联盟支付4美元专利使用费，向3C联盟支付5美元专利使用费。然而，3C专利联盟和6C专利联盟许可的很多专利含有大量无效专利。2005年12月，以北京大学张平为代表的五位教授，对3C联盟中的一项关键专利"编码数据的发送和接收方法以及发射机和接收机"，向专利复审委员会提出无效申请，因为该项专利并不具备专利法要求的新颖性和创造性。最终，飞利浦将涉案专利从许可协议的专利清单中撤下。

三、商标权风险

创业者普遍面临商标权风险。如果著作权风险主要存在于文化产业，专利权风险主要存在于技术创新产业，那么商标权风险则存在于各行各业。因为我国市场经济的快速发展，以及人民美好生活需要的日益增长，使同类商品或服务往往存在众多的提供者，快速区分相关商品或服务的来源，对提供者和消费者而言都显得非常重要。而商标就是将商品或服务的不同提供者区分开来的标记，是各行各业开展市场竞争的普遍选择。

近年来，创业者的商标意识日益增强，我国商标申请量增长迅速，从2013年的188.2万件增长到2019年的783.7万件，平均每4.9个市场主体拥有1件注册商标。与此同时，围绕商标的法律纠纷快速涌现，地方各级人民法院新收商标案件从2013年的23 272件增长到2018年的51 998件。②选择什么样的商标、选择何种商标申请策略、如何防范和应对商标纠纷，都是创业者面临的商标权风险。

---

① 赵元果：《中国专利法的孕育与诞生》，知识产权出版社2003年版，第66页。
② 参见最高人民法院《中国法院知识产权司法保护状况（2013年）》和《中国法院知识产权司法保护状况（2018年）》。

> **创业箴言**
>
> 商标就像我们的身份证，需要创业者办理好并特别保护好，不能被他人盗用。

（一）商标选择的无效风险

商标是指示商品或服务来源的标记，其基本功能是识别功能，作为商标的标记应当具有显著特征，即显著性要件。同时，并非所有满足显著性要件的标记都可作为商标，为保护社会公共利益和公序良俗，商标法还对禁止或者限制作为商标的标记做了规定。相关的商标不得与他人在先取得的合法权利相冲突。掌握商标法关于标记选择的相关规定，是创业者防范商标无效风险的必修课。

1. 具备显著性要件

显著性是相关标记作为商标进行使用、注册的基本条件。它包括内在显著性（Inherent Distinctiveness）、获得显著性（Acquired Distinctiveness）。内在显著性是指相关公众看到商品或服务的标记，即意识到该标记是用于指示商品或服务的提供者。如何评估标记是否具有内在显著性呢？可借鉴美国的经验。[一]根据标记与其所使用的商品或服务的密切程度，可将标记进行分类（见表4-1）。

表4-1 标记的类型和显著性情况

类型	含义	实例	显著性
臆造性标记	现有语言中没有的杜撰标记	"海尔"冰箱	极强
任意性标记	标记含义与其使用商品无任何联系	"苹果"手机	强
暗示性标记	标记含义与其使用商品无明显联系，通过想象，能联想商品的特点	"吉利"汽车	较强
描述性标记	标记含义直接描述其使用商品的功能、原料、质量等特性	"五粮液"酒	可使用形成获得显著性
通用性标记	标记含义指向商品的类型或种类	"水果"苹果	无

获得显著性是指某些标记虽然不具有内在的显著性，但通过市场上的使用逐步获得了显著性，可指示商品或服务的来源。《商标法》规定，缺乏内在显著性的标

[一] Abercrombie & Fitch Comp. v. Hunting World, Inc., 537 F. 2d 4 (2d Cir. 1976).

记经过使用取得显著特征，并便于识别的，可以作为商标注册。[1]以"小肥羊"案[2]为例，西安小肥羊烤肉馆于2000年在第42类餐饮服务申请注册"小肥羊"标记。商标局认为，该标记描述商品的原材料，不具有内在显著性，故并未核准该商标注册。内蒙古小肥羊公司亦使用"小肥羊"商标，并通过加盟连锁的经营模式，使"小肥羊"标记的知名度迅速提升，2001年亦在第42类餐饮服务申请注册"小肥羊"标记。商标评审委员会认为，"小肥羊"并非餐饮行业通用名称，但通过内蒙古小肥羊公司的长期使用和宣传，"小肥羊"具备了作为商标应有的显著性，可以核准商标注册。北京市高级人民法院维持了商标评审委员会的上述裁定。

基于商标显著性的上述法律规则，创业者在选择商标时，应尽量选择具有内在显著性的标记，特别是臆造性标记、任意性标记，这样的标记具有很强的内在显著性，比较容易获得商标注册。如果选择描述性标记，则需要通过广泛宣传和使用，形成获得显著性后才有可能获得注册。描述性标记虽然通过使用可以获得显著性，但开展大规模的使用和宣传往往比较困难，且收集和整理与获得显著性相关的证据，本身非常耗时耗力，比较适合资金充足的大型企业。

2. 禁止作为商标使用的标记

为了遵守公认的道德准则，《保护工业产权巴黎公约》明确禁止将各国的国徽、官方检验印章和政府间组织徽记作为商标使用。在此基础上，我国商标法做了更为全面的规定。根据规定，下列标志禁止作为商标使用：

①同中华人民共和国的国家名称、国旗、国徽、国歌、军旗、军徽、军歌、勋章等相同或者近似的，以及同中央国家机关的名称、标志、所在地特定地点的名称或者标志性建筑物的名称、图形相同的；②同外国的国家名称、国旗、国徽、军旗等相同或者近似的，但经该国政府同意的除外；③同政府间国际组织的名称、旗帜、徽记等相同或者近似的，但经该组织同意或者不易误导公众的除外；④与表明实施控制、予以保证的官方标志、检验印记相同或近似的，但经授权的除外；⑤同"红十字""红新月"的名称、标志相同或者近似的；⑥带有民族歧视性的；⑦带有欺骗性，容易使公众对商品的质量等特点或者产地产生误认的；⑧有害于社会主义道德风尚或者有其他不良影响的。县级以上行政区划的地名或者公众知晓的外国地名，不得作为商标。但是，地名具有其他含义或者作为集体商标、证明商标组成部分的除外；已经注册的使用地名的商标继续有效。

---

[1] 参见《中华人民共和国商标法》第十一条第二款。
[2] 参见北京市高级人民法院（2006）高行终字第94号行政判决书。

以"叫个鸭子"案[1]为例,某公司申请注册"叫个鸭子"标记,用于住所代理、酒吧服务等。商标局和商标评审委员会认为,该标记用作商标易产生不良社会影响,故驳回注册申请。该公司提起行政诉讼。北京知识产权法院认为,"鸭子"通常是指一种家禽,但在非主流文化中亦有"男性性工作者"含义。涉案商标指定使用在"酒吧服务、住所代理"等服务上,尤其由谓语动词组成"叫个鸭子"短语,会强化相关公众对第二种含义的联想,属于"有其他不良影响"的标记。最高人民法院维持上述判定,指出该公司除申请涉案商标外,还申请"招只鸡来"等商标,亦可印证其注册低俗商标、追求异类的主观意图。

3. 不得与他人在先取得的合法权利相冲突

根据商标法,申请注册的商标,不得与他人在先取得的合法权利相冲突。具体而言,创业者不得使用与他人商标相同或近似的标记,企图引发消费者混淆,乃至牟取"搭便车"的不正当利益。例如,仿冒"康师傅"方便面的"康师桶""康帅博"方便面,仿冒"奥利奥"饼干的"粤利粤"饼干等。同时,亦不得损害他人的著作权、姓名权等其他民事权利,否则将面临注册商标被宣告无效或者承担侵权责任的后果。事实上,因与他人在先取得的合法权利相冲突,导致苦心经营、长期宣传投入的注册商标被宣告无效的案例并不在少数。

以"乔丹"案[2]为例,迈克尔·乔丹是篮球运动明星。乔丹公司是体育用品生产商,于 2001 年获准注册"乔丹"商标。经过长期宣传使用,乔丹公司的"乔丹"商标已具有较高的知名度,在"运动鞋、运动服装"商品被国家工商总局认定为驰名商标。迈克尔·乔丹以"乔丹"商标侵犯其姓名权为由,请求商标评审委员会宣告无效。该商标案经过商标评审委员会裁定、北京市第一中级人民法院一审、北京市高级人民法院二审、最高人民法院再审,最终以"乔丹"商标侵犯迈克尔·乔丹的姓名权而结束,乔丹公司长期经营的"乔丹"商标随后被商标评审委员会宣告无效。

(二) 商标注册的迟延风险

尽管注册并不是获得商标保护的必要条件,但注册确实能够强化商标的保护,包括推定获得全国范围内有效的权利、驰名商标的反淡化保护、3 年期限内不使用仍可获得禁令救济、作为商标许可或转让的证据等。创业者确定准备使用的商标后,要及时进行商标注册。

---

[1] 参见最高人民法院(2018)最高法行再 188 号行政判决书。
[2] 参见最高人民法院(2016)最高法行再 27 号行政判决书。

近年来，随着营商环境的持续优化，我国商标注册的成本不断降低，为创业者注册商标带来利好。2019年6月19日，商标局公布的受理商标注册收费标准是：纸质申请收费标准为300元（限定本类10个商品，10个以上商品，每超过1个商品，加收30元）；网上申请收费打9折。[一]

在商标注册环节，创业者经常面临法律风险，主要集中在商标注册意识和商标布局两方面。

1. 商标注册意识的欠缺

在市场竞争中，部分创业者由于商标注册意识不强，往往急于将商品推向市场，忽略了相关的商标注册。一旦他人使用相同或近似的商标，才意识到商标注册的重要性。尽管反不正当竞争法为未注册商标的保护提供了依据，但其保护未注册商标的条件是"有一定影响"。这样，创业者需要搜集商标宣传、商标使用的证据，他人使用相同或近似商标的证据，以及消费者可能发生混淆的证据等，往往陷入非常被动的局面。而且，一旦他人抢先注册商标，创业者将陷入更加被动的境地，即被拖入宣告他人商标注册无效的漫长法律程序，甚至最终不得不更换商标。

以"熊本熊"商标为例，2011年日本熊本县推出吉祥物熊本熊，该吉祥物深受游客喜爱，极大地推动了熊本县的旅游产业发展。当熊本县于2018年在我国申请注册"熊本熊"商标时，却发现早在2014年就有人在第18类皮革皮具和第25类服装类别成功注册"熊本熊"商标，且仍有不少企业申请注册近似的商标。于是，熊本县无奈将吉祥物的商标更换为"酷MA萌"。

2. 商标布局的风险

商标注册实行分类注册制，商标注册要同时指定商标使用的商品或服务类别。根据《商标注册用商品和服务国际分类表》第十一版，商品分为34类，服务分为11类。商标尚未注册的类别，在不具有混淆可能性的前提下，其他竞争者可以申请注册相同或近似的商标。故在商标注册环节，创业者要根据市场规划，合理进行商标布局，确定商品或服务的种类，将注册范围延伸至与主营业务密切相关的商品或服务，以免自己将来做大做强后给其他竞争者预留可乘之机。此外，创业者还可以注册必要的防御商标（在不同类别的商品或服务上注册相同商标）和联合商标（在相同商品或服务上注册近似商标），构建商标保护的立体网络。

商标布局的风险还体现在不同国家的商标注册。商标注册亦具有地域性，不同

[一] 《关于调整商标注册收费标准的公告》，载中国商标网2019年6月19日，http://sbj.cnipa.gov.cn/gzdt/201906/t20190619_302481.html。

国家的注册商标仅在本国法律效力范围内得到认可。在国际贸易深入发展的时代，商品或服务销往全球市场已非常普遍。"兵马未动，粮草先行"，创业者应先进行商标注册，再开展商品的海外销售。即便相关商标已经他人注册，亦可在商标转让谈判中占据主动权。如果贸然将商品推向国外市场，在缺乏商标布局的情况下，容易陷入他人注册商标的要挟风险。

以苹果诉唯冠 iPad 商标案为例，2000 年唯冠深圳公司在计算机、计算机周边设备等商品获准注册 iPad 商标。虽然苹果公司通过第三方购买了唯冠台湾公司在各国注册的 iPad 商标，但并未发现我国 iPad 注册商标的权利人是唯冠深圳公司。2010年，苹果公司召开新闻发布会推出了 iPad 平板计算机，后唯冠深圳公司向法院提起商标侵权诉讼，请求法院向苹果公司发布禁售令。最终，双方达成和解协议，苹果公司向唯冠深圳公司支付 6000 万美元，苹果公司获得在我国注册的 iPad 商标。

（三）注册商标的丧失风险

商标的功能是区分不同商品或服务的来源，旨在降低消费者在选择商品或服务时的搜索成本。商标的生命力在于商标的实际使用，这是商标法保护注册商标的基本立场。虽然商标法允许意图使用的商标获得注册，但并不意味着注册商标可以长期闲置不用。同时，商标注册是商标局的单方审查程序，而且仅审查禁止作为商标使用和注册的绝对理由，可能面临利害关系人基于相对理由发起的挑战。此外，知识产权具有时间性的特点，注册商标的保护也具有时间性，保护期届满前应及时续展。

1. 注册商标的撤销风险

一方面，为了鼓励商标注册，强化商标保护，商标法设置了意图使用商标的注册制度，允许创业者在实际使用商标之前进行商标注册。另一方面，商标的生命在于实际使用，为防止注册商标长期闲置不用，甚至囤积注册商标以待价而沽，商标法设置了注册商标的撤销制度。根据规定，没有正当理由连续三年不使用的，任何单位或者个人都可以向商标局申请撤销该注册商标。

为防范注册商标连续三年不使用被撤销，相关的商标使用必须是具有真实商业意图的真诚使用，而不是徒有其表的象征性使用。在"自然"商标案[一]中，案件争议的焦点是"自然"商标在 2008 年—2011 年是否存在真实、合法、有效的商业使用。法院认为，自然饮公司的采购合同、销售发票、商业广告显示的标志均是

[一] 参见北京知识产权法院（2015）京知行初字第 4056 号行政判决书。

"自然饮",而非涉案商标"自然"。即便购销合同具有真实性,但其在三年期间仅进行两次销售,难以认定其系出于真实商业目的使用涉案商标。商标权人应本着真实商业意图而使用商标,而非仅仅基于规避商标使用义务以维持注册商标为目的。

2. 注册商标的无效风险

商标核准注册并不意味着在法律效力方面就"高枕无忧"了。如果创业者在商标选择环节存在"原罪",那么即便商标侥幸获得注册——商标局审查不严和利害关系人未提出注册异议,也终将面临商标无效宣告的苦果。这里的"原罪",是指商标无效的绝对理由和相对理由。

绝对理由的商标无效是指已经注册的商标违反商标法关于商标注册的硬性条件,其继续有效会违反社会公共利益。根据《商标法》,商标无效的绝对理由包括禁止作为商标的标志(第十条)、缺乏商标显著性(第十一条)、功能性的三维标志(第十二条)或者是以欺骗或者其他不正当手段取得注册。绝对理由的商标无效,由商标局宣告无效,其他单位或者个人可以请求商标评审委员会宣告无效,且不受时间限制。

相对理由的商标无效是指已经注册的商标侵犯他人在先取得的合法权益,其继续有效并违反社会公共利益。根据《商标法》,商标无效的相对理由包括抢注驰名商标(第十三条第二款和第三款)、代理人商标抢注(第十五条)、假冒的地理标志(第十六条第一款)、侵犯他人注册商标(第三十条)、他人在先申请商标(第三十一条)、侵犯在先权利和恶意抢注商标(第三十二条)。相对理由的商标无效,自商标注册之日起五年内,在先权利人或者利害关系人可以请求商标评审委员会宣告无效。恶意注册驰名商标的,不受五年的时间限制。需要注意的是,为维护市场关系的稳定,惩罚怠于行使权力的商标权人,五年期限内,如果普通商标的利害关系人并未提出无效宣告请求,相关的注册商标就成为不可争议商标,能免于无效宣告。

3. 注册商标的续展风险

专利权的保护期限为 20 年或 10 年,著作权的保护期限为作者终身加死后 50 年,保护期满,相关技术发明和作品就进入公有领域,人人都可以自由使用。注册商标虽然也有保护期限,但其与著作权、专利权的保护期限有所不同。商标的功能是指示商品或服务的来源,只要商品或服务的经营仍在持续,商标就继续发挥着来源识别的作用,商标保护不会因为保护期满而受到影响。

由此出发,《商标法》规定,注册商标的有效期为十年。注册商标有效期满,需要继续使用的，商标注册人应当在期满前十二个月内办理续展手续；在此期间未能办理的，可以给予六个月的宽限期。每次续展注册的有效期为十年，期满未办理续展手续的，注销其注册商标。创业者只要树立每十年办理续展注册商标的意识，即可避免这方面的风险。

（四）商标许可的被动风险

表面上，商标仅仅是区分商品或服务不同来源的标记，但实质上商标是经营者苦心经营、长期培育的商誉的载体。特别是随着商品的远距离销售，以及商业广告的潜移默化，使商标成为经营者的"面具"，拥有销售商品或服务的魔力，这为商标许可贸易创造了条件。

对于产品质量过硬的市场后进入者，使用自己的商标销售商品或服务，短期内往往难以获得消费者的欢迎。而通过寻求知名商标、特别是驰名商标的许可，往往能够迅速帮其打开市场。对于消费者而言，他们通过商标"认牌购物"，只要商品或服务具有其期待的品质，商品或服务的实际提供者是谁已无关紧要。而对商标权人而言，只要进行规范的质量控制，将商标许可给其他竞争者使用，不仅能够扩大商标的使用范围，而且可以收取不菲的商标许可费，何乐而不为。商标许可固然能够助力创业者打开市场，但仍面临诸多的商标权风险。

1. 受制于商标权人的风险

一方面，为了保护消费者的利益，商标许可使用的基本条件是商品或服务符合商标权人的质量要求。《商标法》规定，许可人应当监督被许可人使用其注册商标的商品质量。被许可人应当保证使用该注册商标的商品质量。这样，被许可人会受制于许可人的相关质量要求。另一方面，商标许可使用合同到期后，商标权人可能不再继续签订商标许可合同，或者要求更为高昂的商标许可费，使被许可人陷入更换商标的境地。

以"中国好声音"商标案[①]为例，"the Voice of…"节目是荷兰 Talpa 公司独创开发的以歌唱比赛为内容的真人选秀节目。根据 Talpa 公司的授权，第 1~4 季"中国好声音"节目由灿星公司于 2012 年—2015 年制作播出。2016 年—2020 年第 5~8 季"中国好声音"节目则由唐德公司取得。唐德公司认为，灿星公司未经许可擅自使用"中国好声音"节目名称制作、宣传《2016 中国好声音》节目，侵犯其享有的未注册驰名商标权，请求法院发布禁令。北京知识产权法院裁定，灿星公司立即

[①] 参见北京知识产权法院（2016）京 73 行保 1 号民事裁定书。

停止在歌唱比赛选秀节目使用包含"中国好声音""the Voice of China"字样的节目名称和"手握话筒图形""the Voice of"及"手握话筒图形"注册商标。后浙江卫视将《2016中国好声音》节目更名为《中国新歌声》。

应该说,灿星公司最终陷入更换节目名称的被动局面,主要原因在于未做好商标许可的风险评估和防范。从该案得到的启示是,创业者不能过于依赖商标许可,虽然可以通过商标许可打开市场,但要始终树立自主知识产权意识,重视培育自主商标,并将商标许可使用过渡到自主商标使用,逐步摆脱对商标许可的依赖。

2. 为他人作嫁衣的风险

商标许可不仅能够助力被许可人拓展市场,而且通过被许可人的广泛宣传使用,还有助于提升被许可商标的市场价值。如果创业者过于依赖商标许可,而忽视自主商标的使用,那么当双方的商标许可合同履行完毕,且商标权人拒绝继续签订商标许可合同时,商标许可期间被许可人为商标所做的宣传、营销、售后服务等投入都将付诸东流,沦为商标许可人的美丽"嫁衣"。

以"王老吉"商标案[一]为例,广药集团是"王老吉"注册商标权人。1995年,广药集团将红罐王老吉凉茶饮料的生产销售权许可加多宝。2000年,广药集团与加多宝签订商标许可使用合同,约定许可使用期限至2010年5月2日。经过加多宝的长期宣传使用,使"王老吉"商标的驰名程度和市场价值飞升。商标许可合同到期后,加多宝公司并未停止使用"王老吉"商标。2014年,广药集团向广东省高级人民法院提起商标侵权诉讼,请求判令加多宝赔偿自2010年5月2日始至2012年5月19日止,因侵犯"王老吉"商标造成的经济损失29亿元。2018年,广东省高级人民法院判定,加多宝公司商标侵权成立,应赔偿广药集团经济损失共计14.4亿元。

本案中,虽然加多宝公司经过长期宣传使用,极大提高了"王老吉"注册商标的知名度和市场价值,但该商标始终为广药集团所有,始终要面对商标许可使用到期的问题。我们从该案得到的启示是,创业者不可沉迷于商标许可带来的短期利好,要做好市场经营的长远规划。要么选择适时启用自己的商标,要么选择花大气力收购被许可商标,以绝为他人作嫁衣的后患。

[一] 广东省高级人民法院(2014)粤高法民三初字第1号民事判决。加多宝公司不服,向最高人民法院于提起上诉。最高人民法院于2019年7月1日做出裁定,认为一审判决采信的证据在内容与形式上均存在重大缺陷,不能作为认定本案事实的依据。遂撤销广东省高级人民法院的上述判决,发回广东省高级人民法院重审。参见最高人民法院(2018)最高法民终1215号民事裁定书。

第四节　大学生创新创业中知识产权纠纷的防范和解决

"互联网+"时代是典型的知识经济时代,创新创业大都需要围绕着知识、智慧以及智力成果展开,尤其是大学生进行创新创业活动,文化创意项目和科技成果转化项目多,涉及知识产权内容多,加上知识产权对创业企业的影响,更多体现在创业初期,因此,对于尚处于早期的大学生创业者而言,培养知识产权意识,掌握知识产权纠纷的防范和解决之道,就显得更加重要。

一、商标注册方面

大学生创业者申请注册商标,一般要申请文字商标和至少一个图形商标,后者即通常所说的LOGO。是否进行商标注册好比停车交费,如果一开始没有交10元停车费,万一被贴了罚单,就要付出10倍以上的代价。根据我国商标法的规定,商标需要分类注册,总共有45类,每个类别中还有小类,需要申请商标可以登录中国商标网(sbj.cnipa.gov.cn)填报相关信息。虽然创业者一般自己可以完成商标注册事项,但是因为需要耗费大量的时间和精力,所以建议创业者聘请专业的代理机构。目前,市场上有很多商标注册运营机构,商标注册价格一般在1500元左右。

商标注册的注意事项包括:①商标注册申请人必须是依法成立的企业、事业单位、社会团体、个体工商业者、个人合伙,或者是与我国签订协议或与我国共同参加国际条约或按对等原则办理的国家的公民或企业。②商标注册申请,通过登录中国商标网填报相关信息。③按照商品与服务分类进行申请。中国商标网按照国际商品分类,将服务与产品分为45个大类,其中商品为1~34类,服务为35~45类。商标每个分类的保护范围不同,例如餐饮商标注册申请的是43类。每个大类中还有小类。④申请时间。我国商标采用申请在先原则,所以确立申请时间很重要。

> **典型案例**
>
> **"疯狂英语"的商标遗憾**[一]
>
> 当年的李阳发明了"疯狂英语学习法",并在全国范围内进行巡回演讲,获得了巨大的市场影响力,李阳本人也戴上了各种光环。但是现在市场上的《疯狂英语》有声英语杂志却与李阳无

[一] 李庆峰:《"互联网+"创业之法律实务》,上海交通大学出版社2018年版。

关。主要原因是李阳团队中高手辈出，但却缺乏具有法律意识的成员，未及时注册相关的商标，结果被他人抢先注册，借势推出的《疯狂英语》有声英语杂志，跟随着李阳的演讲瞬间铺遍全国，获得了巨大的成功。

由于李阳团队缺乏法律意识，当他们意识到《疯狂英语》成为其竞争对手时，并没有从知识产权法律的角度吸取教训，而是以普通商人的思维，推出了自己的同类有声英语杂志产品《李阳·克里兹》。尽管李阳在英语教育领域的能力及个人魅力几乎无人能敌，但是在他充满激情的演讲完毕之后，蜂拥而至的粉丝手里拿着请他签名的，往往不是《李阳·克里兹》，而是《疯狂英语》。

如果李阳本人或其团队中有人具备知识产权的意识，则一定会从法律的角度来看待他人的商标抢注行为。李阳团队至少可以有三种方式，轻而易举地让自己的项目发展成为更伟大的创业独角兽：①在使用"疯狂英语"概念之后，申请商标注册；②在他人申请的过程中，以使用在先为权利基础提出异议并由己方及时申请；③在他人取得商标注册证后，以未注册的驰名商标为权利基础及时提出异议获得相应的权利。

李阳曾经影响了一代人，但在"互联网+"时代，只有知识创新的意识和能力，没有知识产权的意识和能力，令人扼腕叹息的结果也在预料之中。

二、网络标识方面

在"互联网+"时代，大学生创业者经历了从个人计算机向移动互联的快速跨越。各类平台、基本工具以及互联网产品与服务不断更新迭代，尤其是新媒体时代下的网站、微信公众号、小程序、直播平台的名称、内容等涉及知识产权的内容，也是创业者需关注的问题。

典型案例

天涯社区的域名权属纠纷⊖

2005年11月8日，国内知名的中文社区天涯突然对外宣布将放弃使用了6年之久的"tianyaclub.com"的域名，启动"tianya.cn"新域名。天涯社区对外称，使用了6年的"tianyaclub.com"域名已经被一离职的前员工"劫持"，暗指该公司的早期员工之一、曾任总裁助理的田某。

⊖ 曹增光：《天涯域名起纠纷》，载《中国经济时报》2005年1月16日。

"tianyaclub.com"域名注册于1999年2月25日。天涯公司称，"tianyaclub.com"域名是田某在海南公网工作时利用职务注册的，所有权属于海南公网，并随着天涯社区网站的转移而移交到天涯公司。但田某却表示，该域名是自己以个人身份注册的，一直只是授权给天涯公司使用，自己才是该域名所有权人。

域名使用后的2005年，天涯社区拿到了投资机构数百万美元的资金，大概在此期间，田某和天涯公司联系，希望能获得一些补偿。天涯公司表示，田某凭借手中控制的域名对天涯公司提出了很不合理的要求，近似于敲诈。由此，该域名纠纷才浮出水面。天涯社区在后续发展中数次冲击IPO（首次公开募股）均告失败，与此不无关系。

三、专利及商业秘密方面

信息时代带来科技的高速发展，技术创新越来越受创业者追捧，大学生的科技发明成果也在不断增多。国家鼓励企业申请专利并在其产品上或服务场所标注专利，但是要注意标注的规范性。对于是否需要申请专利，应当由技术人员与专利申请人员进行沟通，综合考虑确定。如果有新的工艺、产品、配方等研发成功，并确定要申请专利，则尽量先申请专利，后销售产品。值得注意的是，申请专利本身要求所申请的技术或方案向社会公众开放，一定程度上也破坏了技术的保密性。

商业秘密一般包括技术秘密和经营性秘密。大学生创新创业要阶段性地保护公司的商业秘密，常见的方式是将相关资料以电子文档的形式，加密保存在创始人、领导者的计算机上或专门指定的计算机上。

四、知识产权运营方面

知识产权运营是指知识产权权利人和相关市场主体优化资源配置，采取一定的商业模式实现知识产权价值的商业活动。通俗而言，这可理解为由"知识产权"变为"知识产钱"，即权利变现的过程，包括将知识产权许可、转让，以知识产权投资、融资等。这里重点就大学生创新创业主要涉及的知识产权出资入股的问题进行解读。

《公司登记管理条例》第十四条规定，股东的出资方式应当符合《公司法》第二十七条的规定，但股东不得以劳务、信用、自然人姓名、商誉、特许经营权或者设定担保的财产等作价出资。因此，尽管《公司法》第二十七条第一款已经确定了"可以用货币估价并可以依法转让的非货币财产作价出资"这个原则，但实际上能够出资的无形资产包括知识产权等有着明确的范围限定。

我国知识产权种类中，可以作为公司注册资本构成部分的有著作权和邻接权、集成电路布图设计及包装或装潢、网络域名、网络名称或代号、植物新品种、地理标志、特许资质、商誉等，其他的则存在争议。因此，创业者需要重点审查知识产权权利主体是否适合、清晰。知识产权价值的确定可以由创业团队共同商定，即全体出资人认可，也可以选择评估公司进行评估。

典型案例

错失用知识产权出资良机

大学生李鹏(化名)在校期间勤于专业学习，自己发明的生物化学相关设备和技术也获得了国家专利局给予的发明专利证书。毕业后他也曾想过将自己发明的设备投资生产，可是父母、亲戚资金供给不足，而他自己也没有拉到外部投资，"创业梦"搁浅。3年后，他意外发现自己的专利竟然被师兄"借用"并投资生产，而且还取得了不错的收益，他想去理论，但师兄竟然说专利权已经到期，现在是共有财产，李鹏感到十分失望。

案例分析：

本案例反映了大学生在创新创业过程中有关知识产权方面的不善利用问题。在本案例中，李鹏没有利用好知识产权作为自己创业的利器，同时也没有认清知识产权保护的范畴。

首先，在创业初期，李鹏忽视了知识产权是可以出资的。知识产权出资是指知识产权所有人将能够依法转让的知识产权专有权或者使用权作价，投入标的公司以获得股东资格的一种出资方式。《公司法》明确规定知识产权的出资范围为工业产权和非专利技术(又称专有技术)。在我国，最高可以有70%的注册资本用知识产权出资。如果李鹏考虑到了这一点，就可以与别人合作注册公司并开始运营了。同时，他很有可能没有考虑到国家对于毕业大学生创业的一些优惠政策，从而错失了创业良机。

其次，根据《专利法》，发明和实用新型专利被授予专利权后，专利权人对该项发明专利享有禁止权、许可权、转让权，任何单位和个人未经专利权人许可，都不得实施其专利，即不得为生产经营目的制造、使用、许诺销售、销售和出口其专利产品。虽然专利权有保护期，但根据《专利法》，发明专利的保护期限为20年，而非李鹏的师兄说的仅仅3年，此时其师兄触犯了李鹏的知识产权，李鹏应向其师兄说明，无果时应拿起法律武器维护自己的合法权益。

五、全面加强知识产权的自我保护

大学生无疑是我国创新创业的生力军，不少大学生的创业源于其创新成果，而创新成果如果能够获得专利权等知识产权，有法律做后盾，则能更顺利地得以实施。

实践中，一些知识产权的获得需要满足一定条件并有一定的申请程序，一些大学生由于缺乏这方面的知识而错过获得知识产权的机会。这导致大学生创业团队频频遭遇知识产权被侵权的问题。

2014年，无锡一大学生创业团队拍摄的微电影《乐战三国》登录多家视频网站，短短两个月就获得2000多万的网络点播、超过10万条评论。开始筹拍第二季时，发现《乐战三国》被四川某大型连锁餐饮企业做成了公开的广告片，导致微电影无法继续拍摄，创业团队也面临解散。一份针对湖北大学生创新创业知识产权保护和利用的调研报告显示，创新创业的大学生中四成有过被侵犯知识产权的经历，大学生创业在服务标志、厂商名称、原产地名称、专利等知识产权领域问题频发。㊀

现今，手机App应用广泛，但App的"山寨"仿冒特别多。2013年，比较有名的"西柚"这个女性健康栏目App，因为商标被侵权抢注，被迫改名为"美柚"。"滴滴打车"App，原名"嘀嘀打车"，也是因为被抢注而更名。此外，陌陌在申请IPO上市时，因为它与核心业务相近的杭州某个"陌陌"商标同名，涉嫌侵权，差点无法上市。这些苦主们大概只能埋怨自己，谁让他们对知识产权不注重保护，没想到第一时间去注册呢？如果他们有足够的法律意识，对商标商号进行全方位、无死角的保护，那就不会出现这样的问题了。

在知识产权保护方面，阿里巴巴堪称业界典范。在淘宝网正式上市前，阿里巴巴就注册了"淘宝""淘"字等有关商标，在各个方面进行了保护。有些初创企业，由于受经营范围和费用的制约，只是申请了在自己的主营业务领域进行商标的注册保护，而阿里巴巴为了防止被"山寨"假冒，还注册了"阿里爷爷""阿里奶奶"等一系列近似商标，而且是多门类甚至全门类注册，可以说是360度无死角、全方位妥妥的"土豪风"，这对创业的大学生如何防范知识产权风险有相当重要的启示。

创业箴言

面对不确定性，要积极面对，并将意外因素转化为资源，是创业者的重要思维特质。

要保护好知识产权，大学生创业者需要做到以下方面：

1）提高知识产权保护意识。大学生创业者首先要提高知识产权保护意识，提

㊀ 雷宇：《全国首份双创大学生知识产权保护调查报告发布》，载《中国青年报》2017年9月26日，第9版。

前做好知识产权的学习，无论从自身的角度还是从帮助他人积极参加知识产权保护的角度，时刻做好充分准备。要多去解读相关案例，从案例中意识到知识产权对于一个企业的重要性，了解到知识产权侵权可能会给企业和个人造成的巨大损失。

2）加强理论知识学习。大学生创业者首先要充分利用对有关课程的学习，还可以选择参加专业培训，或者考取相关的专业证书。当大学生创业者自身有足够的理论知识基础时，才能更好地适应保护机制，并且可以在整个过程中不断检验机制的可行性，从而完善保护机制。

3）积极参与创新创业项目实践。大学生创业者可多参与省级、国家级创新创业项目申报，积极投身创新创业的具体实践活动，为在将来的创新创业中恰当应对知识产权问题提供足够的经验基础。

六、知识产权侵权后的应对之道

知识产权侵权后，可以通过以下途径加以应对，维护个人的合法权益：

1. 选择正确的维权渠道

知识产权侵权纠纷往往涉及不正当竞争行为，可以请主管行政机关如专利局、市场监督管理局、版权局等机构出面解决。如果是己方公司的产品在网络上被侵权了，也可以在互联网平台上进行投诉。公安局和法院一般是知识产权侵权的最终救济渠道。

2. 明确权利主张

权利人主张维权时要以具体的知识产权为基础，争议标的以专利、商标、商号（字号）、著作权、商业秘密、集成电路布图设计等为主，确保自己的权利明确清晰。

3. 收集证据，进行投诉

提出维权主张，除了权利要明确外，还需要通过网络、市场等渠道收集证据，包括权利存在的证据和被侵权的证据。在一些网络平台（如京东、淘宝）投诉，应提供相应的证据，做好充分准备。

如果企业的知识产权在网络上被别人侵权，就可以"因地制宜"采用网络投诉。目前提供产品和服务的网站基本上分为两大类[①]：一类是产品或者服务的经营

[①] 李庆峰：《"互联网+"创业之法律实务》，上海交通大学出版社2018年版。

者，如京东；另一类是平台，产品和服务的直接提供者是第三方，如淘宝。无论基于上述何种形式的侵权，我们均可以通过网站相关方式进入投诉流程。想要投诉取得实质性的效果，可以先要求侵权方删除、断开、屏蔽被投诉的链接或者将有争议的产品、服务下架。

> **典型案例**
>
> **北京市工商局海淀分局查处侵犯"海贼王"注册商标专用权案**[一]
>
> 北京 A 信息技术有限公司于 2010 年 8 月 7 日和 2010 年 3 月 21 日获准注册"海贼王"图文组合商标。但 2013 年 6 月至 2014 年 7 月底，北京 B 科技有限公司在多家手机软件运营平台上使用"口袋海贼王"和"街机海贼王"作为游戏软件名称，并提供下载安装使用。两款游戏界面及宣传页面中均使用了"口袋海贼王"和"街机海贼王"图标。消费者通过下载软件客户端可在手机上在线使用上述两款游戏，并可通过购买虚拟货币充值消费。北京 B 科技有限公司共计收取游戏分成款 2937 万元。
>
> 北京 A 信息技术有限公司遂向北京市工商局海淀分局投诉。海淀分局认定北京 B 科技有限公司构成商标侵权。2017 年 6 月 16 日，海淀分局依法责令当事人立即停止侵权行为，罚款 2937 万元。

七、避免侵犯他人的知识产权

大学生创业经营阶段应该在法律允许的范围内使用他人的知识产权。例如，创业之初可以利用专利先行公开的特点，合理利用现有专利，给自己的创业提供技术开发的思路和可行性支持，同时又要保证不侵犯他人的专利权。经营中如何合法使用商标、专利权等知识产权，掌握好必要的"度"，是创新创业法律教育必须深入细致讲解的内容。

大学生创业的优势体现在创新能力较强和市场嗅觉灵敏，善于把握商业发展趋势中的商机，也善于站在前人的肩膀上进行创新和模仿。然而，因模仿或集成创新而导致侵害他人知识产权的案例也屡见不鲜。例如，曾有几个大学生创业者在广州花都区的一个村子里建立了产销一体的手袋经营工厂，并利用淘宝平台进行营销，他们的行销能力和那些深耕市场多年的业内前辈相比丝毫不逊色，由于他们对市场

[一] 《2017 年度商标行政保护十大典型案例发布》，载《中国工商报》2018 年 4 月 26 日，T6 版。

中手袋的时兴款式以及用户的心理需求了解更前卫，因此可以根据需求模仿制作出最畅销的款式。殊不知，这些大学生创业者在产品集成创新或仿造中已无意识地侵害到他人的著作权、商标权或专利权。

又如，2011年，大学刚毕业的周某萌生开淘宝网店创业的念头，用其本人及其父母和表妹的身份证注册开起了网店。因在淘宝网上未经授权销售"以纯"板型的多款服装，2014年，周某及其父母和表妹被"以纯"商标权人以商标侵权起诉。2014年10月8日，江西省高院最终判决周某赔偿47 003元，周某及其亲属赔偿总额达131 050元。[一]

从产品生产中的专利侵权到产品销售中的商标侵权，再到产品、企业宣传中盗用他人图片的著作权侵权，加上与知识产权有关的不正当竞争行为等，大学生在创新创业过程中所发生的侵犯知识产权案例多种多样，有些甚至构成了知识产权犯罪。

总之，在竞争日益激烈的创业市场中，大学生创新创业要充分了解知识产权侵权问题，对此创业者需要了解什么是侵权、如何规避知识产权侵权以及被侵权后该如何维权，规避知识产权风险，当知识产权受到侵害时要积极采取补救态度，而不消极逃避，维护自身的合法利益。由于知识产权侵权纠纷解决的专业性要求较高，建议大学生创业者无论遇到被侵权还是被指控侵权，建议先咨询专业人士，不要贸然与权利人或其他委托人"私了"，以免错过最佳处理时间和办法。

课后实践

请搜集2019年以来大学生在创新创业的过程中所发生的知识产权典型案例，并加以比较分析。

练习题

一、简答题

1. 如何理解知识产权的基本范畴？
2. 创新创业面临哪些专利权风险？
3. 创新创业面临哪些商标权风险？

二、论述题

为什么说创新创业与知识产权密切相关？

[一] 邹征优、张思红：《侵害他人注册商标 拒不提供交易数据——淘宝店主终审被加重赔偿责任》，载中国法院网2014年10月9日，https://www.chinacourt.org/article/detail/2014/10/id/1456016.shtml。

拓展阅读

习近平总书记撰文谈全面加强知识产权保护

2021年2月1日出版的第3期《求是》杂志发表了中共中央总书记、国家主席、中央军委主席习近平的重要文章《全面加强知识产权保护工作 激发创新活力 推动构建新发展格局》。文章强调,创新是引领发展的第一动力,保护知识产权就是保护创新。全面建设社会主义现代化国家,必须更好推进知识产权保护工作。知识产权保护工作关系国家治理体系和治理能力现代化,只有严格保护知识产权,才能完善现代产权制度、深化要素市场化改革,促进市场在资源配置中起决定性作用、更好发挥政府作用。知识产权保护工作关系高质量发展,只有严格保护知识产权,依法对侵权假冒的市场主体、不法分子予以严厉打击,才能提升供给体系质量、有力推动高质量发展。知识产权保护工作关系人民生活幸福,只有严格保护知识产权,净化消费市场、维护广大消费者权益,才能实现让人民群众买得放心、吃得安心、用得舒心。知识产权保护工作关系国家对外开放大局,只有严格保护知识产权,才能优化营商环境、建设更高水平开放型经济新体制。知识产权保护工作关系国家安全,只有严格保护知识产权,才能有效保护我国自主研发的关键核心技术、防范化解重大风险。

第五章 创新创业中的刑事法律实务

知识路标

青年创客们,通过本章学习,我们会明白以下内容:
1)大学生在创新创业中容易触发哪些犯罪?
2)大学生在创新创业过程中如何预防犯罪,并用刑法保护自己的合法权益?

时事引线

《绝地求生》是一款非常热门的游戏,一些不法分子为了谋取利益,开发了该游戏的外挂程序,可以给玩家提供自动瞄准、隐身透视等"作弊"功能。上海在校大学生朱某、马某看中了其中的"商机",遂通过网站销售四款《绝地求生》外挂程序,2018年5月至2019年3月,共计销售近20万余次,销售金额达300多万元。法院经审理后认为,朱某、马某系共同犯罪,一审判决被告人朱某、马某因犯提供侵入、非法控制计算机系统的程序、工具罪,分别处有期徒刑一年六个月和三年,适用缓刑,并处罚金。○

大学生朱某、马某起初没想到那么多,只觉得玩游戏也能致富,很有成就感,却不料会面临牢狱之灾。时至今日,悔之晚矣!由此可见,大学生在创新创业中如不了解刑法,容易触发犯罪,因而需要认真学习刑法方面的知识。

第一节 大学生创新创业中的刑事法律问题概述

一、刑法概述

1. 刑法是什么样的法律

刑法是规定犯罪与刑罚的法律规范的总称。刑法和其他法律一样,都是掌握国家政权的统治阶级为了维护本阶级的利益,以国家的名义颁布实施的。但是,刑法所规定的内容与其他部门法有别,它所规定的是哪些行为属于犯罪并给予何种处罚的法律规范。

○ 张践、林鹍鹏:《上海两名大学生销售网游外挂被判刑》,载中国新闻网 2019 年 11 月 29 日,http://www.hi.chinanews.com/hnnew/2019-11-29/4_114859.html。

刑事法律则是所有关于犯罪与刑罚及其认定程序和执行等方面的法律规范的总称，除了刑法之外，还包括刑事诉讼法、监狱法等，但刑法在整个刑事法律体系中居于核心地位。

刑法也有广义与狭义之分。广义的刑法是一切规定犯罪与刑罚的法律规范的总称。狭义的刑法仅指刑法典，即《中华人民共和国刑法》（简称《刑法》）。新中国第一部刑法典于1979年颁布实施。现行《刑法》是1997年制定的。在实施过程中，随着社会、经济的发展，到2021年年初已先后通过了11个刑法修正案。

刑法是一个非常重要的部门法。它对其他部门法的实施起着保障作用。正因为如此，可以说相对于民法、行政法、经济法、劳动法等第一次法规范而言，刑法是第二次法规范。刑法具有后续性，只有当民法、行政法、经济法、劳动法等部门法在实施的过程中遇到障碍，不能自行保障其运行时，方才动用刑法。

但是，创业者们绝对不能简单地认为，只要不违反民法、行政法、经济法、劳动法等第一次法规范，就不会违反刑法，就不需要了解、掌握刑法。事实上，刑法远比其他部门法要复杂得多，它有自身的运行规律。从产生的时间来看，刑法随着法律的出现就产生了，纵观世界文明发展史，刑法无不都是最早出现的法律。最早的人类都是首先关注自身的人身、财产安全，这些都是离不开刑法的。刑法对人类社会的稳定无疑起着十分重要的作用。从部门法之间的关系来看，刑法所保护的对象并不是与其他部门法一一对应。世界各国、各地区的法律体系中，都难免出现一定的交叉现象。有些法律关系先有刑法的调整，再出现相应的行政法律也是现实存在的。因此，对于大学生创业者来说，应当了解一些基础的刑法知识，学会用刑法来保护自己的合法权益，远离刑法所划定的禁区。

2. 为什么需要刑法

刑法为什么会存在？如前文所述，通俗地讲，刑法的目的是保护人民的人身和财产安全。从刑法学的专业角度来说，刑法的目的是保护法益。刑法学上所讲的法益，即受刑法所保护的利益。《刑法》没有明确说明刑法的目的，但是《刑法》第二条规定了刑法的任务，即用刑罚同一切犯罪行为作斗争，以保卫国家安全，保卫人民民主专政的政权和社会主义制度，保护国有财产和劳动群众集体所有的财产，保护公民私人所有的财产，保护公民的人身权利、民主权利和其他权利，维护社会秩序、经济秩序，保障社会主义建设事业的顺利进行。通过刑法任务的表述不难发现，刑法的目的是通过预防和打击犯罪，维护受刑法所保护的利益。

3. 刑法有什么样的作用

刑法的作用，即刑法的功能，是指刑法在实施的过程中实际所发生的作用。刑法的目的是立法者在立法之初所希望达到的目的，是一种理想状态。而刑法的功能则是刑法在具体的运行过程中所发生的真实作用，是看得见、摸得着的，是刑法的实然状态。事实上，刑法的功能之所以能够让我们感受到，是通过刑罚的适用而实现的。从这个角度看，刑法的功能是刑罚的功能。一般来说，刑罚的功能是预防犯罪，也就是说，刑法通过刑罚的适用，预防犯罪行为人和潜在的犯罪行为人去实施犯罪行为。理论界将刑罚的这种预防功能分为特别预防和一般预防两种情形。

（1）特别预防功能

刑罚的特别预防功能是针对犯罪行为人本人的，因此又称刑罚的个别预防功能。通过对犯罪人自身适用刑罚，限制或剥夺其再犯能力，威吓其不敢再次犯罪，并让其认识到犯罪的危害性，对自己进行教育改造。

（2）一般预防功能

刑罚的一般预防功能是针对犯罪行为人之外的其他潜在的可能实施犯罪行为的人。通过对犯罪人自身适用刑罚，让社会上的一般人认识到犯罪的社会危害性，认识到犯罪后所要受到的惩罚，从而不敢去、不想去犯罪。

二、刑法与大学生创新创业的关系

刑法因是规定犯罪与刑罚的法律，让人感觉似乎离我们很远。对于欠缺社会阅历，即将走向社会或刚刚走向社会的年轻创业者来说，更是如此。然而，事实上，年轻创业者更应当多了解刑法知识。

一方面，在创业的过程中，年轻的创业者通过自己的努力所获得的各种合法利益，需要刑法来予以保护。一旦违法方严重侵害创业者的利益，构成犯罪，我们就应当勇敢地拿起刑法这一利器，保护自己的权益。另一方面，刑法对年轻的创业者的行为起着指引作用，我们决不能越过刑法的红线，否则，要承担相应的刑事责任。刑事责任是最严厉的法律责任。它以剥夺和限制犯罪者的自由为常态，严重者甚至剥夺其生命。例如吴英集资诈骗案，吴英本来在浙江东阳市经营美容美发行业，2005年—2007年，其以合伙、投资等为名义实施高息集资，先后非法集资人民币7.7亿余元，其中涉嫌诈骗金额为3.8亿余元。案发后，鉴于吴英归案后如实供述所犯罪行，并主动供述其贿赂他人的事实，综合考虑，对吴英判处死刑，缓期2年执行。由此可见，一旦犯罪，不只是自己身陷囹圄，辛辛苦苦奋斗得来的事业也将毁于旦夕。

三、刑法与大学生创新创业密切相关的内容

我国现行刑法除《刑法》外，还有一个单行刑法，即第九届全国人民代表大会

常务委员会第六次会议于1998年通过的《全国人民代表大会常务委员会关于惩治骗购外汇、逃汇和非法买卖外汇犯罪的决定》。《刑法》分总则和分则两编，附则虽无实质性内容，但性质上与总则、分则并列。第一编"总则"，是关于刑法的一般规定，共五章，主要规定关于犯罪、刑事责任以及刑罚的一般性原理原则等内容。这些是判定什么行为是犯罪、认定刑事责任的轻重和判处刑罚轻重所要共同遵守的原则性规定。第二编"分则"为具体性的规定，即关于刑法中各个罪名的表述及其相应法定刑的规定，是刑法体系的重要组成部分，占据刑法典的绝大部分篇幅。我国刑法分则根据犯罪侵犯的不同客体和社会危害性大小，将各种犯罪规定划分为十章，依次为：危害国家安全罪，危害公共安全罪，破坏社会主义市场经济秩序罪，侵犯公民人身权利、民主权利罪，侵犯财产罪，妨害社会管理秩序罪，危害国防利益罪，贪污贿赂罪，渎职罪，军人违反职责罪。

虽然《刑法》分则的内容达350条，但对于创业者来说，与创业过程密切相关的法律条文集中于分则的第三章，即破坏社会主义市场经济秩序罪。从该章所规定的内容来看，都是在我国社会主义市场经济运行过程中，对社会主义市场经济秩序造成重大损害的行为，即经济犯罪。大学生在创新创业过程中，最容易实施的犯罪往往就是这些。《刑法》分则第三章根据刑法所保护法益的不同，将这些犯罪分为八类。

1）生产、销售伪劣商品罪。

2）走私罪。

3）妨碍对公司、企业的管理秩序罪。

4）破坏金融管理秩序罪。

5）金融诈骗罪。

6）危害税收征管罪。

7）侵犯知识产权罪。

8）扰乱市场经营罪。

当然，在大学生创新创业过程中可能触犯的罪名并不止于此，在涉及社会管理、贪污受贿等方面，也时有犯罪发生。因此，本章也适当介绍了若干相关的刑法知识。

作为一本大学生创新创业的法律通识教材，本书的目的主要是让创业者了解《刑法》的相关内容，从而不触犯刑律。其次是学会用刑法保护自己的人身和财产权益。因此，本书在内容的编排上，侧重于刑法罪名的一般性阐释，而不注重刑罚部分的内容。同时，在各罪名的论述上，侧重于从创业者的视角、从创业者日常生产和管理的层面展开，以方便创业者初步了解、掌握相关的刑法知识。

第二节　大学生创新创业中常见的犯罪类型

大学生创业者在步入社会之初，由于法律意识薄弱，认为"法不责众"，尤其看到他人违法经营谋取非法利益后，往往紧随其后，以谋取非法利益为目的，在自身的生产、经营活动中，实施违法犯罪行为。

在本节中，我们将对大学生创新创业的过程中，容易引发的、经常出现的犯罪进行简要介绍。这主要包括以下几类：

1）生产、销售伪劣产品，逃避关税、实施走私等生产经营方面的犯罪。

2）生产、经营行为以外，企业内部违规运作方面的犯罪。例如，资金投入方面，股东、发起人虚假出资、抽逃出资，实质损害其他股东及公众利益的行为；资金操作使用方面，非法吸收他人存款、高利转贷行为，协助他人周转犯罪资金的行为，为了个人或企业利益实施商业贿赂行为等。

3）违反国家对企业监管方面的犯罪。社会主义市场经济是让市场在社会主义国家宏观调控下对资源配置起着决定性作用的经济体制。社会主义市场经济使自然的经济活动能够遵循价值规律的要求，随着供求关系的变化，主动把社会资源配置通过优胜劣汰的方式达到效益最佳。但是市场经济绝不是无政府状态的经济，它离不开国家的宏观调控以及政府的微观监管。鉴于此，《刑法》在知识产权的保护、市场秩序的维护以及税收的征管等方面设立了相关罪名来保护社会主义市场经济的有序运行。

一、企业违法生产类犯罪

1. 生产、销售伪劣产品罪

（1）生产、销售伪劣产品罪的概念

《刑法》分则第三章第一节的名称是生产、销售伪劣产品罪，而本节的第一个罪名也是生产、销售伪劣产品罪。这是因为生产、销售伪劣产品罪是我国社会主义市场经济运行体系中最常见、最多发的犯罪。

根据《刑法》第一百四十条的规定，生产、销售伪劣产品罪，是指生产者、销售者在产品中掺杂、掺假，以假充真，以次充好或者以不合格产品冒充合格产品，销售金额较大的行为。

(2) 生产、销售伪劣产品罪的构成要件

本罪的行为主体包括自然人与单位。但并不要求生产者或销售者以取得有关产品的生产许可证或营业执照为前提。

在客观行为方面，本罪中的"生产"包括产品的制造和加工，"销售"则包括批发和零售。

就行为的对象而言，首先，这里所说的"产品"是指经过加工制作后用于销售的产品，可以是工业用品，也可以是农业用品。其次，生产、销售的是伪劣产品。根据《刑法》的规定，伪产品是指以假充真的产品，劣产品则是指掺杂、掺假的产品、以次充好的产品及冒充合格产品的不合格产品。也就是说，本罪行为的具体表现形式为：在产品中掺杂、掺假；以假充真；以次充好；以不合格产品冒充合格产品。

就行为的结果而言，本罪要求销售数额在 5 万元以上方构成犯罪，是一个典型的数额犯。所谓数额犯，是指经济犯罪行为侵害的，通常以货币、体积、重量等数量形式表现出来的，对行为人的定罪量刑具有实质性意义的经济利益。

在主观责任方面，本罪只能是故意，也就是说，过失实施以上行为不构成犯罪。特别是销售者，如果是通过正常渠道所获取的货源，在不知道是以假充真、掺杂、掺假的产品予以销售的情形下，不构成犯罪。

2. 其他涉及违法生产、销售伪劣产品的犯罪

生产、销售伪劣产品罪是违法生产经营方面最具典型意义的犯罪。此外，还有生产、销售假药罪，生产、销售劣药罪，生产、销售不符合安全标准的食品罪，生产、销售有毒、有害食品罪，生产、销售不符合标准的医用器材罪，生产、销售不符合安全标准的产品罪，生产、销售伪劣农药、兽药、化肥、种子罪，以及生产、销售不符合卫生标准的化妆品罪等。

这些罪名在构造上都与生产、销售伪劣产品罪类似，只是生产、销售的对象比较特殊而已。其与生产、销售伪劣产品罪可谓一般与特殊的关系。从本质上讲，药、食品、医用器材、农药、兽药、化肥、种子和化妆品都是产品。但是，要引起注意的是，这些特殊的产品对于人的生活、生产有着特殊的意义，因此，刑法有必要予以特殊保护，在犯罪的成立条件上会比生产、销售普通的产品要求得更低一些。尤其是生产、销售假药罪和生产、销售有毒、有害食品罪，是典型的抽象危险犯。这些罪名不要求犯罪行为造成实质性的损害为前提，只要实施了犯罪行为就构成犯罪。

二、走私类犯罪

1. 走私普通货物、物品罪

（1）走私普通货物、物品罪的概念

走私普通货物、物品罪是指违反我国海关法规，走私除了刑法有特殊规定之外的普通货物、物品，偷逃应当缴纳的税额较大，或者在一年时间跨度内曾经因走私行为被给予了两次行政处罚之后又再次实施走私的行为。所谓除了刑法有特殊规定的货物、物品，是指《刑法》第一百五十一条、第一百五十二条、第三百四十七条所规定的货物，即武器、弹药、核材料、国家禁止出口的文物、黄金、白银和其他贵金属或者国家禁止进出口的货物等。

（2）走私普通货物、物品罪的构成要件

本罪的行为主体为一般主体，自然人与单位才能构成本罪。

在客观行为方面本罪表现为违反海关法规，走私普通货物、物品，偷逃应当缴纳的税额较大，或者在一年时间跨度内曾经因走私行为被给予了两次行政处罚之后又再次实施走私。

就行为的对象而言，是普通货物、物品，不包括《刑法》单列出来的走私武器、弹药、核材料、伪造的货币、国家禁止出口的文物、黄金、白银、其他贵重金属或者国家禁止进出口的珍贵动物及其制品等。

在主观责任方面，本罪也只能由故意构成。过失的行为不构成犯罪。

2. 其他走私类犯罪

其他走私类犯罪包括：以牟利或者传播为目的，走私淫秽的影片、录像带、录音带、图片、书刊或者其他淫秽物品；走私境外固体废物运输进境。此外，如果事先与走私罪犯通谋，为走私犯罪行为人在资金上提供帮助，如提供贷款、资金、账号、发票、证明，或者为走私犯罪行为人提供运输、保管、邮寄或者其他便利条件的，以走私犯罪的共犯论处。

三、资金运作类犯罪

1. 虚假出资、抽逃出资罪

（1）虚假出资、抽逃出资罪的概念

虚假出资、抽逃出资罪是指公司发起人、股东违反公司法的规定未交付货币、实物或者未转移财产权，虚假出资，或者在公司成立后又抽逃其出资，数额巨大、后果严重或者有其他严重情节的行为。虚假出资、抽逃出资罪是一个选择性罪名。本罪包括两种行为，即虚假出资和抽逃出资。两个行为只要实施一个即构成犯罪，并分别适用相对应的罪名；如果两个都实施，即构成虚假出资、抽逃出资罪。

（2）虚假出资、抽逃出资罪的构成要件

本罪的行为主体是特殊主体，只能是公司发起人或者其他股东，属于身份犯。

在客观行为方面，虚假出资罪表现为公司的发起人或者其他股东违反公司法关于出资的相关规定，不交付出资的货币、实物，或者虽然以虚假的形式交付出资的货币、实物但不转移财产权，且虚假出资数额巨大、后果严重或者有其他严重情节的行为。抽逃出资罪则是在公司成立后又抽逃其出资，数额巨大、后果严重或者有其他严重情节的行为。

就行为的对象而言，是依法成立的公司的出资。就行为的结果而言，要求数额巨大、后果严重或者有其他严重情节的行为。

虚假出资、抽逃出资罪的主观方面是故意。

2. 高利转贷罪

（1）高利转贷罪的概念

高利转贷罪是指以牟取差额利息为目的，通过套取金融机构信贷资金后再高利转贷他人，且违法所得数额较大的行为。

（2）高利转贷罪的构成要件

本罪的行为主体为一般主体，单位和个人都可以构成本罪。

在客观行为方面，本罪表现为行为人以牟利为目的，套取金融机构的信贷资金后再以高于从银行贷款的利息转贷给他人，赚取中间差价，违法所得数额较大。根据自1996年8月1日起施行的《贷款通则》的规定，禁止套取银行贷款用于转贷牟利。

本罪所说的"违法所得数额较大"，一般是指违法所得数额在10万元以上。此外，根据我国司法实践，如果因高利转贷受过行政处罚2次以上，再次实施高利转贷行为的，即使没有达到10万元以上的标准，也仍然按本罪处理。

就行为的对象而言，本罪中的"金融机构"是指包括银行在内的所有从事金融信贷的机构，对于其所有制性质则在所不问。就行为的结果而言，要求违法所得数额在10万元以上的或因高利转贷受过行政处罚2次以上，再次实施高利转贷。

本罪的主观方面是故意。

3. 非法吸收公众存款罪

（1）非法吸收公众存款罪的概念

根据《刑法》第一百七十六条的规定，非法吸收公众存款罪是指非法吸收公众存款或者非法变相吸收公众存款，扰乱金融秩序的行为。

（2）非法吸收公众存款罪的构成要件

本罪的行为主体是一般主体，常表现为不能从事信贷业务的单位或个人。但本罪也可以由合法成立的专门从事信贷业务的机构构成，如金融机构为了吸收公众存款，在与同行竞争时，违反中国人民银行规定的基准利率，故意提高利率，如果扰乱了金融秩序，同样构成犯罪。

在客观行为方面，非法吸收公众存款表现为两种情况：①明示的非法吸收公众存款，即在没有经过主管机关批准的情况下，公开面向社会公众吸收资金，承诺按期还本付息。②变相的吸收公众存款，即为了掩饰非法吸收公众存款的事实，不以吸收公众存款的名义进行，而是以通过投资、入股等形式吸收资金，但承诺履行的义务与吸收公众存款相同。

本罪的主观方面为故意。

4. 洗钱罪

（1）洗钱罪的概念

洗钱罪是指明知是恐怖活动犯罪、黑社会性质的组织犯罪、毒品犯罪、贪污贿赂犯罪、走私犯罪、金融诈骗犯罪、破坏金融管理秩序犯罪等的所得及其产生的收益，掩饰、隐瞒其来源和性质的行为。根据其字面意思，通俗地讲，就是将以上几种犯罪的非法所得及其收益利用欺骗手段将其"合法化"的行为。

（2）洗钱罪的构成要件

本罪的行为主体为一般主体，单位和个人都能构成。

在客观行为方面，根据刑法的规定，本罪的行为包括以下几种形式：

1）提供资金账户的。

2）协助将财产转换为现金、金融票据、有价证券的。

3）通过转账或者其他结算方式协助资金转移的。

4）协助将资金汇往境外的。

5）以其他方法掩饰、隐瞒犯罪所得及其收益的来源和性质的。

其中，第五项"以其他方法掩饰、隐瞒犯罪所得及其收益的来源和性质的"是兜底条款，是指除以上四种情形之外，其他掩饰、隐瞒犯罪所得及其收益来源和性质的行为。

就行为的对象而言，洗钱罪中的"钱"仅限于恐怖活动犯罪、黑社会性质的组织犯罪、毒品犯罪、贪污贿赂犯罪、走私犯罪、金融诈骗犯罪和破坏金融管理秩序犯罪七种上游犯罪。如果是其他类型的犯罪的收入或所得，则不能以洗钱罪论处。如果构成犯罪的，通常是将其看作相应犯罪的共同犯罪，依共同犯罪的原则进行处罚。

本罪的主观方面为故意，过失不构成犯罪。

四、商业贿赂犯罪

1. 非国家工作人员受贿罪

（1）非国家工作人员受贿罪的概念

根据《刑法》第一百六十三条的规定，非国家工作人员受贿罪是指公司、企业或者其他单位的工作人员利用职务上的便利，索取他人财物或者非法收受他人财物，为他人谋取利益，数额较大的行为。

（2）非国家工作人员受贿罪的构成要件

本罪的行为主体是特殊主体，属于身份犯。要求必须是公司、企业或者其他单位的工作人员。

所谓"其他单位"，主要是指各事业单位、社会团体、居委会、村委会及其下属的村民小组等组织，也包括一些为了某种目的临时组织起来进行各种活动的筹委会、组委会等组织。但不包括国家工作人员、国有公司、企业或者其他在国有单位中从事公务的人员，这些人员如果利用职务上的便利索取、收受贿赂的，直接以受贿罪论处，而不是非国家工作人员受贿罪。所以，是否具有国家工作人员的身份是受贿罪与本罪的区别所在。

本罪在客观行为方面，首先，要求行为人利用自己在职务上的便利，这是前提条件，否则不构成本罪。其次，要有索取或者非法收受他人较大数额财物的行为，这是核心环节。最后，在索取或者非法收受他人财物时，要有为他人谋取利益的目的或行为。

本罪的责任形式为故意，即行为人明知自己索取贿赂或收受贿赂的行为会侵害公司、企业或其他单位的正常管理秩序和公司、企业或其他单位工作人员职务的廉洁性，仍然希望或者放任这种结果的发生。

非国家工作人员受贿罪是一种多发性的经济犯罪。不少企业在日常运作的过程中，常常利用回扣、佣金等吸引客户，这在一定程度上增加了非国家工作人员受贿罪的风险，因此，应当在使用回扣、佣金进行营销时，提醒对方如实入账，避免犯罪的发生。

2. 对非国家工作人员行贿罪

（1）对非国家工作人员行贿罪的概念

对非国家工作人员行贿罪是指行为人为了自己或他人谋取不正当利益，而给予公司、企业或者其他单位的工作人员数额较大财物的行为。

（2）对非国家工作人员行贿罪的构成要件

本罪的行为主体为一般主体，单位和个人都能构成。

在客观行为方面本罪表现为行为人主动给予公司、企业或者其他单位的工作人员数额较大的财物。这里包含两个条件：①行为人为了谋取不正当利益而实施了给予公司、企业或者其他单位的工作人员财务的行为；②给予公司、企业或者其他单位的工作人员财务的数额达到了较大的标准。根据我国司法解释的规定，该数额标准为6万元。

本罪的责任形式为故意，即行为人明知自己为了谋取不正当利益，而给予公司、企业或者其他单位的工作人员数额较大财物的行为会侵害公司、企业或其他单位的正常管理秩序和公司、企业或其他单位工作人员职务的廉洁性，仍然希望或者放任这种结果的发生。

对非国家工作人员行贿罪与非国家工作人员受贿罪关系密切，对非国家工作人员行贿罪是主动送，非国家工作人员受贿罪是被动收，但是两者之间并非完全对应，其区别主要表现在：①非国家工作人员受贿罪除了单纯的被动接受数额较大财物的行为外，还包括主动的索贿行为。②非国家工作人员受贿罪不管收受贿赂的行为人为他人谋取的利益是否合法，都不影响非国家工作人员受贿罪的成立。但在对非国家工作人员行贿罪中，如果行贿行为人谋取的是正当利益，则不构成犯罪。

五、侵犯知识产权类犯罪

1. 假冒注册商标罪

（1）假冒注册商标罪的概念

假冒注册商标罪是指行为人在没有征得注册商标所有人许可的情形下，即在同一种商品上使用与注册商标所有人已注册商标相同的商标，情节严重的行为。

（2）假冒注册商标罪的构成要件

本罪的行为主体为一般主体，单位和个人都可以构成假冒注册商标罪。

在客观行为方面，本罪表现为行为人未经商标所有人的许可，即在同一种商品上使用与注册商标所有人已注册商标相同的商标，且情节严重。所谓情节严重，是指非法经营数额在5万元以上或者违法所得数额在3万元以上的。如果是假冒两种以上注册商标，则非法经营数额在3万元以上或者违法所得数额在2万元以上即可。

本罪的主观责任为故意，即行为人认识到自己在同一种商品上使用与注册商标所有人已注册商标相同的商标，会侵害商标所有人的知识产权和国家对知识产权保护的秩序，仍然希望或放任这种结果的发生。假冒注册商标的行为一般出于牟取非法利益的目的，但本罪并不是目的犯。行为人的犯罪动机如何，不影响本罪的成立。

2. 销售假冒注册商标的商品罪

（1）销售假冒注册商标的商品罪的概念

销售假冒注册商标的商品罪是指行为人明知是假冒注册商标的商品，仍然予以销售，数额较大的行为。销售假冒注册商标的商品罪是我国最常见的知识产权犯罪。

（2）销售假冒注册商标的商品罪的构成要件

本罪的行为主体为一般主体，单位和个人都可以构成销售假冒注册商标的商品罪。

在客观行为方面，本罪表现为销售数额较大的假冒注册商标的商品。所谓"假冒注册商标的商品"，是指未经注册商标所有人许可，使用与其注册商标相同的商标的同一种商品。至于这种商品的质量如何，则不影响本罪的成立。即便是质量不低于注册商标所有人已注册商标的商品，也构成犯罪。因为本罪保护的不是商品本身的质量或消费者的权益，而是商标所有人的知识产权和国家对知识产权保护的秩序。本罪中所说的"数额较大"是指销售金额在5万元以上的行为。此外，在对于数额的计算，只要销售假冒注册商标的商品后可能获得的全部收入达到5万元即可，不要求已经实际取得。

本罪的主观责任为故意，即行为人认识到自己销售假冒注册商标的商品，会侵害商标所有人的知识产权和国家对知识产权保护的秩序，但仍然予以销售的主观心态。

3. 侵犯著作权罪

（1）侵犯著作权罪的概念

侵犯著作权罪是指行为人以营利为目的，侵犯他人著作权，违法所得数额较大或者有其他严重情节的行为。

（2）侵犯著作权罪的构成要件

本罪的行为主体为一般主体，单位和个人都可以构成侵犯著作权罪。

在客观行为方面，本罪表现为侵犯他人著作权。根据《刑法》第二百一十七条的规定，侵犯他人著作权的行为包括以下四种：

1）没有经过著作权人的许可，擅自复制发行著作权人的电影、电视、音乐、录像作品、计算机软件、文字作品以及其他作品等。需要注意的是，根据《最高人民法院、最高人民检察院关于办理侵犯知识产权刑事案件具体应用法律若干问题的解释（二）》，这里的"复制发行"包括复制、发行和复制且发行三种情形，只要实施了其中的一个行为即构成犯罪。

2）出版他人依法享有专有出版权的图书。

3）没有经过录音录像制作者的许可，擅自复制发行其制作的录音录像作品。

4）制作、出售假冒他人署名的美术作品。

上述四种行为构成侵犯著作权罪，还必须具备违法所得数额较大或者有其他严重情节。根据《最高人民法院、最高人民检察院关于办理侵犯知识产权刑事案件具体应用法律若干问题的解释（一）》，违法所得数额较大的标准是违法所得数额在3万元以上。而有其他严重情节则包括：①非法经营数额在5万元以上的；②没有经著作权人许可，复制发行的复制品数量合计在500张（份）以上的；③其他严重情节的情形。

本罪的主观责任为故意，且具有营利的目的。不具有营利目的的不构成犯罪。如学校为了教学和科研的需要，复制他人作品的，不构成犯罪。

4. 侵犯商业秘密罪

（1）侵犯商业秘密罪的概念

侵犯商业秘密罪是指行为人以利诱、胁迫、盗窃、披露、擅自使用或者擅自授予他人使用等方式，侵犯他人商业秘密，给商业秘密的权利人造成重大损失的行为。

（2）侵犯商业秘密罪的构成要件

本罪的行为主体为一般主体，单位和个人都能构成本罪。

在客观行为方面，本罪表现为侵犯商业秘密权利人的商业秘密。商业秘密是指市场主体所拥有的，能为其带来经济利益的，经采取保密措施保护从而不为公众所知悉的具有实用性的技术信息和经营信息。侵犯商业秘密罪的行为包括两类：①以利诱、胁迫、盗窃、披露等方式非法获取权利人的商业秘密；②披露、擅自使用或者擅自授予他人使用权利人的商业秘密。除了实施行为以外，成立本罪还要求给权利人造成了经济方面的重大损失。根据我国的司法实践，重大损失的标准为：①造成50万元以上的损失数额；②违法所得数额在50万元以上；③导致商业秘密权利人破产；④给商业秘密权利人造成重大损失的其他情形。

本罪的责任形式为故意，即行为人明知自己的行为侵犯了他人商业秘密，给商业秘密权利人造成重大损失，并且希望或者放任这种结果发生。

《刑法》除了规定上述假冒注册商标罪、销售假冒注册商标的商品罪、侵犯著作权罪和侵犯商业秘密罪以外，还有非法制造、销售非法制造的注册商标标识罪，假冒专利罪、销售侵权复制品罪等。

六、扰乱市场秩序类犯罪

1. 虚假广告罪

（1）虚假广告罪的概念

根据《刑法》第二百二十二条的规定，虚假广告罪是指广告主、广告经营者、广告发布者，违反国家规定，利用广告对商品或者服务作虚假宣传，情节严重的行为。

(2) 虚假广告罪的构成要件

本罪的行为主体是广告主、广告经营者、广告发布者。广告主是指为了宣传和推销自己或他人的商品或者提供服务，委托他人设计、制作、发布广告的单位或个人，通常是广告客户。广告经营者是指受广告主的委托提供广告设计、制作以及代理服务的单位或个人。广告发布者是指受广告主或者广告经营者委托实际发布、宣传广告的单位或个人。

在客观行为方面，本罪表现为广告主、广告经营者、广告发布者等违反了国家关于广告方面相关的法律法规，利用广告对商品或者服务做不实的虚假宣传的情节严重行为。

虚假宣传的方式包括两种：①对商品或者服务做明确的虚假宣传，广告的内容与事实不符。②虽然未曾明示，但故意语意含糊达到足以令人误解的程度。就具体的内容而言，包括：①宣传的生产、销售的产品质量、成分、制作工艺、用途、性能、产地、有效期限等与实际不一致；②宣传的服务内容、形式、价格与实际不一致；③宣传的附属服务、赠送礼品的品种和数量与实际不一致；④宣传所使用的相关对比数据、统计资料、信息引用、鉴定评价等内容与实际不一致。此外，本罪要求情节严重才处罚。《最高人民检察院、公安部关于公安机关管辖的刑事案件立案追诉标准的规定（二）》规定，情节严重的标准如下，符合任何一项即可：①违法所得在 10 万元以上；②假借突发事件虚假宣传，致使多人被骗违法所得达到 3 万元以上；③给单个消费者造成直接经济损失 5 万元以上，或虽未给单个消费者造成直接经济损失 5 万元，但给不特定的消费者造成直接经济损失总额达 20 万元以上；④虽在数额上未达到上述标准，但在 2 年内因利用广告做虚假宣传受过 2 次以上行政处罚又再次虚假宣传；⑤造成人身伤残；⑥其他情节严重的情形。

本罪的主观责任为故意，即广告主、广告经营者、广告发布者明知自己所宣传的广告是虚假的，利用这种虚假的广告对商品或服务进行宣传会扰乱市场秩序，损害消费者的人身或财产权益，但仍然希望或者放任这种结果的发生的主观心态。

2. 合同诈骗罪

(1) 合同诈骗罪的概念

合同诈骗罪是指行为人以非法占有为目的，在签订、履行合同过程中，使用虚构事实或隐瞒真相的欺诈手段，骗取他人数额较大财物的行为。

(2) 合同诈骗罪的构成要件

本罪的行为主体为一般主体，包括单位和个人。

在客观行为方面，本罪表现为在签订、履行合同过程中，使用虚构事实或隐瞒真相的欺诈手段，骗取他人数额较大的财物。欺诈手段包括虚构事实和隐瞒真相两种方式，具体而言，常见的欺诈手段有：①在签订合同时隐瞒真实身份，冒用他人名义或以虚构的单位签订合同；②使用虚假的担保物提供担保；③以先履行部分或小额履行合同的方法，诱使合同相对方全部履行合同；④收受合同相对方依合同给付的预付款、货款、货物或担保财产后逃匿；⑤以其他方法骗取对方当事人财物。构成犯罪，除了实施上述欺诈行为外，还需要骗取他人财物数额较大。根据我国司法实践，本罪诈骗数额在2万元以上的，应当予以追诉。

本罪的主观责任为故意，且需要具有非法占有目的。根据行为与责任同时存在原则，非法占有目的应当存在于签订合同之时。合同签订或履行后，双方在合同履行过程中，因资金或其他原因产生纠纷，致使合同不能履行或不愿意履行的，一般属于正常的民事纠纷，不构成本罪。

3. 非法经营罪

（1）非法经营罪的概念

非法经营罪是指行为人故意违反国家禁止或限制经营的规定从事经营活动，扰乱市场秩序且情节严重的行为。

（2）非法经营罪的构成要件

本罪的行为主体为一般主体，包括单位和个人。

在客观行为方面，本罪表现为违反国家禁止或限制经营的规定从事经营活动。根据《刑法》第二百二十五条的规定，非法经营的行为具体包括以下四类：①未经许可经营法律、行政法规规定的专营、专卖物品或者其他限制买卖的物品；②买卖进出口许可证、进出口原产地证明以及法律、行政法规规定的其他经营许可证或者批准文件；③未经国家有关主管部门批准，非法经营证券、期货或者保险业务；④其他严重扰乱市场经营的非法经营行为。

本罪的主观责任为故意，即行为人明知自己所从事经营的活动是国家禁止或限制经营的，仍然希望或放任这种经营活动的主观态度。

4. 其他扰乱市场秩序的犯罪

其他扰乱市场秩序的犯罪还有损害商业信誉，商品声誉罪，串通投票罪，组织、领导传销活动罪，强迫交易罪，伪造、倒卖伪造的有价票证罪，倒卖车票、船票罪，非法转让、倒卖土地使用权罪，提供虚假证明文件罪，逃避商检罪等。作为年轻的创业者们，在进行经营活动中，应当进行相关的了解。

七、危害税收征管类犯罪

1. 逃税罪

(1) 逃税罪的概念

逃税罪是指纳税人采取欺骗手段进行虚假纳税申报或者不申报，逃避应纳税款数额较大且占应纳税额10%以上，以及纳税扣缴义务人采取欺骗手段，不缴或者少缴已扣、已收税款，数据较大的行为。

(2) 逃税罪的构成要件

本罪的行为主体属于身份犯，包括纳税人和扣缴义务人。纳税人是指法律、行政法规规定的负有纳税义务的单位或个人；扣缴义务人是指法律、行政法规规定的负有代缴、代扣、代收税款义务的单位或个人。

在客观行为方面，本罪包括两类行为：①纳税人逃税行为。它是指纳税人采取隐匿、擅自销毁、伪造、变造账簿、记账凭证，在账簿上多列支出或者不列、少列收入，或者经税务机关通知申报而拒不申报或者进行虚假的纳税申报的手段，不缴或者少缴应纳税款的行为；②扣缴义务人不履行代扣、代缴、代收税款义务的行为。逃税罪是数额犯、结果犯。需要达到一定的标准方才构成犯罪。根据《刑法》第二百零一条及有关司法解释的规定，偷税数额占应纳税额的10%以上且偷税数额在1万元以上的，或者因偷税被税务机关给予二次行政处罚又偷税的，应当予以追诉。扣缴义务人不代扣代缴以及少缴已扣、已收税款额占应缴税额的10%以上并且数额在1万元以上的，应当予以追诉。此外，对于多次犯有逃税行为，未经处理的，按照累计的数额进行计算。

根据《刑法》第二百零一条第四款的规定，对于纳税人逃税行为，经税务机关依法下达追缴通知后，补缴应纳税款，缴纳滞纳金，已受行政处罚的，不予追究刑事责任。但是，五年内因逃避缴纳税款受过刑事处罚或者被税务机关给予二次以上行政处罚的除外。

本罪的主观责任为故意，即行为人认识到自己逃税或不代扣代缴税款的行为违反了国家关于税收征管的规定，会给国家的财税收入造成损害，仍然希望或放任逃税后果发生的主观心态。

2. 其他违反税收征管的犯罪

《刑法》规定的有关危害税收征管的罪名还有抗税罪，逃避追缴欠税罪，骗取出口退税罪，虚开增值税专用发票用于骗取出口退税、抵扣税款罪，虚开发票罪，伪造、出售伪造的增值税专用发票罪，非法出售增值税专用发票罪，非法购买增值税专用发票、购买伪造的增值税专用发票罪，非法制造、出售非法制造的用于骗取出口退税、抵扣税款发票罪，非法制造、出售非法制造的发票罪，非法出售用于骗取出口退税、抵扣税款发票罪，非法出售发票罪，持有伪造的发票罪等。

典型案例

大学生创业团队涉嫌犯罪　经调查事实决定不批捕①

付某、陈某、何某均为软件专业毕业的大学生，毕业后他们选择自主创业，成立了一家网络科技公司，主要经营软硬件批发、软件开发、网站设计维护等业务。2018年3月，他们接了一单"生意"，应客户要求设计了几家银行"伪网站"。结果，背后的"顾客"利用伪造的银行官网套取用户个人信息，盗刷信用卡。三人因涉嫌帮助信息网络犯罪活动罪被公安机关立案侦查。

本来，付某有警惕心理，不太愿意接这单活，但想到创业初期，起步艰难，急需资金，何况并未实际从事那些不法活动，只是单纯设计网站，应该不属于违法行为。于是，他抱着侥幸心理，为客户设计网站并多次变换域名。

一个月后，中信银行向公安机关报案，称有不法分子利用伪造的银行官网非法获取客户信息，导致客户信用卡被盗刷。随即，公安机关通过技术手段锁定了伪网站的IP地址，付某等三人被抓获归案。

"你帮助制作伪网站的行为已经构成犯罪，并且构成的是《刑法修正案（九）》新增罪名——帮助信息网络犯罪活动罪。"听完检察官对罪名的解释，付某后悔不已，"我真的没有想到自己的侥幸心理会给他人和社会带来如此大的危害。"

为最大限度地保护大学生的创业热情，维护这个初创小企业的正常稳定运营，当年5月4日，武汉市江岸区检察院结合证据，在区别界定三人主观故意和客观行为的基础上，对付某做出构罪不捕的决定，对陈某做出事实不清证据不足不捕的决定，对何某做出无罪不捕的决定。

"在创业过程中，要严守法律底线，在守法的前提下稳扎稳打，才能创造出属于自己的锦绣前程。"做出不捕决定的同时，检察官语重心长地提醒三名青年创业者。

---

① 周晶晶、郝硕：《大学生创业团队涉嫌犯罪　经调查事实决定不批捕》，载正义网2018年5月10日，http://news.jcrb.com/jxsw/201805/t20180510_1866117.html。

第三节　大学生创新创业刑事法律风险的防范

风险与利益同在，大学生创新创业在指引着大学生走向成功道路的同时，也蕴含着不可预测的意外，其中自然也包含着刑事法律风险。所有关于刑事法律知识的学习，最低层次的要求是学会遵从法律的行为规则，不实施违法犯罪活动。年轻的大学生创业者应当了解大学生创新创业涉及刑事犯罪的特点、成因及预防对策。

一、大学生创新创业涉及刑事犯罪的特点

犯罪是一种极其复杂的社会现象。它始终依附于人类社会，如附骨之疽，并随着人类社会的发展不断衍变。它虽然可以尽量控制、预防，但又永远不会消亡。大学生在创新创业的过程中，面对着各种诱惑，面临着各种刑事法律风险。囿于生理特征和主要人生阅历的相似性，其所涉及的犯罪也呈现出若干共同的特点。

1）大学生在创新创业过程中涉及的犯罪是以生产经营活动为中心的。通常这些犯罪都是生产经营活动中某个方面的行为不当所致，从这个角度来说，大学生在创新创业过程中涉及的犯罪，其实也就是创新创业过程中所具有的必然法律风险。

2）大学生在创新创业过程中涉及的犯罪是以获取非法利益为目的的。大学生创新创业活动的本质是在追求自己人生价值的同时增加社会财富和个人财富。为了实现这一目标，应当通过合法、有效途径尽量增加收入和控制投入。而其在创新创业过程中涉及的犯罪，其本质也是为了增加创新创业的收益或节约创新创业的生产经营成本，只不过通过犯罪活动所增加的收益和节约的生产成本属于非法利益而已。

3）大学生在创新创业过程中涉及的犯罪大多属于高智商犯罪、白领犯罪。由于大学生是受过高等教育的知识分子，为其可能发生的高智商犯罪提供了天然的条件。一旦大学生涉及犯罪活动，不管是否意识到，其都会自觉地运用自身所具备的有利条件于犯罪当中。

4）大学生在创新创业过程中涉及的犯罪，其危害后果具有一定的隐形性。由于大学生在创新创业过程中涉及的犯罪大多是经济犯罪，尤其是不涉及人身损害和直接的经济损失时，其对社会的危害性往往比较抽象。

5）大学生在创新创业过程中涉及的犯罪具有更高的危害性。虽然大学生在创新创业过程中涉及犯罪的直接损失具有经济性，但应该注意的是，由于大学生创业者处于人生的黄金时期，且当代大学生独特的独生子女家庭结构，大学生在创新创

业过程中如果涉及犯罪，对于其本人及其家人来说，事业和家庭的幸福都将毁于一旦。

二、大学生创新创业刑事法律风险形成的原因

正如上文所说，大学生在创新创业过程中涉及的犯罪目的是希望获取更多的经济利益，虽然这种利益是非法的。但并非所有希望获取更多的经济利益的行为都必然导致犯罪。大学生在创新创业过程中步入歧途，往往是由一些直接的原因所诱发而导致的。这些原因包括：

1）经济根源。对资金（金钱）的需求是大学生在创新创业过程中走向犯罪道路的主要原因。大学生在创业之初，资金大多紧张，为了在短时间内完成资本的积累，许多年轻的创业者们容易走上犯罪的道路。

2）外界影响。大学生创业者们刚刚步入社会，缺乏人生阅历，容易受到外界恶习的影响，这是大学生在创新创业过程中走上犯罪道路的重要原因。

3）心理失衡。改革开放以来，我国经济飞速发展，人民普遍实现了勤劳致富。但短时间内，贫富差距也在进一步扩大。年轻创业者们的嫉妒心理及攀比心理日益滋长，为了满足一些不理智的需求，容易产生犯罪动机。

4）缺乏法律意识。大学生在创业前的整个学习阶段，除了法学专业的学生外，其余大多都没有学习相关的法律知识，以致在实施犯罪时，甚至不知道自己所实施的是犯罪行为，从而不能有效抑制犯罪的进程。这是大学生在创新创业过程中走上犯罪道路的又一重要原因。

三、大学生创新创业刑事法律风险的预防对策

无论犯罪本身的危害性，还是大学生犯罪所特有的社会危害性，都应当引起我们的重视，并寻找相应的对策对这些犯罪进行预防和打击。所以，为了预防大学生在创新创业过程中实施犯罪，国家、社会以及大学生创业者个人都应做出自己的努力。

1. 从国家的角度对大学生在创新创业过程中可能实施的犯罪进行预防

随着"大众创业、万众创新"时代的到来，大学生创新创业活动可谓方兴未艾。为了规范大学生的创新创业活动，国家应当予以规范引导。

首先，国家应当制定完善的有关大学生创新创业的规范性法律文件，用以指引、规范大学生创业者的行为。

其次，加强对大学生在创新创业活动的管理，督促年轻的创业者们规范经营，扎实创业。

最后，对从事创新创业活动的大学生做好服务工作。例如积极解决他们的资金困难问题、积极提供产业政策指导等。

2. 从社会的角度对大学生在创新创业过程中可能实施的犯罪进行预防

从社会的角度对大学生在创新创业过程中可能实施的犯罪进行预防，主要是指通过社会组织、社会团体等的宣传教育、协助帮扶，达到预防、减少大学生在创新创业过程中可能实施的犯罪活动。社会组织自律的性质，决定了其在宣传教育、预防犯罪中的优势，利于年轻的创业者们主动接受，不会产生逆反心理。例如：针对大学生心理发育不够成熟的特点，高等院校应有意识地开展法律知识讲座、设立法律咨询机构，帮助大学生树立正确的学法、知法、用法意识；新闻媒体机构可增设有关大学生创业的法制宣传节目，有针对性地采取各种措施，加强法律常识的宣传教育；各行业协会等社会团体组织，可以加强本行业内年轻创业者的法律知识培训，加强行业监管等。通过上述种种措施，可极大地协调社会关系，净化社会环境，形成良好的社会风尚，减少犯罪诱因。

3. 从个人的角度对大学生在创新创业过程中可能实施的犯罪进行预防

首先，大学生创业者应当树立积极的世界观、人生观和价值观。让年轻的创业者明白创业的目的是通过自身的努力实现自己的人生价值，而不是单纯地追求利益的狭隘主义金钱观。

其次，培养大学生创业者的法律意识。法律是人类社会最基本的行为准则。因此，对于年轻的创业者来说，掌握自身创业所需的法律知识是保障自身事业不步入歧途、不走向毁灭的重要保证。但这不是说要求创业者都需要自己学好、精通法律。实际上，年轻的创业者坚持依法办事、预防法律风险的路径有很多，例如，为自己的企业聘请法律顾问，为企业的专项事务进行法律咨询，对法律、政府的行为等不明确的地方予以书面请示，要求政府予以正式答复等。

最后，加强企业内部管理。许多犯罪的发生通常是由于外界诱因的影响而产生的。企业内部管理不严，诸如内部监管制度的缺失、财务工作管理上的疏漏等，往往让犯罪行为人潜在犯罪动机敢于外露。

总之，年轻的创业者应当严格按照法律的规定行事，恪守人类基本行为规则的底线，同时，也要学会运用法律来保护自己的合法利益不受侵犯。严格按照法律的规定合法经营，不从事法律所禁止的经营行为，这既是国家对年轻的创业者的基本要求，也是年轻的创业者事业成功的根本保证。

课后实践

阅读《刑法》，并查阅你感兴趣的法条的相关司法解释。

练 习 题

1. 谈谈生产、销售假冒伪劣产品罪的危害。
2. 简述走私犯罪的对象。
3. 论述如何有效防范大学生在创新创业过程中犯罪。

拓展阅读

企业家谈创新创业

要敢想敢做，要勇于走向孤独。不流俗、不平庸，做世界一流企业，这是生命充实激越起来的根本途径。

——任正非

要取得事业成功，必须花心思预测未来几个月甚至几年的事情。

——马化腾

失败只是其中的一个环节。如果一帆风顺，那就说明还不够创新。

——马斯克

创业需要创新、动力和决心，销售公司产品亦是如此。

——马斯克

你如果出色地完成了某件事，那你应该再做一些其他的精彩事儿。不要在前一件事上徘徊太久。

——乔布斯

第六章
创新创业中的劳动保障法律实务

知识路标

创客朋友们，本章会帮你弄明白这些基本问题：
1）如何认定和区别劳动关系、劳务关系和雇佣关系？
2）创新创业中存在哪些劳动法律风险？
3）如何应对创新创业遇到的劳动法律风险？

时事引线

2020年4月7日，国际劳工组织发布的报告显示，全球有近27亿劳动人口受到新冠疫情影响，很多人被辞退或因其他原因失业，劳动纠纷大幅增加。我国人社部为应对新冠疫情的影响，出台了一些与劳动关系与劳动待遇有关的规范性文件，如《关于做好新型冠状病毒感染肺炎疫情防控期间稳定劳动关系支持企业复工复产的意见》（人社部发〔2020〕8号）。北京等地也发布了《关于做好疫情防控期间维护劳动关系稳定有关问题的通知》等文件。在不同的法律关系下，企业对于用工所承担的成本与风险有很大的不同，却又常常被创业者所忽视。本章我们就来学习一下企业在处理劳动关系中所涉及的劳动法知识。

第一节　创新创业中的劳动法律实务概述

在当前经济迅速发展的背景下，我国大学生的就业形势日益严峻，伴随着"大众创业、万众创新"的时代召唤，大学生作为接受高等教育的群体，开始利用自身优势创业。但是，刚毕业的大学生缺乏实战经验，又不具备相应的法律素养，除了面临外部环境的压力，还承受着内部的管理问题，而对于企业员工的管理关乎着一个企业能否走得长远，能否在"升级换挡"的新时代立足。创业的成功肯定需要人才的引进，那么如何管理这些招募进公司的员工？企业和员工形成的是不是劳动法律关系？企业和员工之间除了建立劳动法律关系之外，还可以建立劳务关系、雇佣关系等，这就需要创业者在充分了解、熟悉劳动法知识的基础上，根据企业的用工需要，选择与不同岗位的员工建立不同的法律关系。

那么，到底什么是劳动法律关系？如何认定劳动法律关系？劳动法律关系与其他法律关系的区别是什么？让我们一起来学习吧！

一、劳动法律关系概述

（一）劳动法律关系的内涵

所谓劳动法律关系，是指由劳动法律规范所调整而形成的劳动权利和劳动义务关系。构成劳动法律关系的三要素是劳动法律关系的主体、内容、客体。其主体是指依劳动法享有权利与承担义务的人或企事业单位等，主要包括劳动者、用工单位、国家机关和工会组织以及准予招收学徒和帮手的个体经营户、专业户等。其内容是主体享有的权利和承担的义务。一般情况下，一方主体的权利表现为另一方主体的义务。其客体是劳动法律关系主体的权利、义务所指向的对象，一般情况下可以是劳动行为及其成果，也可以是一定的财富。例如，员工生产产品的劳动行为，用工单位支付员工相应的劳动报酬。劳动法律关系的建立是以劳动法律规范为前提的。人们必须按照劳动法律规范结成权利义务关系，才构成劳动法律关系。例如，劳动者只有在就业的状态下，才与录用他的企业之间存在劳动合同所规定的法律关系，失业者与企业之间不存在这种法律关系。

（二）劳动法律关系的基本特点

劳动法律关系具备以下5个基本特点：

1）劳动法律关系的双方当事人是固定的。一方为劳动力所有者和付出者，称为劳动者；另一方为生产资料所有者和劳动力使用者，称为用人单位（或雇主）。

2）劳动法律关系内容的核心是劳动力所有权与使用权相分离。一方面，劳动者将其劳动力使用权让渡给用人单位进行分配和安排，以同其生产资料相结合；另一方面，劳动者仍然享有劳动力所有权，用人单位应当保障劳动者的再生产力且不得滥用使用劳动力的自由。

3）劳动法律关系是人身关系属性和财产关系属性相结合的社会关系。劳动者向用人单位提供劳动力，某种程度上就是劳动者将其人身在一定限度内交给用人单位，所以劳动关系是一种人身关系。此外，劳动者在让渡劳动力使用权的同时获得了用人单位向其支付的劳动报酬，所以劳动关系又是一种财产关系。

4）劳动法律关系是平等性质与不平等性质兼有的社会关系。劳动者与用人单位之间通过平等协商以合同形式来确立、变更、终止劳动关系，这表明劳动关系是一种平等关系。然而，劳动关系主体双方在劳动力市场上处于实质不平等状态，劳动者与用人单位一经缔结劳动关系，劳动者就在经济上、人格上从属于用人单位，相对处于弱势地位，这使劳动关系又具有不平等性质。

5）劳动法律关系是对抗性质与非对抗性质兼有的社会关系。劳动者与用人单位在利益目标上存在冲突，劳动者追求工资待遇最大化，用人单位寻求利润最大化。因而，双方之间的对抗性非常明显。但是，双方之间也是一种利益伙伴关系，彼此的利益处于相互依存的共生状态，如劳动者的就业保障目标与用人单位的发展目标之间具有相对的一致性。在劳动关系中，对抗性与非对抗性处于此消彼长的不断变动状态，对抗性表明协调劳动关系的必要性，非对抗性表明协调劳动关系的可行性。

二、劳动法的渊源

法律的来源是指国家机关、公民和社会组织为寻求行为的根据而获得具体法律的来源，有时简称"法源"。劳动法的渊源是国家制定认可的劳动法律规范的表现形式，主要包括以下 7 种类型：

1. 宪法

宪法是国家的根本大法，由国家最高权力机关全国人民代表大会制定，具有最高法律效力，其他任何法律法规都不能与宪法相抵触。宪法中规定的劳动方面的问题是我国劳动法的首要渊源。

2. 劳动法律

劳动法律是由全国人民代表大会及其常务委员会在宪法指导下制定的调整劳动关系的规范，其法律效力仅低于宪法，是劳动法最主要的表现形式。其主要内容分为劳动关系法和劳动标准法。例如《劳动法》《劳动合同法》《工会法》等。

3. 劳动行政法规

劳动行政法规是国务院为管理劳动事务，根据宪法和劳动法律制定的调整劳动法律关系和各项劳动标准的规范性文件。其效力低于宪法和法律。规范性文件数量居多，覆盖劳动关系的各个方面，例如《工伤保险条例》《劳动保障监察条例》《国务院关于建立统一的企业职工基本养老保险制度的决定》等。

4. 劳动行政规章

劳动行政规章是国务院劳动和社会保障管理部门（如过去的劳动和社会保障部，现在的人力资源和社会保障部，即人社部）依据劳动法律和劳动行政法规，制定和发布的调整劳动关系的规章，如《国务院关于职工工作时间的规定》《最低工资规定》《工资支付暂行规定》《集体合同规定》《招用技术工种从业人员规定》《女职工劳动保护特别规定》《禁止使用童工规定》等。

5. 地方性劳动法规

地方性劳动法规是省、自治区、直辖市人民代表大会及其常务委员会和政府为管理本行政区域内的劳动事务，在不同宪法、法律和劳动行政法规相抵触的前提下制定和发布的并报全国人民代表大会常务委员会、国务院备案或批准后生效的规范性文件。地方县级以上各级人民代表大会及其常务委员会和政府，依照法律规定的权限，制定和发布规范性文件。例如《××省劳动合同规定》《××市工伤保险条例》等。

6. 我国立法机关批准的国际条约

经过我国立法机关批准的国际条约在我国具有法律效力，这里的国际条约指的是有关国际组织按照法定程序制定和通过的涉及劳动关系或劳动标准的国际公约、决议。例如，国际劳工组织制定的国际劳工公约，经过我国立法机关批准，即成为国内劳动法的渊源。

7. 正式解释

正式解释是指有权的国家机构对已经生效的劳动法律、行政法规等规范性文件所做的阐释和说明。正式解释分为立法解释、司法解释和行政解释。正式解释在司法实践中得到广泛适用。

大学生在创新创业的过程中涉及用工的法律问题，应该从上述各类法律法规中寻找相应的规定，按照法律规定严格规范企业的用工流程，遇到法律条文无法理解的情况，应寻求专业人士的帮助。

三、如何认定劳动法律关系

劳动法律关系的确定对于劳动者和用人单位都至关重要，从用人单位的角度来看，确定其与劳动者的法律关系，可以避免因不必要的纠纷耗费企业的资源，但大学生在创新创业的过程中往往因不具备完善的法律知识，与劳动者之间通过简单的协议建立关系，甚至没有签订任何具有法律效力的书面合同，把注意力放在了企业的外部经营上。殊不知在法律实务中，企业即使没有按照法律规定与劳动者签订双方建立劳动关系的书面合同，也有可能与劳动者建立了事实劳动法律关系，甚至会承担相应的法律后果。那么，到底在什么前提下可以认定用人单位或雇主与劳动者建立了劳动关系呢？让我们从法律规定、人社部规定及劳动法律关系的外部特征三个方面进行学习。

1. 法律规定

《劳动法》第十六条规定，劳动合同是劳动者与用人单位确立劳动关系、明确双方权利和义务的协议。建立劳动关系应当订立劳动合同。

《劳动法》第三十五条规定，依法签订的集体合同对企业和企业全体职工具有约束力。职工个人和企业订立的劳动合同中劳动条件和劳动报酬等标准不低于集体合同的规定。

《劳动合同法》第七条规定，用人单位自用工之日起即与劳动者建立劳动关系。用人单位应当建立职工名册备查。

《劳动合同法》第十条规定，建立劳动关系，应当订立书面劳动合同。已建立劳动关系，未同时订立书面劳动合同的，应当自用工之日起一个月内订立书面劳动合同。用人单位与劳动者在用工前订立劳动合同的，劳动关系自用工之日起建立。

《劳动合同法》第五十四条规定，集体合同订立后，应当报送劳动行政部门；劳动行政部门自收到集体合同文本之日起 15 日内未提出异议的，集体合同即行生效。依法订立的集体合同对用人单位和劳动者具有约束力。行业性、区域性集体合同对当地本行业、本区域的用人单位和劳动者具有约束力。

2. 人社部规定

用人单位招用劳动者未订立书面劳动合同，但同时具备下列情形的，劳动关系成立：

1）用人单位和劳动者符合法律、法规规定的主体资格。

2）用人单位依法制定的各项劳动规章制度适用于劳动者，劳动者受用人单位的劳动管理，从事用人单位安排的有报酬的劳动。

3）劳动者提供的劳动是用人单位业务的组成部分。

用人单位未与劳动者签订劳动合同，认定双方存在劳动关系时可参照下列凭证：

1）工资支付凭证或记录（职工工资发放花名册）、缴纳各项社会保险费的记录。

2）用人单位向劳动者发放的"工作证""服务证"等能够证明身份的证件。

3）劳动者填写的用人单位招工招聘"登记表""报名表"等招用记录。

4）考勤记录。

5）其他劳动者的证言等。

以上 5 点中，第 1）、3）、4）项的有关凭证由用人单位负举证责任。

用人单位招用劳动者未订立书面劳动合同的，用人单位应当与劳动者补签劳动合同，劳动合同期限由双方协商确定。协商不一致的，任何一方均可提出终止劳动关系，但对符合签订无固定期限劳动合同条件的劳动者，如果劳动者提出订立无固定期限劳动合同，用人单位应当订立。

用人单位提出终止劳动关系的，应当按照劳动者在本单位工作年限每满一年支付一个月工资的经济补偿金。

3. 外部特征

1）劳动是一种结合关系，劳动关系的双方主体固定为劳动者和用人单位。劳动者提供劳动力并将劳动力的使用权让渡给用人单位，用人单位将劳动力这种生产要素和单位的生产资料相结合。

2）从属性的劳动组织关系，劳动者一旦和用人单位形成劳动关系，就在职责上与用人单位形成了从属关系。劳动者要通过运用自身的劳动能力，完成用人单位交给的各项生产任务，并遵守单位内部的规章制度，才能获得用人单位发放的劳动报酬。这就是通常意义上所说的人格从属性和经济从属性。这种从属性的劳动组织关系具有很强的隶属性质，即成为一种以隶属主体之间的指挥和服从为特征的管理关系。

由此可知，用人单位与劳动者建立劳动法律关系应该订立书面合同，如果没有订立书面合同，当用人单位与劳动者具备人社部规定的相应情形时，仍然可以认定劳动关系成立。所以大学生在用工时可以借助劳动关系的外部特征来判断某员工的招聘是否属于劳动关系，如果是，则要及时签订书面劳动合同；如果不是，则要根据不同的劳资关系签订相应的合同，这部分在后面讲解。

四、劳动关系、劳务关系及雇佣关系的区别

劳动关系是指由劳动者有偿提供劳动力，用人单位提供生产资料，并将劳动力和生产资料结合起来实现劳动过程的一种社会关系。它受到劳动法的约束。为了更好地保障相对弱势的劳动者的合法权益，法律对劳动关系的建立规定了强制性的要求，即用人单位与劳动者建立劳动关系时必须签订书面的劳动合同，否则将承担很大的风险，带来诸多不利后果。

劳务关系是指提供劳务一方在一定或不特定的期间内，接受雇主的指挥与安排，为其提供特定或不特定的劳务，雇主接受受雇人提供的劳务并按照约定给付报酬的权利义务关系。劳务关系的双方主体之间只存在财产关系，即经济关系，彼此之间无从属性，没有管理与被管理、支配与被支配的关系，劳动者提供劳务服务，用人单位支付劳务报酬，各自独立，地位平等。法律对于劳务关系中的雇主一般也不强制其为劳动者购买社会保险、承担最低工资标准等义务。

雇佣关系是指雇主和受雇人达成契约，由受雇人向雇主提供劳务，雇主支付相应报酬而形成的权利义务关系。雇佣合同在我国法律没有明确规定，雇佣合同可以是口头的，也可以是书面的。雇佣关系的主体双方具有平等性，无论雇佣法律关系的产生、变更和消灭还是履行，均是平等的，以当事人的意思表示为标志。

劳动关系、劳务关系、雇佣关系是三种不同的法律关系，大学生在创业前必须要对三种关系进行区分，才能选择适合自己创业的形式。那么，三者到底存在什么区别呢？

（一）法律主体不完全相同

劳动关系的双方主体是特定的，即一方是劳动者，另一方必然是用人单位。劳动者是指达到法定劳动年龄，并具有劳动能力的自然人。用人单位是指中华人民共和国境内的企业、个体经济组织、企事业单位、组织国家机关、社会团体等。劳务关系的主体类型较多，其主体是两个或两个以上的具有平等地位的自然人或法人。雇佣关系的主体是雇主和雇员。雇主是指自然人、法人、国家、外国组织以及其他特殊组织（包括非法人组织、清算组织等），雇员是指具备劳动能力的自然人。

（二）主体地位不完全相同

劳动关系中，劳动者与用人单位的地位不平等，劳动者在人格上、经济上隶属于用人单位，要接受其管理，遵守其规章制度，从事其分配的工作，服从其人事安排等。劳务关系中，双方是平等的民事权利义务关系，劳动者提供劳务服务，用人单位支付劳务报酬，彼此之间只体现财产关系。雇佣关系中，雇主和雇员之间具有一定的隶属性，雇员要接受雇主的管理，服从雇主的指挥，从事雇主授权或者指示范围内的生产经营活动或者其他劳务活动。

（三）客体不完全相同

劳动关系的客体是劳动行为。雇佣关系和劳务关系的客体相同，既包括行为，也包括物、智力成果及与人身不可分离的非物质利益（人格和身份）。

（四）当事人权利、义务不同

1. 报酬和社会保障待遇上

劳动关系中，劳动者可以获得工资报酬、保险及其他福利待遇，劳动风险完全由用人单位承担。劳务关系中，自然人一般只获得劳动报酬，工作风险一般由提供劳务者自行承担。雇佣关系中，雇员可以按约定获得报酬，如在从事雇佣活动中遭受人身损害，雇主应当承担赔偿责任。

2. 报酬支付的原则上

劳动法对于劳动关系的规定较为严格，用人单位向劳动者支付的工资必须遵守当地有关最低工资标准的规定以及按劳分配、同工同酬的原则。对于劳务关系和雇佣关系中报酬支付原则，劳动法没有做强制规定，在不违背民法中平等、公平、等价有偿、诚实信用等原则的基础上，报酬完全由双方协商确定。

3. 报酬支付形式上

劳动关系中，一般来说，用人单位支付的劳动报酬多以工资的方式定期支付给劳动者，有一定的规律性。而劳务关系和雇佣关系的报酬支付由双方约定，可以约定一次性即时清结或按阶段支付。

4. 用人单位对劳动者违章违纪的处理权上

劳动关系中，若职工严重违反用人单位劳动纪律和规章制度，用人单位有权依据其依法制定的规章制度解除劳动合同，或者对当事人给予警告、记过、降职等处分。劳务关系中，单位也有对劳动者不再使用的权利，或者要求当事人承担一定的经济责任，但不包括对其给予其他纪律处分等形式。

（五）适用法律不同

劳动关系纠纷是用人单位与劳动者之间在劳动过程中的纠纷，其产生、变更、终止及纠纷解决均应适用《劳动合同法》的相关规定，劳动法没有规定的，可以适用民法。而劳务关系和雇佣关系的纠纷是平等主体之间在履行合同中所产生的纠纷，应适用《民法典》的相关规定。

（六）国家干预程度不同

劳动关系中，用人单位与劳动者双方地位不平等，为了更好保护地位相对弱势的劳动者的合法权益，《劳动法》及《劳动合同法》以强制性法律规范规定了用人单位的各项义务，如缴纳社保、最低工资、工作时长、加班费、保障劳动者的劳动安全与卫生等强制性义务。而劳务关系和雇佣关系作为一种民事关系，双方地位平等，在不违反国家法律、法规等强制性规定的前提下，合同相关事宜以双方当事人协商一致为主，法律不进行强制干预。

（七）纠纷解决途径不同

因劳动关系发生的争议，当事人可以向本单位劳动争议调解委员会申请调解，调解不成的，必须先向劳动争议仲裁委员会申请仲裁，对仲裁裁决不服的，再向人民法院提起诉讼，未经仲裁不得诉讼。对于劳务关系纠纷和雇佣关系纠纷则没有规定劳动仲裁前置程序，可直接起诉至人民法院。

（八）劳动条件提供方不完全相同

劳动关系中，劳动条件完全由用工单位提供，包括生产场所、机器设备、劳动工具等。雇佣关系中，劳动条件由雇主提供，包括指定工作场所、提供生产资料等。劳务关系中，提供劳务的一方大多利用自己的生产资料，在需要生产工具时，一般是自备，工作场所根据提供劳务的需要随时变动。

（九）劳动或服务提供方受伤的归责原则不同

劳动关系中，劳动者在工作中受伤适用无过错原则，依据《工伤保险条例》的规定处理。劳务关系中，提供劳务的一方在提供劳务的过程中受伤适用过错责任原则，根据双方各自的过错承担相应的责任。雇佣关系中，雇员在从事雇佣活动中遭受人身损害适用无过错原则，由雇主承担赔偿责任。

（十）劳动或服务提供方在执行任务过程中造成第三人伤害的责任承担不同

劳动关系中，劳动者按照用人单位的授权或者指示执行工作任务时造成第三人伤害，由用人单位承担侵权责任；但与工作无关的行为，即使发生在工作时间内，用人单位也不应承担侵权责任。劳务关系中，提供劳务的一方因劳务造成他人损害的，由接受劳务的一方承担侵权责任。雇佣关系中，雇员在从事雇佣活动中致人损害的，由雇主承担责任，但雇员存在故意或重大过失时与雇主一起对第三人承担连带责任，雇主承担连带赔偿责任的，可以向雇员追偿。

劳动关系、劳务关系和雇佣关系的不同之处存在于多个方面，我们应该学会把握三种关系在主客体、责任承担、纠纷解决等方面的特征，这样无论在就业还是创业的过程中都能有助于避免我们因劳动纠纷而陷入困境。

课堂讨论

你所在的省市出台了哪些关于劳动事务的管理规定？你认为是否足够？

第二节　创新创业中的劳动法律风险

大学生在创新创业的过程中，往往把风险片面地理解为外部风险，如经营的亏损、客户的欺诈，却忽略了创业过程中的同伴——你的员工。员工和用人单位是一体的，保障员工的权益，可以激励员工更好地为企业做贡献。所以，我们必须了解法律规定的用人单位在对待员工方面的义务和责任。法律规定的是最低要求，大学生在创新创业过程中与劳动者订立的具体规定可以在满足最低要求的前提下进行相应的调整。

一、创新创业中作为用人单位的责任与风险

在创新创业中，作为用人单位，需要考虑到在与劳动者相处中的注意事项。这里结合法律规定重点介绍五个方面，即最低工资、加班、带薪年休假、社会保险、事实劳动关系。

（一）最低工资

《最低工资规定》第三条规定，最低工资标准是指劳动者在法定工作时间或依法签订的劳动合同约定的工作时间内提供了正常劳动的前提下，用人单位依法应支付的最低劳动报酬。

《最低工资规定》第五条规定，最低工资标准一般采取月最低工资标准和小时最低工资标准的形式。月最低工资标准适用于全日制就业劳动者，小时最低工资标准适用于非全日制就业劳动者。

《最低工资规定》第十二条规定，在劳动者提供正常劳动的情况下，用人单位应支付给劳动者的工资在剔除下列各项以后，不得低于当地最低工资标准：

1）延长工作时间工资。
2）中班、夜班、高温、低温、井下、有毒有害等特殊工作环境、条件下的津贴。
3）法律、法规和国家规定的劳动者福利待遇等。

实行计件工资或提成工资等工资形式的用人单位，在科学合理的劳动定额基础上，其支付劳动者的工资不得低于相应的最低工资标准。

劳动者由于本人原因造成在法定工作时间内或依法签订的劳动合同约定的工作

时间内未提供正常劳动的,不适用于该条规定。

最低工资标准的规定主要是为了维护相对弱势群体的权益,通过法律强制规定平衡用人单位和劳动者的地位,所以即使规定了最低工资标准,也不是对劳动者进行一味的保护。否则会给企业造成不必要的成本,因此,在某些情况下,企业可以按照低于最低工资标准的工资水平进行支付。具体情况可以查看当地的工资支付条例及最低工资相关规定。以北京为例,《北京市工资支付规定》第二十一条规定,劳动者患病或者非因工负伤的,在病休期间,用人单位支付不得低于本市最低工资标准80%的病假工资。第二十七条规定,用人单位没有安排劳动者工作的,应当按照不低于本市最低工资标准的70%支付劳动者基本生活费。

典型案例

工资纠纷案

2015年5月20日,大专毕业生林某到A公司应聘保安工作,A公司告知林某,每月工资1300元,如愿意就写一份承诺书,不写承诺书就不聘用。林某为了得到这份工作写下了"同意每月发我工资1300元,决不后悔"的承诺书。当日,林某就被录用,双方并没有签订劳动合同。2016年5月20日,A公司和林某协商解除了劳动关系。次日,林某要求A公司按照每月1620元的标准补发其工资差额(当地最低工资标准为1620元),被A公司拒绝,后林某申请劳动仲裁。劳动仲裁委员会裁决A公司按当地最低工资标准补发林某工资差额部分。A公司不服仲裁裁决,提起诉讼,理由是仲裁裁决违背了民法中"意思自治"原则。

法院认为,林某(被告)与A公司(原告)之间虽然没有签订书面劳动合同,但被告已实际为原告提供劳动并且原告为被告支付了报酬,原、被告之间已经形成了事实劳动关系。劳动者低于最低工资标准领取工资的承诺既不是其真实的意思表示,也违背了法律禁止性规定,此类承诺认定无效,用人单位支付工资必须不低于当地最低工资标准,被告要求原告补发工资差额符合法律规定,应予支持。

(二)加班

加班又称延长工作时间,是指劳动者的工作时数超过法律规定的标准工作时间。加班包括两种类型:一种是劳动者根据用人单位的要求,在法定假日或公休假日从事生产或工作;另一种是劳动者根据用人单位的要求,在标准工作日以外继续从事生产或工作。提到"加班",大家关心的问题主要是加班的时间和加班费,《劳动法》《劳动合同法》《工会法》等对此均做出了具体规定。

1. 加班时间

《劳动法》第四十一条规定，用人单位由于生产经营需要，经与工会和劳动者协商后可以延长工作时间，一般每日不得超过一小时；因特殊原因需要延长工作时间的，在保障劳动者身体健康的条件下延长工作时间每日不得超过三小时，但是每月不得超过三十六小时。

《劳动法》第四十二条规定，有下列情形之一的，延长工作时间不受本法第四十一条规定的限制：①发生自然灾害、事故或者因其他原因，威胁劳动者生命健康和财产安全，需要紧急处理的；②生产设备、交通运输线路、公共设施发生故障，影响生产和公众利益，必须及时抢修的；③法律、行政法规规定的其他情形。

以上是法律对于用人单位与劳动者或工会协商后延长工作时间的规定，这里需要注意的一个重要前提是：用人单位想要延长工作时间，必须征得劳动者的同意。因为正常工作时间以外的时间属于劳动者的个人休息时间，由劳动者自行支配，这是法律赋予劳动者的休息权，所以用人单位安排劳动者加班必须以劳动者自愿为前提，不得强迫或变相强迫劳动者加班，如果用人单位违反法律规定强迫劳动者加班，则会承担相应的法律责任。《劳动合同法》《劳动法》《工会法》也在这方面做出了相应的规定。

《劳动合同法》第三十一条规定，用人单位应当严格执行劳动定额标准，不得强迫或者变相强迫劳动者加班。

《劳动法》第四十一条规定，用人单位由于生产经营需要，经与工会和劳动者协商后可以延长工作时间。

《劳动法》第四十三条规定，用人单位不得违反本法规定延长劳动者的工作时间。

《劳动法》第九十条规定，用人单位违反本法规定，延长劳动者工作时间的，由劳动行政部门给予警告，责令改正，并可以处以罚款。

《工会法》第二十二条规定，企业、事业单位违反劳动法律、法规规定，有下列侵犯职工劳动权益情形，工会应当代表职工与企业、事业单位交涉，要求企业、事业单位采取措施予以改正；企业、事业单位应当予以研究处理，并向工会做出答复；企业、事业单位拒不改正的，工会可以请求当地人民政府依法做出处理：①克扣职工工资的；②不提供劳动安全卫生条件的；③随意延长劳动时间的；④侵犯女职工和未成年工特殊权益的；⑤其他严重侵犯职工劳动权益的。

需要注意的是，《劳动法》还规定了用人单位不得安排"特殊劳动者"加班，无论劳动者是否自愿，都不能安排加班。

《劳动法》第六十一条规定，对怀孕七个月以上的女职工，不得安排其延长工作时间。

《劳动法》第六十三条规定，不得安排女职工在哺乳未满一周岁的婴儿期间……延长工作时间和夜班劳动。

《女职工劳动保护特别规定》第六条第二款规定，对怀孕七个月以上的女职工，用人单位不得延长劳动时间……并应当在劳动时间内安排一定的休息时间。

《女职工劳动保护特别规定》第九条第一款规定，对哺乳未满一周岁婴儿的女职工，用人单位不得延长劳动时间。

2. 加班费

加班不是劳动者的法定义务，更不是无偿的，用人单位安排劳动者加班的，需安排补休或者依法支付加班费。

《劳动合同法》第三十一条规定，用人单位安排加班的，应当按照国家有关规定向劳动者支付加班费。

《劳动法》第四十四条规定，有下列情形之一的，用人单位应当按照下列标准支付高于劳动者正常工作时间工资的工资报酬：①安排劳动者延长工作时间的，支付不低于工资的150%的工资报酬；②休息日安排劳动者工作又不能安排补休的，支付不低于工资的200%的工资报酬；③法定休假日安排劳动者工作的，支付不低于工资的30%的工资报酬。

根据《劳动法》第四十四条的规定可知，加班费的计算基数是"劳动者正常工作时间工资"。在实践中操作时，有约定的按约定，没有约定或约定不明确的，一般以实际工资作为加班费的计算基数。实际工资是指用人单位直接支付给劳动者的基本工资、岗位工资、奖金等，原则上不包括超过一个工资支付周期的奖金、高温津贴等各类津贴、房补餐补等各类补贴以及福利工资等。

关于补休和加班费，用人单位是否可以自由选择也是分情况的。如果是安排休息日加班的，用人单位可以安排补休，也可以计发加班费，即"二选一"，至于是选择安排补休还是选择支付加班费，用人单位可以单方面决定，也可以与劳动者协商后确定，法律没有强制规定。需要说明的是，休息日并非一定是周六、周日。如果是安排工作日加班和法定休假日加班的，则不得安排补休，只能计发加班费，且安排法定休假日加班的，用人单位所支付的3倍加班费，不包含法定休假日本身的工资，用人单位还应支付法定休假日本身的工资。关于法定节假日具体包括的日期，《全国年节及纪念日放假办法》第二条做出了规定，全体公民放假的节日：①元旦，放假1天（1月1日）；②春节，放假3天（农历正月初一、初二、初三）；③清明节，放假1天（农历清明当日）；④劳动节，放假1天（5月1日）；⑤端午节，放假 1 天（农历端午当日）；⑥中秋节，放假 1 天（农历中秋当日）；⑦国庆节，放假 3 天（10 月 1 日、2 日、3 日）。

（三）带薪年休假

带薪年休假是指劳动者连续工作一年以上（既包括劳动者在同一用人单位连续工作满一年以上的情形，也包括劳动者在不同用人单位连续工作满一年以上的情形），就可以享受一定时间的带薪年休假。

《职工带薪年休假条例》第二条规定，企业、团体、企业、事业单位、民办非企业单位、有雇工的个体工商户等单位的职工连续工作 1 年以上的，享受带薪年休假。单位应当保证职工享受年休假。职工在年休假期间享受与正常工作期间相同的工资收入。

《职工带薪年休假条例》第三条规定，职工累计工作已满 1 年不满 10 年的，年休假 5 天；已满 10 年不满 20 年的，年休假 10 天；已满 20 年的，年休假 15 天。国家法定休假日、休息日不计入年休假的假期。

《企业职工带薪年休假实施办法》第六条规定，职工依法享受的探亲假、婚丧假、产假等国家规定的假期以及因工伤停工留薪期间不计入年休假假期。

《企业职工带薪年休假实施办法》第九条规定，用人单位根据生产、工作的具体情况，并考虑职工本人意愿，统筹安排职工年休假。用人单位确因工作需要不能安排职工休年休假或者跨 1 个年度安排年休假的，应征得经职工本人同意。

《企业职工带薪年休假实施办法》第十条规定，用人单位经职工同意不安排年休假或者安排职工休假天数少于应休年休假天数的，应当在本年度内对职工应休未休年休假天数，按照其日工资收入的 300% 支付未休年休假工资报酬，其中包含用人单位支付职工正常工作期间的工资收入。

《企业职工带薪年休假实施办法》第十五条规定，用人单位不安排职工休年休假又不依照条例及本办法规定支付未休年休假工资报酬的，由县级以上地方人民政府劳动行政部门依据职权责令限期改正；对逾期不改正的，除责令该用人单位支付未休年休假工资报酬外，用人单位还应当按照未休年休假工资报酬的数额向职工加付赔偿金；对拒不执行支付未休年休假工资报酬、赔偿金行政处理决定的，由劳动行政部门申请人民法院强制执行。

《职工带薪年休假条例》第四条规定，职工有下列情形之一的，不享受当年的年休假：（一）职工依法享受寒暑假，其休假天数多于年休假天数的；（二）职工请事假累计 20 天以上且单位按照规定不扣工资的；（三）累计工作满 1 年不满 10 年的职工，请病假累计 2 个月以上的；（四）累计工作满 10 年不满 20 年的职工，请病假累计 3 个月以上的；（五）累计工作满 20 年以上的职工，请病假累计 4 个月以上的。

> **典型案例**
>
> **未休年假工资纠纷案**
>
> 　　2015 年 10 月 21 日，张某和 L 医院签订书面劳动合同，约定合同期限自 2015 年 11 月 1 日至 2018 年 10 月 31 日，工资标准不低于当地最低标准并通过银行转账的方式发放。后 L 医院因张某生病请假手续不符合医院的规章制度于 2017 年 3 月 30 日向张某邮寄解除劳动合同通知，张某认可。后张某于 2017 年 6 月 2 日提起劳动仲裁，要求 L 医院支付未休年假工资，仲裁裁决 L 医院向张某支付 2016 年度未休年假工资 1650.12 元，双方均不服，提起诉讼。一审法院做出判决，L 医院向张某支付 2016 年度未休年假工资 4597 元。

（四）社会保险

社会保险是指国家为了预防和强制社会多数成员参加的，具有所得重分配功能的非营利性的社会安全制度。社会保险的主要项目包括养老保险、医疗保险、失业保险、工伤保险、生育保险。

《劳动法》第七十二条规定，社会保险基金按照保险类型确定资金来源，逐步实行社会统筹。用人单位和劳动者必须依法参加社会保险，缴纳社会保险费。

《劳动合同法》第三十八条第三项规定，用人单位未依法为劳动者缴纳社会保险费的，劳动者可以解除劳动合同。

《劳动合同法》第四十六条第一项规定，劳动者依照本法第三十八条规定解除劳动合同的，用人单位应当向劳动者支付经济补偿。

《劳动合同法》第四十七条规定，经济补偿按劳动者在本单位工作的年限，每满一年支付一个月工资的标准向劳动者支付。六个月以上不满一年的，按一年计算；不满六个月的，向劳动者支付半个月工资的经济补偿。劳动者月工资高于用人单位所在直辖市、设区的市级人民政府公布的本地区上年度职工月平均工资三倍的，向其支付经济补偿的标准按职工月平均工资三倍的数额支付，向其支付经济补偿的年限最高不超过十二年。本条所称月工资是指劳动者在劳动合同解除或者终止前十二个月的平均工资。

典型案例

因社会保险引发劳动纠纷案

2013年11月2日,韦某入职Y冷冻厂,双方签订《临时用工协议书》,约定基本工资报酬为1375元,同时韦某还签订了《承诺书》,承诺自愿放弃社会保险,由公司将购买社保中公司应负担的部分费用补贴韦某。2015年7月1日,韦某因加班工资问题与Y冷冻厂发生争议,之后未返回Y冷冻厂工作。2016年1月5日,韦某向当地仲裁委申请仲裁,要求Y冷冻厂向其支付因未给劳动者购买社会保险而解除劳动关系的经济补偿5800元。仲裁审理过程中,Y冷冻厂提出反申请,要求韦某返还公司以"生活福利""社会福利"名义多发的款项13 507.36元。2016年3月1日,仲裁委做出裁决:Y冷冻厂向韦某支付因未给劳动者购买社保而解除劳动关系的经济补偿5403.26元,同时韦某需返还Y冷冻厂以"社会福利"名义发放的款项3064.92元。

(五) 事实劳动关系

前面我们已经初步了解了什么是事实劳动关系,如何认定构成事实劳动关系,这一部分我们将结合法律条文来了解劳资双方建立或形成事实劳动关系后,用人单位所面临的风险。

1) 支付双倍工资的风险。《劳动合同法实施条例》第六条规定,用人单位自用工之日起超过一个月不满一年未与劳动者订立书面劳动合同的,应当依照劳动合同法第八十二条的规定向劳动者每月支付两倍的工资,并与劳动者补订书面劳动合同;劳动者不与用人单位订立书面劳动合同的,用人单位应当书面通知劳动者终止劳动关系,并依照劳动合同法第四十七条的规定支付经济补偿。前款规定的用人单位向劳动者每月支付两倍工资的起算时间为用工之日起满一个月的次日,截止时间为补订书面劳动合同的前一日。《劳动合同法实施条例》第七条规定,用人单位自用工之日起满一年未与劳动者订立书面劳动合同的,自用工之日起满一个月的次日至满一年的前一日应当依照劳动合同法第八十二条的规定向劳动者每月支付两倍的工资,并视为自用工之日起满一年的当日已经与劳动者订立无固定期限劳动合同,应当立即与劳动者补订书面劳动合同。

2) 终止和解除事实劳动关系的风险。事实劳动关系建立容易解除难,用人单位如果想终止和解除事实劳动关系,稍不留神,就会构成违法辞退。事实劳动关系没有试用期。但在实践中会有部分用人单位喜欢钻法律空子,在劳动者入职时,为了避免签订劳动合同，往往会和劳动者口头或书面约定几个月的试用期合同，一旦试用期快要到期，就毫不犹豫以试用期不符合录用条件为由和员工解聘。但《劳动合同法》第十九条规定，试用期包含在劳动合同期限内。劳动合同仅约定试用期的，试用期不成立，该期限为劳动合同期限。所以，用人单位的此行为是违法的。

事实劳动关系没有签订书面合同，但又符合构成劳动关系的其他条件，当劳动者与用人单位发生纠纷时，仲裁或法院往往会认定构成劳动关系，那么上述的支付双倍工资，签订无固定期限的劳动合同、因试用期产生的纠纷都会成为用人单位的风险，即使用人单位与劳动者口头约定的实际内容是符合法律规定的，也没有书面证据。所以，大学生在创业的过程中应该认知并防范此类风险。

二、创新创业中作为雇主的责任与风险

雇佣关系是指在雇主和受雇人达成契约的基础上，由受雇人向雇主提供劳务，雇主支付相应报酬而形成的权利义务关系。雇佣合同在我国法律中没有明确规定，既可以是口头的，也可以是书面的。

我国目前法律规定且经常涉及的雇佣关系纠纷中的损害赔偿主要有两种：一种是雇主损害赔偿纠纷，是指雇主对雇员在执行职务中造成第三人损害依法应承担的责任，又称雇员致害责任；另一种是雇员受害赔偿纠纷，是指雇员在完成雇主所交付的工作任务中，使自己遭受损害，雇主因此而承担的民事责任。雇佣关系纠纷中的损害赔偿民事责任存在侵权责任与违约责任的重合问题，在这里我们不做过多扩展，主要讲解受害人选择以侵权责任追究雇主责任的情况。

《民法典》第一千一百九十一条规定，用人单位的工作人员因执行工作任务造成他人损害的，由用人单位承担侵权责任。用人单位承担侵权责任后，可以向有故意或者重大过失的工作人员追偿。劳务派遣期间，被派遣的工作人员因执行工作任务造成他人损害的，由接受劳务派遣的用工单位承担侵权责任；劳务派遣单位有过错的，承担相应的责任。

《民法典》第一千一百九十二条的规定，个人之间形成劳务关系，提供劳务一方因劳务造成他人损害的，由接受劳务一方承担侵权责任。提供劳务一方因劳务受到损害的，根据双方各自的过错承担相应的责任。

根据《民法典》和最高人民法院的有关解释，雇员在从事雇佣活动中致人损害的，雇主应当承担赔偿责任，雇员因故意或者重大过失致人损害的应当与雇主承担连带赔偿责任。雇主承担后可以向雇员追偿。

雇员在从事雇佣活动中遭受人身损害，雇主应当承担赔偿责任。雇佣关系以外的第三人造成雇员人身损害的，赔偿权利人可以请求第三人承担赔偿责任，也可以

请求雇主承担赔偿责任。雇主承担赔偿责任后，可以向第三人追偿。

雇员在从事雇佣活动中因安全生产事故遭受人身损害，发包人、分包人知道或者应当知道接受发包或者分包业务的雇主没有相应资质或者安全生产条件的，应当与雇主承担连带赔偿责任。属于《工伤保险条例》调整的劳动关系和工伤保险范围的，不适用此规定。相较于雇佣关系而言，用人单位对劳动者的承担责任和义务更多，然而用人单位对劳动者的管理权力也更直接和充分。选择何种法律关系，应当根据具体情况和双方的意愿综合考量。

三、创新创业中非标准劳动关系存在的风险

非标准劳动关系的表现形式就是我们通常所说的"灵活用工"和"灵活就业"。从主体的特殊性分析，包括非全日制用工、临时工、派遣工、家庭工、轮班工等。从内容的特殊性分析，包括非全日制劳动关系、派遣劳动关系、多重劳动关系、借用劳动关系等。例如，在职大学生利用周末的时间到面包店工作，家庭妇女在家做一些电子产品组装。很多中小企业或个体组织青睐于灵活用工的方式，节约了管理成本和用人成本，什么时候缺人，缺什么类型的人，就按需找人，但是忽略了非劳动关系存在的劳动风险。这里我们重点讲解非全日制用工、劳务派遣用工两种特殊用工方式存在的法律风险。

1. 非全日制用工

《劳动合同法》第六十八条规定，非全日制用工是指以小时计酬为主，劳动者在同一用人单位一般平均每日工作时间不超过四小时，每周工作时间累计不得超过二十四小时的用工形式。

《劳动合同法》第六十九条规定，非全日制用工双方当事人可以订立口头协议。

《劳动合同法》第七十条规定，非全日制用工双方当事人不得约定试用期。

《劳动合同法》第七十一条规定，非全日制用工双方当事人任何一方都可以随时通知对方终止用工。终止用工，用人单位不向劳动者支付经济补偿。

法律对于非全日制用工的规定是比较宽松的，从法律条文的规定来看，用人单位使用非全日制用工可以降低风险，但是在实践中，使用非全日制用工也存在着相应的风险。如果因未订立书面协议且缺乏考勤记录导致无法证明实际工作时间，很有可能被认定为全日制用工。当非全日制用工劳动者发生工伤事故时，用人单位又未缴纳工伤保险，则会承担工伤赔付风险。

2. 劳务派遣用工

劳务派遣是指劳务派遣单位与接受劳务派遣形式用工的单位（用工单位）根据

有关规定，通过协商签订有关协议，把劳动者派往用工单位并为用工单位提供劳动的用工方式。这就涉及三方关系，即劳务派遣单位、劳动者、用工单位。这里我们主要介绍用工单位的风险。

《劳动合同法》第六十二条规定，用工单位应当履行下列义务：①执行国家劳动标准，提供相应的劳动条件和劳动保护；②告知被派遣劳动者的工作要求和劳动报酬；③支付加班费、绩效奖金，提供与工作岗位相关的福利待遇；④对在岗被派遣劳动者进行工作岗位所必需的培训；⑤连续用工的，实行正常的工资调整机制。

劳务派遣单位与用工单位签订劳务派遣协议，约定人员数量、劳动保障等，劳动者被派到用人单位工作，但工资由劳务派遣单位进行结算。那么，当劳务派遣单位的偿付能力出现问题，无法支付劳动者工资时，就只有用人单位实际承担了。

课堂讨论

你身边有没有出现过本节所讲述的劳动风险？你认为应该怎样防范这些风险？

第三节　创新创业中应对劳动法律风险的建议

一、签订书面合同

书面合同是建立劳资双方关系的基本形式。以书面合同作为建立劳资双方关系的基本形势是世界各国的普遍做法。这是由于劳动过程是非常复杂的，不同行业的用人单位和劳动者的权利和义务各不相同，法律不可能做到面面俱到，只能对共性问题做出规定，更为具体的权利和义务需要用人单位和劳动者通过书面合同予以确定。签订书面合同也可以帮助劳资双方在出现纠纷时能够依据书面合同有效解决，所以大学生在创业的过程中一定要注意，与任何用工方式的职工都要尽可能签订书面合同，避免不必要的风险。根据我国的主要劳资法律关系，这里重点讲解三种书面合同在签订时应该注意的事项，即劳动合同、劳务合同、雇佣合同。

劳动合同是指在遵守法律法规的前提下，劳动者与用人单位之间确立劳动关系、明确双方权利和义务的协议。大学生刚刚创办企业在与劳动者签订劳动合同时，尤其要注意的方面是：①用人单位自用工之日起超过一个月不满一年未与劳动者订立书面劳动合同的，要承担支付双倍工资并补签书面劳动合同的责任。所以，要尽早安排劳动者签订书面劳动合同。②用人单位可以根据合同期限与劳动者约定试用期，但是劳动者在试用期的工资不得低于本单位相同岗位最低档工资的80%或者不得低于劳动合同约定工资的80%，更不得低于用人单位所在地的最低工资标准。③用人单位与劳动者不得在劳动合同法规定的劳动合同终止情形之外约定其他的劳动合同终止条件。

劳务合同与劳动合同是不一样的，它一般是由公民之间、单位之间以及公民与单位之间以完成特定劳动成果或提供一定劳动服务为目的所达成的协议。签订劳务合同时，用人单位应当明确劳资双方的义务和责任，约定好工资待遇、津贴、补助、人身保险以及劳务人员工作、疾病、死亡处理等规定。

雇佣关系具有随意性，自然人与法人之间、自然人之间均可形成雇佣关系。我国法律并未规定雇佣关系必须以书面形式确定。但为了保障双方的权利义务关系，最好签订书面合同。雇佣关系订立相关合同的注意事项是：①明确主体信息。在订立雇佣合同时，明确雇主和雇员双方当事人的身份信息。②明确合同期限及工作任务。③约定报酬及支付方式。④交代必要注意事项。如果雇主对雇员在工作执行中有特殊要求，双方应协商一致并在合同中具体列明。⑤明确双方的权利、义务及违约责任。在合同中详细地就各方的权利、义务及违约责任进行约定。

二、购买社会保险和商业保险

社会保险实质上是一种再分配制度，它的目标是保证物质及劳动力的再生产和社会的稳定，是为了保障劳动者在失去劳动能力后有基本的生活保障。根据《劳动法》和《劳动合同法》的规定，用人单位必须为劳动者缴纳社会保险。如果用人单位不为劳动者缴纳社会保险，劳动者可以提出解除劳动合同，用人单位还需要根据劳动者在单位的工作年限支付经济补偿金。

商业保险是指以营利为目的的保险。商业保险由专业的商业保险公司经营，保险类型分为财产保险、健康保险和人寿保险三种。

虽然国家强制企业为员工购买了社保五险，但是当劳动者遭受人身损害时，通常需要先进行工伤认定，确认是工伤后，社保才会赔付，社会保障作为一种有限赔偿，赔付给劳动者的费用不足以抵付所有费用，所以企业还需承担一部分赔偿费用。若不能认定是工伤，又在上班时间发生意外伤害，所有费用则由企业承担。所以，企业有必要根据实际情况为员工购买商业保险作为工伤意外的双重保障，为企业保驾护航，以此进行企业风险转移，从而起到锦上添花的作用。所以，大学生在创业过程中，可以根据岗位的危险性系数，考虑是否购买商业保险来降低企业风险。

三、正确选择用工模式

根据签订劳动合同的期限不同，用工模式可分为固定期限用工、无固定期限用工和以完成一定工作任务为期限用工。固定期限用工是指用人单位与劳动者签订有终止时间的劳动合同。无固定期限用工是指用人单位与劳动者签订的无确定终止时间的劳动合同。以完成一定工作任务为期限用工是指用人单位与劳动者签订的以某项工作的完成作为合同期限的劳动合同。

根据被聘用劳动者的身份不同，用工模式可分为固定用工、非全日制用工。固定用工须签订劳动合同，享有全部工资、福利、社会保险等待遇。非全日制用工又称小时工，是指在同一用人单位平均每日工作时间不超过四小时或者累计每周工作时间不超过二十四小时，工资按小时计发，一般不签订劳动合同，没有社会保险。

根据工作制度不同，用工模式可分为标准工时工作制用工、不定时工作制用工、综合计算工时工作制用工。标准工时工作制用工是指工作时间固定，即每周工作5天，每天工作8小时，每周工作不超过40小时的用工方式。不定时工作制用工是指无法衡量工作时间，需要机动作业或工作，执行弹性工作时间的用工方式。综合计算工时工作制用工是指以周、月、季、年等为周期，综合计算工作时间的用工方式。

用人单位应该根据企业的性质、规模、经营范围、岗位需要来决定采取何种用工方式。大学生在创业过程中可参考以下建议：

1) 与正式员工、临时用工（长期）按照《劳动合同法》的规定建立劳动关系。无论什么企业，都需要一部分正式员工来维持公司的运转。这部分员工是企业的核心竞争力和维护企业日常经营的基础性力量，所在岗位主要是企业固定存在的长期性岗位，主要负责企业的主营业务。

2) 与兼职员工以及每天工作时间较短但需固定使用的员工可以建立非全日制用工关系。法律没有明确非全日制用工的合同方式，企业可以根据实际情况决定采用何种形式，但是在条件允许的情况下订立书面合同，这可以防范前文提到的非全日制用工可能产生的风险；非全日制用工可以自由约定不低于当地小时最低工资标准的工资，任何一方均可以随时单方解除劳动关系，且企业解除劳动关系也不需要支付经济补偿。这与全日制用工相比降低了许多风险，而且便于控制用工成本。企业的订单量突然增加或者只在某些固定时段工作量增加，可以招聘一些兼职工。

3) 对于辅助性、替代性、临时性的岗位，可以通过劳务派遣的方式灵活用工。首先，此类用工模式使用工单位不必增加专门的人力资源管理人员或机构对非正式员工进行管理，可大幅降低常规性人力资源管理费用支出；其次，用工单位可以根据公司实际需要，依据岗位效益、市场工资价格灵活地调整工资标准，这可以降低企业的用工成本。

课后实践

查找并阅读《劳动法》《劳动合同法》《工伤保险条例》，并尝试帮助同学、朋友解决所遇到的劳动纠纷。

练习题

一、判断题

1. 用人单位可以不与劳动者签订书面合同，口头约定就行了。（　　）
2. 企业可以不为全日制工购买社会保险和商业保险。（　　）
3. 企业可以让员工节假日加班，安排补休就可以了。（　　）

二、简答题

1. 劳动关系、劳务关系和雇佣关系的区别是什么？
2. 如何选择用工模式？

拓展阅读

创业者如何化危为机，顺利实现就业创业？

近年来，新冠肺炎疫情席卷了世界的每一个角落，我国也受其影响。在非常时期，为鼓励创业，国家采取非常举措，相继出台了一系列优惠政策。面对当前就业压力，地方政府也大力鼓励大学生创业，各地根据自身实际情况相继出台了扶持措施。

创业者要用好用足国家的就业创业优惠政策。例如，常态化疫情防控之下，如何持续激发市场活力、保住万千市场主体、支持高校毕业生等重点群体创业就业？2020年7月15日召开的国务院常务会议有针对性地推出了四条举措：[一]

1）在加大对创业创新主体的支持方面，中央预算内投资安排专项资金支持"双创"示范基地建设。盘活闲置厂房、低效利用土地等，加强对"双创"重点项目支持。政府投资的孵化基地等要将一定比例场地，免费向高校毕业生、农民工等提供。对首次创业并正常经营1年以上的返乡入乡创业人员，可给予一次性创业补贴。北京大学教授刘怡认为，这既为大众创业、万众创新搭建了平台，又为高校毕

[一] 刘红霞：《国务院推出四条举措力促大众创业万众创新》，载中国政府网2020年7月15日，http://www.gov.cn/zhengce/2020-07/15/content_5527177.htm。

业生等重点群体创业就业降低了成本,是非常务实的安排。

2)要鼓励"双创"示范基地建设大中小企业融通、跨区域融通发展平台。建设专业化科技成果转化服务平台。

3)支持创业创新,金融不可或缺。要鼓励金融机构开展设备融资租赁和与创业相关的保险业务。取消保险资金开展财务性股权投资行业限制,在区域性股权市场开展股权投资和创业投资份额转让试点。

4)要实施创业带动就业示范行动,推动企业、"双创"示范基地、互联网平台联合开展托育、养老、家政、旅游、电商等创业培训,引导择业观念,拓展就业空间。

就在此会议召开的同一天,13个部门公布了《关于支持新业态新模式健康发展 激活消费市场带动扩大就业的意见》,提出积极培育新个体经济,支持微商电商、网络直播等多样化的自主就业、分时就业。

类似的这些优惠政策,创业者如能用好用足,就业创业之路就会宽广许多。

第七章 大学生创新创业中常见的法律纠纷类型与化解

知识路标

青年创客们,本章我们一起来学习解决以下几个问题:

1) 大学生创新创业中的常见法律纠纷有哪些?
2) 大学生创新创业中常见法律纠纷的化解途径有哪些?
3) 大学生创新创业中知识产权侵权纠纷有哪些及如何化解?

时事引线

2018年3月29日上午,湖北大学生创新创业知识产权维权援助中心在中南财经政法大学揭牌成立。该中心由团省委、省知识产权局和中南财经政法大学共同设立,将组建专业维权志愿服务团队,对大学生创业者提供知识产权保护研究、咨询、法律维权和培训服务。这也是全国首个针对大学生和知识产权维权设立的组织。其中,4年6次维权的创业者李恒成为志愿服务代表。李恒在武汉科技大学读书期间研发出一种"高空喷淋降尘系统",申请到国家专利并开始了创业之路,成立了毳雨环保科技公司,生产的防扬尘装置服务于全国数百个工地。然而,武汉某环保公司模仿生产了塔吊喷淋装置,并对外销售。李恒以该公司涉嫌侵犯其专利权为由,先后向武汉市科技局(知识产权局)等多家机构投诉,历尽坎坷。

李恒表示:"成立大学生创新创业知识产权维权援助中心太有必要了。大学生知识产权维权意识低,况且大学生资金有限,即使遇到侵权情况,因维权渠道不明、请律师成本高、流程长、举证困难等,往往不了了之,对创业很不利。"[⊖] 因而,大学生在创新创业中需要对常见的法律纠纷有更多的了解,并掌握主要的化解之道。

第一节 大学生创新创业中常见的法律纠纷类型

随着信息技术的高速发展,大学生创新创业进入"互联网+"时代,各种法律主体关系也越发复杂,进行各项交易活动难免出现纠纷,法律纠纷是指平等主体之间发生的,以权利、义务为内容的社会纠纷,

---

⊖ 《4年6次维权,武汉创业大学生成了"维权先锋"》,载《楚天都市报》百度公众号2018年3月30日,https://baijiahao.baidu.com/s?id=1596318090100798869&wfr=spider&for=pc。

通常有民事纠纷、刑事纠纷和行政纠纷等。

在"大众创业、万众创新"的浪潮中，涌现出很多青年投身创新创业的事业中，为推动社会经济发展带来巨大力量，但创新创业之路荆棘丛生，遇到的法律尴尬时有发生，你有没有做好应付可能出现的各种法律纠纷的准备呢？本节我们一起来了解大学生在创新创业中常见的法律纠纷。

其实，要了解大学生创新创业中常见的法律纠纷有哪些并不难，我们可以回顾整个创新创业实践过程中可能与我们产生法律关系的主体。例如，在创新科研成果上涉及知识产权纠纷，在公司筹备期间与股东或因场地租赁产生的经济纠纷，在注册登记或者备案时产生的行政争议，以及企业内部员工的劳动争议，等等。为了更好地理解，我们从行政争议、劳动争议、经济纠纷这三种主要类型进行探索。

创业箴言

思维方式决定我们认知世界的方式，创业思维是不拘泥于有限资源，在不确定环境下进行价值创造的思维方式。

一、行政争议

大学生在创新创业的过程中需要与各职能部门产生关系，例如筹备期间要准备企业登记注册、审批、纳税等，而行政机关是拥有行政职权的管理者，这样就难免与其发生行政争议。行政争议是指行政机关行使行政职权行为所引起的争议，是以实施行政行为的国家行政机关为一方，以作为该行政行为相对人的公民、法人或者其他组织为另一方，针对行政机关实施的具体行政行为是否合法（包括适当）而发生的争议。

行政争议的构成要件包括：①争议的一方必须是实施具体行政行为的行政机关。没有行政机关作为一方争议当事人的争议不是行政争议。②争议的对象必须是行政机关实施的具体行政行为。不是针对具体行政行为的争议不是行政争议。③争议要解决的问题是确定具体行政行为是否合法。不以合法性（包括适当性）为争议目的的争议不是行政争议。根据我国法律规定，行政争议主要通过行政复议和行政诉讼途径予以解决。随着我国营商环境的不断优化，行政争议在创新创业活动中出现的频率趋于减少。

典型案例

王某与某区市场监督管理局撤销公司登记纠纷监督案[一]

基本案情： 2018年8月，浙江王某在购买车票时发现自己被纳入限制高消费名单，经查询后得知，2010年12月，他人使用王某遗失的身份证在某区市场监督管理局登记设立某设计咨询有限公司（简称咨询公司），王某被登记为公司法定代表人。2016年因咨询公司欠款未还，王某作为法定代表人被法院列为限制高消费的失信被执行人。2018年11月，王某向该区市场监督管理局申请撤销登记，该局未予同意。后王某申请笔迹鉴定，鉴定结论显示公司注册的登记资料和委托书上的"王某"签名均非其本人书写。

2019年3月，王某向该区人民法院提起行政诉讼，要求判令该区市场监督管理局撤销公司登记。因公司设立登记发生在2010年，法院认为已超过行政诉讼起诉期限，按照法律规定应当驳回起诉，无法就王某身份证是否被冒用进行实体审理，但王某提交的证据又表明其身份证被冒用的情况确实存在，如果直接驳回起诉，王某就失去了救济途径。审判工作因此陷入困境。

为解决审判难题，该区人民法院邀请该区人民检察院参与该案调处工作。该区人民检察院认为，本案存在因超过起诉期限而无法通过法院判决对实体权利进行救济的情形，且身份信息被冒用的情况屡有发生，不仅严重侵害被冒用人员的合法权益，更严重扰乱社会管理秩序，侵害社会公共利益，遂决定开展行政争议实质性化解工作，于2019年11月18日向该区市场监督管理局发出依法启动公示和调查程序的检察建议，同时将检察建议抄告该区人民法院。

该区市场监督管理局收到检察建议后，按照规定启动了公示调查程序，在国家企业信用信息公示系统上公示拟撤销王某名下咨询公司登记的决定。该区人民法院将相关情况告知王某后，王某认为其诉讼目的已经实现，故自愿申请撤回起诉。

案例分析：

本案中，咨询公司涉嫌冒用王某丢失的身份证骗取公司登记，侵害了王某的合法权益，严重扰乱了正常的公司登记秩序。该区市场监督管理局在知情后，对于王某的撤销登记申请应按规定启动公示调查程序，并依法做出撤销或不予撤销登记的决定，但其未依法履职，因此与王某发生行政争议，后在该区人民检察院的介入下，及时进行补救，正确履行了应尽职责。

二、劳动争议

劳动争议是指劳动关系双方当事人因实现劳动权利和履行义务而发生的纠纷。我们可以从以下几个特征来更好地理解这个概念：①劳动争议的主体一方是用人单

[一] 案例来源：最高人民检察院第七检察厅2020全国首批行政争议实质性化解典型案例。

位,另一方必须是劳动者,例如某校教师和该校之间、某米粉店和该店员工之间;②劳动争议主体之间必须存在劳动关系,例如学校聘请老师担任教学工作;③劳动争议是在劳动关系存续期间发生的;④劳动争议的内容必须与劳动的权利、义务内容相关,这些内容主要包括工资、工时、劳动保险、劳动保护、劳动福利、职业培训、奖励惩罚等。

据劳动管理部门发布的信息,近几年全国劳动争议的案件数量呈大幅攀升趋势,企业因裁员、辞退员工、工资社保待遇等问题引发的劳务纠纷案例越来越多,这对大学生创新创业依法处理劳动争议的能力提出了更高要求。

典型案例

劳动关系是否成立纠纷案

小张在大二下学期就到某公司实习,在此期间他所从事的工作与其他员工无异,但一直未与公司签订劳动合同。一直到大四即将毕业,小张因为加班费、车补等问题与公司产生了分歧,打算离开公司。因为公司没有与他签订劳动合同,他要求公司给予双倍工资的赔偿,经调解不成,将公司告上法庭,要求法院认定他与公司之间存在事实劳动关系并支付赔偿金。法院经审理认为,小张在公司的工作性质属于实习,并且在工作之初公司就知晓小张的在校生身份,故驳回小张的诉讼请求,判定劳动关系不成立。

案例分析:

在校生要在工作之初就明确自己的身份是实习生还是劳动者。《劳动合同法》中有关"劳动者的主体"部分并未将在校生排除在外,如果双方劳动合同不违反意思自治的原则与《劳动合同法》中的强制性规定,那么签订的劳动合同就是有效的。这份劳动合同与普通的劳动合同无异。在校生可依约保护自己的权益。至于合同中的相关细节,双方可自主约定,这无关整体劳动合同的有效性。但是,如果在校生没有与用人单位签订劳动合同,就很可能难以与用人单位产生正式的劳动法律关系。有很多资料显示,关于在校生与用人单位之间的纠纷,法院大多没有认定存在事实劳动关系,只有那些用人单位不知晓其在校生身份,并且与正式员工同工同酬的,才成立事实劳动关系。

三、经济纠纷

经济纠纷是指在经济法领域发生的各种法律纠纷。经济法体系庞杂,涉及的法律有《公司法》《价格法》《反不正当竞争法》《消费者权益保护法》等,涉及的法律关系宽泛,所以大学生创新创业期间一般的法律纠纷都属于经济纠纷范畴,经济纠纷有两大类：一类是合同纠纷，也是主要经济纠纷，包括租赁合同、买卖合同、承揽合同、技术合同等；另一类是这几年在创新创业过程中比较常见的经济侵权纠纷，如知识产权（商标权、专利权）侵权纠纷（详见第四章第三节）、所有权侵权纠纷、经营权侵权纠纷等。

创新创业活动中涉及各种主体关系，难免产生纠纷和争议，以上劳动争议、行政争议以及经济纠纷是大学生创新创业中常见的法律纠纷。

典型案例

大学生创业违约需赔偿

2018年3月，厦门某高校大学生阿伟与老陈签订一份《咖啡厅承包经营协议书》。双方约定：老陈将学校食堂的咖啡厅承包给阿伟经营，期限为30个月，承包金为每月20 500元。如果阿伟未按照约定缴纳保证金或缴纳承包金逾期30天以上，老陈有权解除合同，没收保证金。同时，他们还约定，双方发生单方面、无正当理由解除协议等违约行为，违约方应向对方支付赔偿金10万元。签约后，阿伟按照约定支付了两个月的承包金41 000元、保证金20 500元。

随后，阿伟开始了创业生涯。但好景不长，咖啡厅出现了经营危机。2018年7月，阿伟关店停业，并不再缴纳承包金。老陈向阿伟发出法律意见函，要求其按合同约定履行合同，支付承包金。但阿伟收到函件后，依然未支付承包金。

老陈遂将阿伟起诉至厦门J法院，诉请确认双方签订的《咖啡厅承包经营协议书》于2018年7月1日解除，阿伟向老陈支付至2018年6月期间欠付的承包金，赔偿老陈2018年7月的履行合同预期可得利益20 500元并承担违约金10万元及返还会员卡费用11 704元等。

原、被告在庭审中围绕拖欠的承包金、违约金及承包期间发生的债权债务处理问题展开激烈辩论。法庭辩论阶段，原、被告双方围绕争议焦点，分别发表了自己的观点。原告认为，被告须依约支付承包金和违约赔偿。被告认为，违约金约定过高，请求减轻违约责任。

法院认为，因阿伟延迟支付承包金，致使合同不能履行，老陈有权依约解除合同，阿伟应按照法律规定和合同约定承担违约责任。

关于违约金与违约损失方面，阿伟交付给老陈的20 500元虽表述为"保证金"，但实质上具备违约定金的性质。阿伟提出违约金约定过高的抗辩，符合法律的规定，应予准许。

据此，法院判决，原被、告双方订立的《咖啡厅承包经营协议书》于2018年7月1日解除，阿伟共计应支付与赔偿老陈承包金及各项损失5万余元。

第二节　大学生创新创业中常见的法律纠纷化解

创业活动是充满不确定性的商业活动，在商业活动的进程中稍有不慎就会发生法律纠纷。当法律纠纷发生时，创业者也不必紧张，尤其是大学生创业者，及时了解法律纠纷的解决途径，为创新创业增添一份信心。一般来说，法律纠纷的解决方式有以下几种：

一、调解

调解是指双方或多方当事人就争议的实体权利、义务，在人民法院、人民调解委员会及有关组织主持下，自愿进行协商，通过教育疏导，促成各方达成协议、解决纠纷的办法。在创新创业的过程中，当事人即便不能协商一致，在诉讼前还可以要求进行调解。调解一般由当事人双方共同主管部门，或者当事人可协商确定一方最直接的上级主管部门调解。调解同样具有法律效力，调解之后双方形成调解书，同样具备法律效力。相关的法律、法规、规章有《中华人民共和国人民调解法》《人民调解工作若干规定》《最高人民法院关于人民法院民事调解工作若干问题的规定》，以及最高人民法院、最高人民检察院、公安部等16家单位联合发布的《关于深入推进矛盾纠纷大调解工作的指导意见》等。

二、仲裁

什么是仲裁？从字义上解释，"仲"表示地位居中，"裁"表示衡量、判断，"仲裁"一般是指居中"公断"。仲裁一般是当事人根据他们之间订立的仲裁协议，自愿将其争议提交由非司法机构的仲裁员组成的仲裁庭进行裁判，并受该裁判约束的一种制度。仲裁活动和法院的审判活动一样，关乎当事人的实体权益，是解决民事争议的方式之一。

创业箴言

对于创业者而言，知识的本质是让混沌的人生变得清晰。

仲裁有劳动争议仲裁和经济纠纷仲裁。劳动争议仲裁是指劳动争议仲裁机构对劳动争议当事人争议的事项，根据劳动方面的法律、法规、规章和政策等的规定，依法做出裁决，从而解决劳动争议的一项劳动法律制度，适用于我国境内的用人单位与劳动者发生的劳动争议，申请仲裁的时效期间为 1 年。仲裁时效期间从当事人知道或者应当知道其权利被侵害之日起计算。经济纠纷仲裁最典型的特征是以当事人双方的自愿选择为前提，并且实行"一裁终局"原则，即仲裁裁决做出后，当事人就同一纠纷再申请仲裁或者向人民法院起诉的，仲裁委员会或者人民法院不予受理。

劳动争议仲裁和经济纠纷仲裁的不同点在于：

1）申请程序不同。经济纠纷仲裁要求双方当事人在事先或事后达成仲裁协议，然后才能据此向选定的仲裁机构提出仲裁申请；而劳动争议仲裁则不要求当事人事先或事后达成仲裁协议，只要是员工对用人单位就合同订立、变更或者休假、福利待遇有争议的，就可以向劳动仲裁机构提出仲裁。

2）仲裁机构设置不同。《仲裁法》规定的仲裁机构主要在直辖市、省会城市及根据需要在其他设区的市设立；而劳动争议仲裁机构主要在省、自治区的市、县设立，或者在直辖市的区、县设立。

3）裁决的效力不同。《仲裁法》规定经济纠纷仲裁实行"一裁终局制度"；劳动争议仲裁，当事人对裁决不服的，除《劳动争议调解仲裁法》规定的几类特殊劳动争议外，可以向人民法院起诉。

典型案例

劳动争议仲裁有申请时限

某高校毕业生小张通过参加招聘会找到一份不错的工作，双方签订了劳动合同，正式建立劳动关系后，小张发现用人单位并没有依照劳动合同所约定的承诺支付劳动报酬。小张多次与用人单位交涉未果，随后，其与用人单位大吵一顿，甩袖而去。事隔 3 个月后，小张欲通过法律途径维护自己的合法权益，被告之已错失法律的最佳保护时机。

案例分析：

现行法律对劳动争议的解决有特殊的规定。首先，《劳动法》第七十七条规定，用人单位与劳动者发生劳动争议，当事人可以依法申请调解、仲裁、提起诉讼，也可以协商解决。其次，《劳动法》第八十二条规定，提出仲裁要求的一方应当自劳动争议发生之日起 60 日内向劳动争议仲裁委员会提出书面申请。仲裁裁决一般应在收到仲裁申请的 60 日内做出。对仲裁裁决无异议的，当事人必须履行。再次，根据《劳动法》第七十九条规定的精神，劳动争议案件经过劳动争议仲裁委员会仲裁是提起诉讼的必经程序。当事人不服劳动争议仲裁委员会做出的劳动争议仲裁，可以自收到仲裁裁决书起 15 日内向人民法院提起民事诉讼。所以，本案中的小张通过协商、调解的方式与用人单位无法解决因合同的履行而引发的劳动争议，他有权利自劳动争议发生之日起 60 日内依法提起仲裁申请，但由于欠缺法律常识，小张在 3 个月后才提起仲裁，已过仲裁时效，也无法提起诉讼。

三、行政申诉与行政复议

行政申诉是指申诉人（公民、法人或其他组织）以书信、走访等形式向国家行政机关及其工作人员反映情况、表达意愿的行为。《消费者权益保护法》第三十九条规定，消费者和经营者发生消费者权益争议的，可以向有关行政部门投诉。

行政复议是指公民、法人或其他组织认为行政机关的具体行政行为侵犯其合法权益，可以按照法定的程序和条件向做出该具体行政行为的上一级行政机关（行政机关所属的人民政府或上一级主管部门）提出申请，受理申请的行政机关应对该具体行政行为进行复查并做出复议决定。

关于行政申诉和行政复议，在近年来的企业经营中已经用得越来越多，成为提请改变行政决定、改进或变更行政行为的有效途径。

四、诉讼

什么是诉讼？从字义上讲，"诉"是告的意思，即告诉、告发、控告；"讼"的基本含义是争或争辩。诉讼是指公民、法人或其他组织在权益受到侵犯或发生争议的情况下，依法以自己的名义向人民法院提起诉讼，要求人民法院予以审判的行为，俗称"打官司"。在我国，一般将诉讼划分为刑事诉讼、民事诉讼、行政诉讼。这三类诉讼由于性质不同，依据的实体法不同，在具体内容和形式上也各有不同。

这里我们将结合《民事诉讼法》《最高人民法院关于民事诉讼证据的若干规定》《诉讼费用交纳办法》等法律规定，了解民事诉讼的注意事项。

1. 如何提起民事诉讼——起诉

当事人的起诉并不必然引起诉讼程序的开始，法院对于不符合法定起诉条件的，则裁定不予受理。所以，起诉必须符合下列条件：①原告是与本案有直接利害关系的公民、法人和其他组织。②有明确的被告。"明确的被告"是指被告的基本情况要清楚，如公民的姓名、性别、年龄、民族、工作单位、住址等，法人或者其他组织的名称、住所地、法定代表人或负责人的姓名等要明确、具体；指控对象要实际存在，已死亡的公民或已注销的法人单位不能作为当事人。③有具体的诉讼请求和事实、理由。④属于人民法院受理民事诉讼的范围和受诉讼人民法院管辖。

2. 起诉状

起诉状的主要内容有当事人的基本情况、案由、诉讼请求、事实与理由等。提交起诉状的同时，还要附上证据及证据清单（写明证据来源、证明对象、证人姓名和住所地等）。

民事起诉状（范本）

原告：姓名、性别、出生日期、民族、住址、电话、邮编

被告：姓名、性别、出生日期、民族、住址、电话、邮编

案由：

诉讼请求：
1. _____
2. _____

事实与理由：
_____
_____
_____

证据和证据来源，证人姓名和住址：
_____
_____

此致
_____人民法院

起诉人：_____
____年____月____日

附：1. 本诉状副本_____份
  2. 证据目录

3. 诉讼管辖

  大学生创新创业活动中提起诉讼应该去哪个法院呢？依据《民事诉讼法》中诉讼管辖相关规定，民事诉讼的管辖主要有以下两种：①级别管辖。基层法院管辖第一审民事案件。中级人民法院直接受理的一审案件有：重大涉外案件，争议标的额

大，或者案情复杂，或者居住地在国外的当事人人数众多的涉外案件；在本辖区内有重大影响的案件以及最高法院确定由中级法院审理的案件。②地域管辖。我国对一般地域管辖实行"原告就被告"原则，即由被告住所地人民法院管辖。此外，还有特殊地域管辖或专属管辖，这是以诉讼标的所在地、法律事实所在地为标准所确定的管辖。例如因不动产纠纷提起的诉讼，由不动产所在地人民法院管辖。

4. 诉讼财产保全

诉讼财产保全是指在民事诉讼中，人民法院为保证将来的判决能得以实现，根据当事人的申请，或者人民法院依职权决定，对当事人争议的有关财物采取临时性强制措施的制度。根据《民事诉讼法》第一百条、第一百零一条的规定，财产保全分为诉讼中财产保全和诉讼前财产保全。大学生在创新创业过程中，如果出现当事人一方恶意抽逃资金，变卖、挥霍、转移、隐藏财产和标的物，以及由于争议标的物自身属性而发生腐烂、变质、毁损的现象，那么，法院判决生效后就无财产可供执行或难以执行。大学生创业者可以申请法院对争议的财产或争议的标的物采取财产保全措施，在一定时期内限制当事人对该项财产的支配、处分权。

需要注意的是，我们申请财产保全，需采取现金担保的，应当提供与请求范围价值相当的现金。采用实物担保的，应当提供与请求范围价值相当的动产或不动产。采用保证人担保的，应向人民法院提交担保书、营业执照副本的复印件、资产负债表、损益表，并应加盖保证人的单位公章。担保书中应明确担保事项和担保金额。

典型案例

诉讼财产保全不当引发纠纷

2014年，A银行因与B公司、C能源公司等被告的借款纠纷，于诉讼过程中向法院申请了财产保全，2014年2月10日，法院做出准予保全的民事裁定书，并于2014年3月3日冻结了C能源公司银行存款4600万元（实际冻结14 538 570.54元）。2014年5月14日，经鉴定，A银行要求C能源公司承担清偿责任的关键书证上所盖的公章与C能源公司的公章不具有同一性。双方对鉴定结论均没有异议。2014年6月，A银行就上述书证的相关当事人涉嫌诈骗向公安机关报案，并于7月向法院申请中止案件审理。法院于2014年9月25日做出判决，驳回A银行要求C能源公司承担清偿责任的诉讼请求。2014年11月12日，A银行向法院书面同意解除对C能源公司的保全措施。法院于2014年11月17日解除前述银行存款冻结。

嗣后，C能源公司认为因A银行错误的诉讼保全行为，导致自己的资金被冻结，影响其资金周转，应承担损害赔偿责任，故在前述判决生效后，于2015年年初向法院提起因申请诉讼财产保全损害赔偿责任纠纷诉讼。要求A银行承担银行存款冻结期间（2014年3月3日至2014年11月17日）的损失（以央行同期贷款利率上浮10%计算）。

一审法院认为，诉讼保全损害使用《侵权责任法》的过错归责原则，不以当事人是否胜诉为前提，A 银行在保全过程中不存在过错，其损害也缺乏事实和法律依据，故驳回了 C 能源公司的诉讼请求。

　　C 能源公司不服一审判决上诉，二审法院认为，A 银行在申请保全时，有相关的书证作为其向 C 能源公司主张债权的依据，故在申请保全时不存在故意或重大过失。但在鉴定结论出具后，A 银行即应知晓其向 C 能源公司主张债权缺乏基础依据，A 银行未在此后合理期间内申请解除对 C 能源公司的财产保全，主观上具有故意或重大过失。C 能源公司作为正常经营的市场经济主体，资金不能周转必然存在损失，故按照央行同期贷款利率与同期存款利息差作为损失金额，符合对损失的预期。 综上，二审法院撤销了一审判决，部分支持了 C 能源公司的诉讼请求。

　　案例分析：
　　诉讼财产保全制度是为了避免判决难以执行或者造成当事人其他损害，依据当事人的申请或法院依职权对对方当事人的财产采取查封、扣押、冻结等保全措施的制度。 诉讼财产保全制度保障了一方当事人的利益，保证了法院依法做出的生效判决能够得到全面履行，维护了司法权威。 在当事人申请诉讼财产保全的情形下，往往出现一方当事人因申请财产保全错误而造成对方当事人财产损害的情况，为了保护对方当事人的利益，法律规定了因申请诉讼财产保全错误的损害赔偿责任，即一方当事人申请诉讼财产保全有错误，使对方当事人遭受损失的，对方当事人有权要求赔偿。 实务中，关于当事人申请保全是否错误、损失范围及计算方式等方面的具体认定标准，法律并无明确规定，人民法院在处理相关法律问题时，应从保障双方当事人合法利益的角度出发，结合案件具体事实做出判决。

5. 诉讼费用

　　诉讼费用是指当事人进行诉讼需要交纳的费用，包括案件受理费、申请费，以及证人、鉴定人、翻译人员、理算人员在人民法院指定日期出庭发证的交通费、住宿费、生活费和误工补贴等其他费用。以一件普通财产案件为例，诉讼请求金额或价额为 20 万元，它的诉讼费至少在 5000 元以上，包括：①案件受理费 4500 元左右（比例可以参照《人民法院诉讼费用管理办法》，不同金额有不同的比例）；②诉讼财产保全申请费、律师费，证人、鉴定人、翻译人员等各项费用。诉讼费用由谁来负担呢？ 一般由原告预交，由败诉方承担，胜诉方自愿承担的除外。部分胜诉、部分败诉的，人民法院根据案件的具体情况决定当事人各自负担的诉讼费用数额。

6. 诉讼答辩、应诉

　　创新创业的过程中难免遇到纠纷，如果突然收到法院送达的原告起诉状、证据、案件受理通知书等材料，成了被告，我们该如何应对呢？作为被告，我们应当在法院规定的期限内进行答辩，并提交足以证明主张的证据；如果认为就双方的争议原告还应当向我们承担法律责任时，我们还可以提起反诉。当然，反诉必须与本诉有联系，例如，甲要求乙返还其走失的牲畜，乙提出反诉，要求甲赔偿乙在饲养该牲畜期间的损失等。

7. 上诉

如果案件审理一审判决后，当事人对审判结果不满意，可以向上一级人民法院提起上诉，请求上一级人民法院再次审理案件。在一审判决书送达之日起15日内、裁定书送达之日起10日内，当事人有权向上一级人民法院提出上诉。如果在法定期限内，双方当事人都没有提出上诉，那么一审裁判即发生法律效力。

大学生在创新创业的过程中需要与各种法律主体产生关系，难免出现利益摩擦或者经济纠纷，及时了解纠纷类型及化解方式，有利于我们更好地应对及解决问题。当然，诉讼是一门复杂、高深的技术，隔行如隔山，所以在树立良好法律意识的同时，我们委托专业的律师办理更加妥当。

典型案例

甲宾馆是否应对债务承担担保责任

2011年6月24日，被告陆某因生意周转缺少资金，向原告沈某借款100万元，当日原告通过银行转账方式交付了该笔借款。借款发生后，被告陆某陆续归还了借款本金40万元，尚余60万元未还。2012年6月23日，原告沈某与被告陆某及徐某、陈某、甲宾馆补签《保证借款合同》一份。合同约定：此次借款金额为60万元，借款期限自2012年6月23日至2012年12月22日止；被告徐某、陈某、甲宾馆为陆某的该次借款提供连带责任保证。

其中，甲宾馆原系由被告陈某投资的个人独资企业。2013年4月22日，被告陈某将该宾馆转让给了周某并进行了投资人变更登记，双方约定宾馆转让之前的债务全部由被告陈某承担。嗣后，陆某未归还该笔借款，原告沈某遂诉至法院要求陆某、徐某、陈某、甲宾馆承担连带清偿责任。那么，甲宾馆是否应对债务承担担保责任？

案例分析：

被告甲宾馆应在其财产范围内对担保债务承担担保责任。个人独资企业作为依法成立的经营实体，以企业名义从事经营活动，享受权利并承担义务。虽然该宾馆的投资人进行了变更且约定变更前的债务由陈某承担，但该约定不能对抗善意第三人，即本案原告。《个人独资企业法》第三十一条规定，个人独资企业财产不足以清偿债务的，投资人应当以其个人的其他财产予以清偿。故被告甲宾馆应在其财产范围内对债务承担担保责任。

课后实践

2016年10月，第二届中国"互联网+"大学生创新创业大赛全国总决赛上，ofo共享单车从全国2110所大学、118 804个创业项目中脱颖而出，最终获得金奖。ofo公司创立于2014年，是国内首家共享单车公司，首创无桩单车出行模式，致力于解决大学校园的出行问题。2016年—2017年，如日中天的ofo曾获得了约14亿美元的5轮融资，但令人唏嘘的是，到2018年以后，ofo却被大批客户告上法庭，最终退出市场。大学生创新创业及触发的法律纠纷一时成为教育界关注热点。

请搜集ofo创业案例资料，分析ofo深陷法律纠纷背后的原因，并评估哪些法律风险可以预防。

练习题

一、判断题

1. 行政争议的一方须是实施具体行政行为的国家行政机关。（　　）
2. 仲裁都是实行"一裁终局"。（　　）
3. 知识产权一般只在有限时间内有效。（　　）

二、简答题

1. 大学生常见的创新创业法律纠纷有哪些？
2. 出现法律纠纷时，大学生应当如何应对？

拓展阅读

大学生创业者专利维权何去何从[一]

一个大学生创业公司的专利维权案，登上了2016年武汉市保护知识产权十大典型案例。

这家被侵权的公司名为武汉某环保科技有限责任公司，核心技术是由武汉科技大学学生李某于2012年在校研发的一种"高空喷淋降尘系统"。该系统通过将水雾化进行高空喷淋，吸附工地现场空气中的灰尘颗粒和杂质，达到润湿地面和防止尘土重新扬起的效果，从而改善城市环境。

武汉市建设科学技术委员会曾专门组织评审，认为该技术成果属国内首创。依托该成果申请到的国家专利，李某在校开始了创业。

[一] 胡林、雷宇：《维权成本高　周期长　举证难　赔偿低——大学生创业者专利维权何去何从》，载《中国青年报》2017年6月21日，第5版。

被侵权获赔 2.8 万元

但在 2016 年 8 月,该公司销售人员发现武汉某环保公司制造了模仿该专利技术的塔吊喷淋装置,并销售给两家公司共 6 套设备,在武汉某大桥和某地铁工地投入使用。

为此,该公司以涉嫌侵犯其专利权为由,向武汉市科技局(知识产权局)申请立案。经调查,武汉市科技局(知识产权局)认定该公司被侵权。

结果是,侵权企业一次性赔偿该公司 2.8 万元。考虑到给环境带来的不利影响,原施工现场继续使用已安装的塔吊喷淋装置。

"这 2.8 万元,也是我们磨破嘴皮才要到的。"李某说,侵权企业一共销售了 6 套设备,每套市场售价 4 万元。"依照《专利法》规定,根据侵权人因侵权获得的收益和处罚标准系数测算合计,至少要赔偿我们 30 万元以上。"

可提出这一要求后,对方就一直以"没钱"等理由拒绝赔偿。李某无奈之下只好一步步妥协,"当面交涉了不下 6 次,可还是一直谈不拢"。从 2016 年 8 月一直拖到年底,对方才答应赔给 2.8 万元。"他们说就这么多,如果不要,尽管去法院告。"

"能赔一点算一点,有总比没有好"

李某一打听,知识产权局只具备行政权,只能认定是否构成侵权,没法核定具体金额并判赔。通过法院走司法程序维权并强制索赔,则至少需要 6 个月,时间长,还要聘请律师,花费更大,迫不得已他们只好接受,"毕竟能赔一点算一点,有总比没有好"。

2017 年 1 月,该公司收到侵权企业的一次性赔付款 2.8 万元。但在武汉市科技局(知识产权局)调解结案前,该侵权企业又向国家知识产权局提出质疑,"赔完又后悔了"。

4 月 26 日,国家知识产权局专利复审委员会在武汉知识产权审判庭 1 号法庭举行了巡回口头审理,将择期公布结果。

这不是李某的公司第一次遭遇专利侵权。"至少遭遇过 5 起。"李某在维权之路上备尝艰辛。

2015 年,河南省安阳市一家建筑企业涉嫌侵犯该公司专利权,产生专利侵权纠纷。"我亲自跑了 3 次,公司人员前后去了不低于 6 趟,花了 5 个月进行取证和维权申请。"李某说,随后该市知识产权局进行多次调解,但双方未达成一致。只能认定该企业行为构成侵权,拆掉了设备。

2016 年 1 月,河北省邯郸市一家建筑企业涉嫌侵犯该公司专利权。该公司花了 3 个月取证、申请维权协调,结果同样还是只能认定该企业侵权,拆掉设备。

"这连我们基本的维权成本都没法弥补,更别谈带来的经济损失。而且,这还是维权后拆掉设备的例子,还有更多的侵权企业根本不理。"李某说道。

谁来帮大学生创业者维权

李某的维权经历不是个案。一直以来,维权成本高、周期长、举证难、赔偿低是制约知识产权司法保护的瓶颈。

武汉某科技企业孵化器有限公司知识产权服务专员邓某说,2012年至今,该园区累计入驻过近600家中小企业,现有的120家科技型企业中大学生创业企业有60家。"它是园区至今唯一维权成功的。"

"最近发布的《浙江省知识产权司法报告》显示,小微企业知识产权被侵犯的案例数据是最多的。"武汉知识产权研究会常务理事蔡祖国分析,"知识产权保护部门力量薄弱,企业本身不愿意选择成本高的维权方式,企业对专利权益了解不全面等是当前小微企业专利维权难的主要原因"。

他表示,"双创"背景下,大学生创业企业不断涌现,知识型创业是最大特点,也是国家经济转型升级的热切期盼。这类企业起点高、成长快,但知识产权侵害却可能直接将其扼杀在摇篮里。

"小微企业维权还是得走司法程序,但难点在证据收集。"蔡祖国建议,在采用诉讼方式维权时,在诉讼地域管辖、证据保全等方面,必须运用专业化的思维方式来处理。可以把所有的侵权方告到同一个法院。"一并起诉,告倒一家就可以产生震慑作用。"

他还呼吁政府加快立法和制度建设,加大侵权处罚力度。为大学生创业提供维权信息服务,帮助搜集证据,减免一部分打官司的费用,分担维权成本。

尽管维权一路艰难,但李某没有放弃,还加大了公司技术研发投入,在他看来,知识才是大学生创业最大的"撒手锏"。

李某介绍,该公司目前有6项发明专利正在申请,"虽然路很长,但我们坚信只要坚持做,希望总在前方"。

补充说明:

上文报道的大学生创业者专利维权事件,引起国务院领导高度重视,国家知识产权局专门派人赴武汉进行相关调研,并深入研究"基于知识产权如何在创新驱动发展中起到保障作用"等深层课题,例如,在"双创"过程中,知识产权权益人的权利如何保护,面临哪些制度性障碍,专利法的修改,制度层面建设如何有力推动"双创",等等。各地知识产权管理部门,高度重视这起案例背后的典型意义,相继成立专门针对大学生创新创业的知识产权援助中心,给予实实在在的咨询、指导和帮助。○

○ 雷宇、胡林:《本报独家报道大学生创业者专利维权艰辛引起重视》,载《中国青年报》2017年7月13日,第5版。

《中国青年报》围绕服务青年就业、创业，近年来除了加强全媒体报道（包括创业维权）、提供决策咨询、搭建中间桥梁外，还逐步转化为实际推动者。例如，通过已构建的覆盖近千所高校的全国创业教育渠道，开展"青年微创业""创业正当时"等线上线下活动，借助"中国青年诚信行动办公室"落户该报的契机，承办"中国国际创新创业博览会"等高端会展、论坛，直接推动高校科技成果转化落地。一大批成功的青年创业家，已在其呵护和支持下成长起来。

第八章 大学生创新创业法律服务与政策保障

知识路标

年轻的创客们，本章会帮你弄明白这些基本问题：
1）大学生创新创业有哪些法律服务和政策保障？
2）大学生创新创业应如何运用这些法律服务和政策？

时事引线

2016年9月26日，《中国教育报》曾对大学生创业资金情况做过一期报道。记者通过走访调查发现，无论是初出茅庐的大学生创业者，还是已经磨炼几年的大学生创业典型或创业典型者，他们对政府扶持政策知之甚少。例如，湖南铁道职业技术学院的学生谭某说："团队成员通常靠参加各种创业大赛获得奖金的办法支撑项目，也有学生拿出了自己的奖学金，甚至生活费，但是基本没有考虑过争取政府资助。"事实上，近年来，国家为了扶持大学生自主创业，出台了一系列优惠扶持政策。在资金政策方面，如"符合条件的大学生自主创业项目，可在创业地按规定申请创业担保贷款，贷款额度为10万元""毕业两年以内的普通高校学生从事个体经营（除国家限制的行业外）的，自其在工商部门首次注册登记之日起3年内，免收管理类、登记类和证照类等有关行政事业性收费"等，同时地方各级政府也有各种相关扶持政策。但是，大学生创业者大多没有认识到这些"创业大礼包"。

上海应用技术大学创业教育研究中心执行主任魏拴成认为，这不仅反映出学生接触社会上提供的创业政策的信息渠道有限，而且也反映出学生收集和利用资源的能力不足。目前，一些来自市场的资金，例如天使投资人，很愿意到学校找项目，但这里面也存在诸多问题，就是学生在法律、财务方面不是很懂，过早就把自己的股份让出去很多，这存在很多风险。由此可见，大学生在创新创业过程中，了解法律和政策具有重要的意义，大学生在创新创业过程中了解法律和政策的重要性，不仅可以降低创新创业的成本，而且还能降低创新创业的风险，提高创新创业的成功率。⊖

第一节 大学生创新创业法律服务

一、大学生创新创业需要全面的法律服务

法律服务有广义和狭义之分。广义的法律服务主要是指具有法律知识的人接受

⊖ 《错过创业优惠政策"创业大礼包"，为何少人领？》，载人民网2016年9月27日，http://edu.people.com.cn/n1/2016/0927/c367001-28742638.html。

委托为他人提供法律帮助的活动，如法律援助服务、基层法律服务、法律课堂服务等。狭义的法律服务主要是指司法行政机关主管的法律服务机构及其工作者，接受当事人委托，以法律知识和诉讼技能向委托人提供法律帮助，维护委托人的合法权益，保障和促进国家法制顺利实现的活动，如律师法律服务、公证员公证服务等。㊀法律服务广义与狭义的根本区别在于，提供服务的主体范围不同。大学生在创新创业过程中，必然涉及许多法律问题，这时就需要法律服务。若在法律服务定义上采用狭义说，显然会限制创新创业过程中大学生寻求法律服务的渠道。因此，本书认为，法律服务应采用广义的定义去理解，这样才能最大化地给予大学生法律帮助。

法律服务制度是公共服务制度的重要组成部分，是保障和改善民生的重要举措，是推动经济社会发展的必然要求，是建设中国特色社会主义法治体系、建设社会主义法治国家，推进国家治理体系和治理能力现代化的重要基础性、服务性和保障性工作。

创业箴言

没有法律的保护，我们的权利将处于"裸奔"状态。

大学生创新创业需要全面的法律服务，因为大学生在创新创业过程中存在主观上的不足及客观上的风险：在主观上，大学生有关创新创业类的法律知识储备不多，容易使自己的创新创业陷入困境；在客观上，大学生创新创业存在诸多法律风险，若没有法律服务的保驾护航，容易导致自己创新创业的失败。只有在创新创业中提供充足的法律服务，才能最大化地确保创新创业的成功。

（一）大学生创新创业的主观不足

闻道有先后，术业有专攻。专业知识并非可以通过短期的学习就能完全获得，因此，不同专业领域的人所具备的知识储备是不同的。这就要求我们在创业的过程中，若遇到专业上的问题，尽量寻求专业人员帮助解决。法学作为一门理论性和实践性都较强的学科，其知识的完全获得与运用绝非短期内可以实现。在不同国家（地区），一名合格的法律人养成所需要的培养时间是不同的。以我国为例，一名基本合格的法律人至少需要三到四年的全日制培养和训练。这就决定了一名合格的创业者不一定是一名合格的法律人，一名合格的法律人也不一定是一名合格的创业者。

整体而言，创新创业的主要目的是创造经济效益和社会效益。因此，创业者除了接触创新所需的专业知识以外，主要接触的是经济、管理等方面的知识。对于法

㊀ 郭俊峰主编：《法律服务管理工作探索》，河南人民出版社2006年版。

律知识，创业者即便有所接触或储备，一开始也难以熟练地运用于创新创业的过程中，因为其并没有受过专门的法学教育训练。从一份调查来看，在大学生创新创业的过程中，有92%的大学生曾经遇到或涉及法律纠纷，但是只有11%的大学生表示有尝试通过法律途径解决纠纷，且只有9%的大学生表示会经常关注国家立法和法律报告。⊖大学生如此低比例地运用法律解决纠纷，与他们在校期间对创业法律知识的学习较少，没有形成创业法律知识的体系，不能用法律思维和方式解决创业中的法律问题，很多时候他们的法律态度不坚定有关。由此可见，大学生在创新创业过程中存在先天不足。此时，法律服务应扮演重要的角色，为大学生创新创业提供帮助。

（二）大学生创新创业的客观风险

1. 创新创业起步阶段的法律风险

创新创业起步阶段的法律风险主要是指大学生创新创业准备过程中存在的法律风险。它一般出现在大学生创新创业经营前的阶段，即为创新创业进行一系列准备的阶段。一般而言，创新创业起步阶段的法律风险包括创新创业形式选择不当、创新创业制度设置不合理等法律风险。

（1）创新创业形式选择不当的法律风险

创新创业形式选择不当的法律风险主要是指创业者在确定创新创业项目、组建创新创业团队之后，在选择创新创业组织形式中所面临的法律风险。在《民法典》《公司法》等部门法中，存在合伙、有限责任公司等可供创业者选择的创业形式，不同创新创业形式所享受的权利及承担的责任有所不同。多样的创新创业形式虽然给予了创业者选择的空间，但是初创者经验的不足，也给其创新创业带来了一定的法律风险。例如，在吉林省东辽县人民法院审理的一起还款案件中，被告是欠款方企业的法人，该企业属于大学生创新创业企业，被告在企业成立之初选择了一人有限责任公司的形式（只有一个自然人股东或者一个法人股东的有限责任公司）。此时，被告欠原告的钱已经超过了公司所有的资产（欠款数额为1 700 000元及利息），在原告起诉被告还款时，被告因为证明不了公司财产独立于自己的财产，故不能适用《公司法》中有限责任的规定，被告只能对公司的债务承担连带责任。⊖在该案中，被告由于对一人有限责任公司的法律风险认识不足，导致自己的个人财产也要用于偿还企业的债务，此种教训何其惨痛。

⊖ 程诚：《论大学生创新创业法律意识的培养策略》，载《佳木斯职业学院学报》2018年第10期。
⊖ 参见吉林省东辽县人民法院（2018）吉0422民初1374号民事判决书。

（2）创新创业制度设置不合理的法律风险

创新创业制度设置不合理的法律风险主要是指在创新创业准备的过程中，创业者由于对各种创新创业制度认识的不足，致使其在创新创业中所设置的管理制度不合理，给自己的创新创业带来法律风险。具体而言，创新创业大学生在创新创业初期往往与合作伙伴关系密切，对企业的合伙协议、公司章程等重要的法律文件缺乏重视，甚至缺少书面合作协议，导致出资方式、股东之间的约束机制、违约责任、企业退出机制等制度设置不合理，为企业以后的经营管理留下了巨大的法律风险。例如，在广东省韶关市武江区人民法院审理的一起案件中，原告与被告通过大学生创新创业计划创办了一个"水果沙拉"的合作项目，双方虽然制定了公司章程，但是内容较为简单，且内容规定存在不合理之处。因此，在原、被告决定终止合作项目时，双方并没有对此项目的经营收入进行独立清算。最后对该项目的剩余款项产生归属纠纷时，因为双方没有进行过相应的独立清算，法院在认定剩余款项数额时存在困难，由此进一步导致原告损失了本应获得的利息收入。⊖由此可见，创新创业制度设置的不合理，将会给自己的利益带来损失。

2. 创新创业经营阶段的法律风险

创新创业经营阶段的法律风险主要是指大学生创新创业经营过程中存在的法律风险。它包括外部风险和内控风险。

（1）外部风险

创新创业经营阶段的外部风险主要是指大学生在创新创业经营的过程中，与其他市场主体或消费者个人发生业务往来所存在的风险。它一般包括创新创业经营中的民事法律风险、刑事法律风险以及行政法律风险。①民事法律风险主要包括在民事领域产生的法律风险。例如，一些创业的大学生见某款手提袋款式新颖，市场销售量大，便自己创业仿制销售该款手提袋，这些大学生在赚取利润的同时，也侵犯了该款手提袋设计者的知识产权。②刑事法律风险主要包括在刑事领域产生的法律风险。例如，在我国，烟草是专营物品，其买卖需要得到相关部门的许可，一些创业的大学生并不知道此规定，便通过微信等平台大量销售香烟，触犯了《刑法》有关非法经营罪的规定。③行政法律风险主要包括在行政管理领域产生的法律风险。例如，纳税是创业经营者的一项义务，然而，有调查发现，从事微商创业的大学生在帮助他人代销或者代购的创业活动中基本没有纳税的意识，事实上也不缴税，这无疑违反了《税收征收管理法》的相关规定，需要承担一定的行政法律责任。

⊖ 参见广东省韶关市武江区人民法院（2018）粤0203民初1799号民事判决书。

（2）内控风险

创新创业经营阶段的内控风险主要是指大学生在创新创业经营的过程中，因内部管理不善所产生的法律风险。此种风险出现的重要原因是管理制度设置的不合理，根本原因是创业者的法律意识淡薄。该风险主要包括创新创业经营管理中出现的各种法律风险，较为常见的内控法律风险有劳动管理、资金管理等方面的法律风险。①劳动管理的法律风险一般出现在劳动合同、劳动保险等方面。例如，有调查发现，在创业之初，大学生创业者几乎没有为合伙人以及雇员购买过保险，一旦发生事故，大学生创业者将背负沉重的赔付负担。②资金管理的法律风险一般出现在经营过程中融资、增资等方面。例如，一些大学生为了扩大经营，需要增加投资，然而由于法律意识的不足，他们选择了"校园贷""裸条贷"等方式，这些产品"套路深、坑多"，表面上门槛低、无担保，但是在实质上，这些产品所设置的诸多条款都不利于大学生创业者。这些产品让大学生背负沉重的还贷负担，最终成为创业大学生的"催命鬼"。

由此可见，大学生在创新创业过程中存在"先天不足，后天不利"的情况，这就要求大学生必须寻求法律服务的帮助，否则，创新创业将难取得成功。

创业箴言

风险无处不在，我们要善于利用法律规避风险，以确保我们能取得成功。

二、大学生创新创业法律服务的主要类型

我国存在形式多样的法律服务，从整体类别上来说，可以分为司法行政机关主管人员、机构的法律服务，以及非司法行政机关主管人员、机构的法律服务。司法行政机关主管人员、机构的法律服务主要是指司法行政机关主管的机构及其工作人员提供的法律服务，典型形式如法律援助、律师服务、公证服务、基层法律服务等。非司法行政机关主管人员、机构的法律服务主要是指不是由司法行政机关主管的机构及其工作人员所提供的法律服务，典型形式如大学法律课堂中的法律问答、互联网企业提供的自助法律服务等。法律服务对于大学生创新创业而言，具有至关重要的作用。

（一）司法行政机关主管人员、机构的法律服务

1. 法律援助

法律援助主要是指由司法行政机关主管的法律援助机构，组织法律援助人员，

为某些经济困难的个人或特殊案件的当事人提供无偿的法律帮助,以保障其合法权益得以实现的一项保障制度。根据《法律援助条例》的规定,法律援助的对象主要分为两类:①因经济困难没有委托代理人的当事人;②特殊案件没有委托代理人的当事人。将这两类人纳入法律援助的对象主要是为了确保案件裁判的公平合理。

虽然《法律援助条例》没有明确提及大学生可以作为法律援助对象,但是从客观角度和普遍意义上说,大学生既缺乏社会经验又无工资收入,因此可以认为其属于法律援助对象中的经济困难群体,对其给予法律援助存在一定的合理性。因此,大学生在创新创业过程中,如果遇到法律问题而又没有其他资金有偿聘请律师,法律援助不失为一个可供考虑的选择。

2. 律师服务

律师服务主要是指由依法取得律师执业证书的人员,为委托人提供法律服务的活动。律师服务的对象和范围较广,但一般要收取一定的服务费用。律师收费标准主要根据案件的难易程度、本地经济发展水平、律师服务能力等因素来确定,各地律师收费的标准有所不同。例如,在计时收费中,从《广西壮族自治区律师服务收费管理实施办法》来看,广西壮族自治区律师收费标准为200~2000元/小时。而从《湖南省律师服务收费行业指导标准》来看,湖南省律师收费标准为:执业3年以下的律师,每工作1小时收费不低于500元;具有初级职称或者具有硕士学位或者执业3年以上、8年以下的律师,每工作1小时收费均不低于1000元;具有中级职称或者具有博士学位或者执业8年以上、15年以下的律师,每工作1小时收费均不低于1500元;具有高级职称或者执业15年以上的律师,每工作1小时收费均不低于2000元。如涉及财产关系的民事、行政诉讼和国家赔偿案件,通常按比例收费,律师服务涵盖了诉讼法律服务、法律顾问咨询服务等业务,其可以针对客户的特点提供个性化的法律服务。对于那些资金较为充裕的大学生创业者来说,律师服务是较好的选择。

3. 公证服务

公证服务主要是指由司法行政机关主管的公证机构根据自然人、法人或者其他组织的申请,依照法定程序对民事法律行为、有法律意义的事实和文书的真实性、合法性予以证明的活动。公证服务的主要目的在于预防和减少纠纷,其所公证事项若牵涉相关法律纠纷,法院可以直接将其作为审理案件的证据。公证服务也要收取一定的费用,根据《公证法》的规定,公证费的收费标准由省、自治区、直辖市人民政府价格主管部门会同同级司法行政部门制定。由此可见,公证服务的费用在各地存在不同的收费标准。对于资金较为充裕的大学生创业者而言,公证服务也可作为防控风险的手段。

4. 基层法律服务

基层法律服务主要是指基层法律服务工作者面向乡镇和城市社区接受公民、社会组织或者政府机构的委托，提供一定范围法律帮助的活动。基层法律服务所涉及对象和范围较广，根据《基层法律服务工作者管理办法》的规定，基层法律服务的范围包括：担任法律顾问；代理参加民事、行政诉讼活动；代理非诉讼法律事务；接受委托，参加调解、仲裁活动；解答法律咨询；代写法律事务文书。基层法律服务需要收取一定的费用，各地的收费标准有所不同。虽然如此，但是相比于律师服务收费而言，基层法律服务不仅收费较低，而且在一些特殊类型的案件中，甚至可以免收法律服务费。以广西壮族自治区为例，从《广西壮族自治区律师服务收费管理实施办法》和《广西壮族自治区基层法律服务收费管理办法》来看，在按比例收费中，若是律师服务，争议标的10万元以下的（含10万元）费率为5%，同时每件低于1000元的按1000元收取；若是基层法律服务，争议标的10万元以下的分段收取费用，其中1万元以下（含1万元）的费率为3.5%，1万元以上（不含1万元）10万元以下（含10万元）的费率为3%。整体而言，基层法律服务不仅费用低，而且也能像律师服务那样提供个性化的法律服务。对于资金不是十分充裕的大学生创业者而言，基层法律服务不失为一个较好的选择。

（二）非司法行政机关主管人员、机构的法律服务

1. 高校法律服务

高校法律服务主要是指高校以校内法律资源为主要依托，在充分综合校外法律资源的情形下，提供的一种个性化的法律服务。在"双创"的背景下，不少高校充分利用校内外法律资源，设立专门为大学生创新创业问题提供法律服务的机构。一般而言，常见的高校法律服务主要包括高校法律援助服务、普法社团公益服务、公开授课等形式。

（1）高校法律援助服务

高校法律援助服务是高校提供的一种特殊的法律服务。其主要依托高校的法律资源，以大学生为主体，充分利用高校师资和其他公共资源，向校内外提供无偿的法律服务。高校法律援助服务涉及的范围较广，包括法律咨询服务、法律文书代拟服务等。与前文所提及的法律援助相似的是，高校法律服务也可以针对创新创业中的具体法律问题提供较为个性化的服务。同时，由于高校法律援助服务是一个以大学生为主体、以法律师资为支撑的服务，因此在服务中，不仅寻求服务者和提供服

务者可以进行更为充分的交流,而且寻求服务者无须支付任何费用。虽然高校法律援助服务涉及范围较广,但由于提供服务的主体主要为大学生,因此其服务范围仍受到一定的限制。例如,高校法律援助服务一般不会涉及诉讼代理等法律服务。

(2) 普法社团公益服务

普法社团公益服务是高校普法社团提供的一种无偿的法律服务。普法社团公益服务在普及法律知识之余,也可以针对创新创业中的具体法律问题,提供较为个性化的服务。所不同的是,普法社团的组成成员基本为大学生,法律教师比例相较于高校法律援助服务来说低,而且服务具有短期性、临时性。

(3) 公开授课

公开授课主要是指高校教师利用课堂传播法律知识,听课者可以通过学习拓宽法律视野,提升法律素养。从本质而言,公开授课是法律知识方面的服务,其可以提高听课者知法、守法、用法的能力。通过公开授课课程的持续学习,一些听课者甚至可以较为熟练地运用法律武器来维护自己的各项权益。

总体而言,高校法律服务具有无偿性、个性化等特点,对于在校的大学生创业者来说,这不失为一个较好的选择。在"双创"背景下,不少高校的法律服务积极采取"走出去"的战略,即走出校园,走进大学生创新创业企业、大学生创业孵化机构等组织,针对大学生创新创业中遇到的具体问题,有针对性地提出法律服务方案,借此为大学生创新创业保驾护航。

2. 知识产权代理服务

知识产权代理服务主要是指知识产权代理人提供的一种代理当事人处理知识产权事务的服务。一般来说,知识产权代理服务主要存在于专门的知识产权代理机构中,其所涉及的服务范围包括版权代理服务、商标代理服务、专利代理服务等与知识产权保护相关的事项。随着科技不断发展,知识产权保护日益受到重视,"企业要做大,胆子资源放最前"的时代一去不复返。如今企业要想做大,拥有属于自己的知识产权非常重要。

由此可见,对于大学生创业者来说,知识产权保护多么重要。可以说,谁拥有了自己的知识产权,谁就更有可能取得创新创业的成功。在大学生创新创业中,一项产品、发明、商标等若想获得知识产权的保护,首先要向国家有关部门申请。然而,就一部分对知识产权不甚了解的大学生创业者而言,申请知识产权保护的程序不仅烦琐,而且材料准备也极其复杂。在此情形下,知识产权代理服务无疑是较好的选择,其可以提供"一条龙"式的服务,解决知识产权保护的难题。虽然在服务提供的过程中,知识产权代理服务人需要收取一定的费用,但对于获得知识产权保护的大学生创业者来说,其所获得的收益仍会高于此笔支出的服务费用。

3. 互联网法律服务

互联网法律服务主要是指互联网企业通过互联网技术提供的法律自助服务。随着互联网技术和人工智能技术的快速发展，法律服务开始出现自助服务。互联网法律服务与律师、基层法律工作者的互联网服务不同，互联网法律服务更强调的是自助性，即法律服务需求者按照相关操作规范，自助查询法律问题的解决方案。而律师、基层法律工作者的互联网服务在本质上仅仅是互联网办公，其服务仍主要由律师、基层法律工作者提供。在互联网时代，一些互联网企业依托其自身的技术，开发出一些法律服务软件（程序），为创业者提供自助的法律服务。例如，南京擎盾科技有限公司开发出一款"小法管家"的微信小程序，其可以提供智能问答、风险评估等自助法律服务，用户只需根据操作提示，便可查询到法律问题的解决方案。从某种程度而言，互联网法律服务不仅方便了大学生创业者，而且也因其免费或低价性降低了大学生创新创业的成本。

三、大学生创新创业法律服务的有效利用

在我国，虽然存在形式多样的法律服务，但是单就创新创业的大学生而言，法律服务的利用率并不高。有研究者专门针对大学生创新创业法律服务的利用进行了一次调查，调查结果显示，大学生在创新创业过程中，当自己遇到法律纠纷时，有80%的被调查者不知道如何寻求法律救济，也不知道哪些部门能够解决创业者遇到的法律问题。[一]调查数据表明，53.45%的大学生创业者对国家、本地区和学校的创新创业法律服务不了解，23.88%的大学生对此类信息有一般了解。

创业箴言

有了法律武器，才可以有效保护我们的权利，使我们的事业走向成功。

然而，当前懂法的创业者太少，"法盲"创业就像赤手空拳上战场。

在此基础上，调研者指出："从整体上看，目前高校大学生创新创业政策法律服务的普及程度还相当低，且调查中学生反映，学校没有专门的组织或者机构面向学生专门提供相关的信息与服务。"[二]由此可见，虽然在客观上存在较多的法律服务，但是由于创新创业法律教育的缺失，导致大学生法律服务的利用意识不强，这将直

[一] 石贤平、郭昱杉：《为大学生创业提供法律援助实证研究》，载《黑龙江省政管理干部学院学报》2017年第3期。

[二] 宋君玲：《大学生创新创业政策法律服务模式研究》，载《科技创业月刊》2016年第23期。

接影响大学生创新创业的成功率,因此,加强大学生创新创业法律教育势在必行,其也成为大学生能够充分利用法律服务的必要前提。

(一) 法律服务有效利用的前提

在大学生创新创业过程中,只有存在较高的法律服务利用意识,形式多元的法律服务才能充分地被利用起来,而这一切都依赖创新创业的法律教育。因为如果没有相关的法律教育,那么大学生创业者是不可能知道这些法律服务的,从而也不会具有较高的法律服务利用意识,法律服务有效利用无从谈起。就此来看,创新创业的法律教育可以被认为是法律服务有效利用的前提。从目前来看,创新创业法律教育主要通过两种渠道来开展,一种是线下的现实课堂,另一种是线上的虚拟课堂。前者更多出现在具备法律师资的高等院校,而后者主要出现在特定的网络课程平台。

线下的现实课堂与线上的虚拟课堂在本质上具有一致性,其差异主要体现在载体不同,但共同目的是一致的。通过创新创业法律教育,不仅可以增强大学生创新创业利用法律服务的意识,而且还能在一定程度上提升大学生在创新创业过程中利用法律的能力。目前,在一些大学校园里,已经开设了一系列有关大学生创新创业法律教育的课程。例如,广西师范大学已经有针对性地开设了创新创业的法律教育课程,并且取得了良好的成效。而在线上,也有一些网络课程平台推出创新创业的法律教育课程。例如,智慧树网络教育平台推出了《大学生创新创业法律实务》的相关课程。①从某种程度而言,课程学习是理论性的学习,虽然其可以提高大学生创业者的法律意识,但是就法律服务的实际利用而言,仍需要进一步具体了解。

(二) 线上法律服务的有效利用

线上法律服务主要是指以互联网技术为依托,进行在线的法律服务。此种法律服务既有人工的法律服务,也有自助的法律服务。在互联网时代,不少法律服务主体纷纷推出线上服务,借以方便法律服务需求者。当前,大学生普遍以"00后"为主,他们成长于互联网技术发达的时代,较之于"80后"的大学生而言,他们更善于运用网络技术。就此意义而言,线上法律服务理应成为当今大学生创新创业的主要选择。

为了方便法律服务需求者,司法行政机关及其主管下的人员机构推出了线上法律服务。例如,司法部推出了12348中国法律服务网(http://www.12348.gov.cn),在网站中推出了"请律师""办公证""求法援"等在线法律服务。各地司法行政机关

---

① 参见智慧树网课程展示,http://coursehome.zhihuishu.com/courseHome/2026037#onlineCourse。

也推出类似的法律服务网站。以广西法律服务网为例（http://gx.12348.gov.cn/），在网站中有"法律援助业务""公证服务业务"等在线法律服务。此外，在网站中还有法律咨询服务，用户可以就法律问题在线咨询律师、公证员、基层法律工作者。又如，不少律师事务所建立了自己的网站，方便用户进行在线法律服务。这些线上法律服务无疑极大地方便了用户。

除了线上人工法律服务以外，线上自助法律服务也可为大学生创业者所使用。线上自助服务主要有两种类型：一种是以人工智能技术为基础的线上自助服务。如前述的互联网法律服务，用户只要按照要求操作，便可知道法律问题的解决方案；另一种是用户自身通过法律技能的学习，运用互联网技术自助寻找法律问题的解决方案。例如，最高人民法院推出线上裁判文书平台——中国裁判文书网（http://wenshu.court.gov.cn/），在平台中存在大量的案例裁判，用户只要在搜索中准确设定关键词，就可找到类似法律问题的解决方案。在此之下，用户可以预测自身问题最终的处理结果，并及时确定问题的法律解决方案。但应注意的是，此种方式只有在经过较深度的法律教育以后才宜选择，否则可能会出现问题解决的误判。

（三）线下法律服务的有效利用

除了线上法律服务，线下法律服务的作用也不容忽视。作为传统的法律服务方式，线下法律服务具有一定的优势。其最大的优势在于，法律服务提供者与客户之间可以通过面对面的交流，制定更为精准的法律问题解决方案。线下法律服务需要法律服务需求者自行前往相应的机构，寻求法律服务。一般而言，司法行政机关主管人员机构的法律服务存在固定的办事机构，如在律师服务中，律师会有固定的律师事务所。又如，在基层法律服务中，基层法律服务工作者会有固定的基层法律服务所。这些固定办事机构的地址可以通过各地的法律服务网、网络在线地图等途径查询。在找到这些办事机构以后，会有专门工作人员对法律服务的开展提供引导。与此同时，法律服务需求者还可通过线下的法律课堂、普法教育等活动现场获取法律服务的帮助。

通过线上与线下法律服务的结合，可以有效减少大学生在创新创业过程中的法律困惑，最大限度地确保大学生创新创业的成功。线上与线下的法律服务各有特点，创新创业的大学生可以结合自身条件选择适合自己创新创业需求的法律服务，以降低创新创业过程中的法律风险，提高创新创业的成功率。

创业箴言

用好用活用足法律服务，可以为我们的创新创业免除后顾之忧。

> **课堂讨论**
>
> 我国大学生创新创业服务还存在哪些需要完善的地方？

第二节 大学生创新创业政策保障

从前文可知，大学生在创新创业的过程中存在多元的法律服务，这些法律服务的存在可以减少大学生创新创业的法律困境。除了法律服务以外，国家和地方有关部门还出台了大量的务实政策，用以保障大学生创新创业的顺利开展。

一、政策保障与法律服务的关系

（一）什么是政策

一般而言，政策主要是指政府或政党为实现一定历史时期的路线、任务而制定的行动方针或准则。政策包含三个核心要素，即特定的主体、特定的目的、指引行动的规则。

1. 特定的主体

特定的主体主要是指政策的制定主体必然是某一特定的利益主体，该主体包含国家各机构、政党等。依据政策制定主体的不同，政策可分为政党政策、政府政策、立法政策、司法政策等。相比而言，无论哪种类型的政策，其在制定程序上均无法律制定程序严格。

2. 特定的目的

特定的目的主要是指政策的实施必然是为了实现一定历史时期特定的政治、经济、社会目的。从某种程度而言，政策可以理解为"与统治有关"的措施。依政策目的的不同，政策又可分为政治政策、经济政策、社会政策。由于政治、经济、社会下尚包含不同的内容，因此在这三种目的之下，政策又可以细分为具体目的的政策。例如，大学生创新创业政策属于经济政策下的具体政策，即从宏观上来说，该政策主要是为了实现经济发展；从微观上来说，该政策主要是为了促进大学生创新创业，以实现经济的发展。换言之，经济政策包含大学生创新创业政策，大学生创新创业政策属于经济政策。

3. 指引行动的规则

指引行动的规则主要是指政策的内容往往以当时具体情况为基础,主要用于促进或限制某种社会活动的施政方针或准则。在表现形式上不拘一格,在我国,政策的主要形式一般包括决议、决定、通知、宣言、指示等。由于政策是以当时的具体情况为基础制定的,而具体情况往往具有易变性,即不同时间段内的具体情况往往不同,故政策不如法律稳定、严格、正式。

(二) 政策保障与法律服务的联系与区别

一般而言,政策对人们具有一定的约束力和指引力,它的有效实施或多或少以公权力为后盾。就此意义而言,政策具有类似于法律的特征。因此,在学术界,一部分学者将政策视为一种软法。[1]也正是由于政策具备上述特征,因此在一部分民众看来,政策与法律是相同的。不可否认的是,政策与法律之间存在相似之处,它们在本质上具有一致性,这集中表现在它们都是治国理政的重要工具,都是以统治阶级的利益为基础,服务于国家、地方治理的要求。

> **创业箴言**
>
> 在创新创业中,如果没有法律的保障,我们的权益将处于悬置状态。但是,如果没有政策的具体支持,我们的创新创业也将举步维艰。

在我国,政策也曾经扮演法律的角色。就大学生创新创业而言,政策和法律在目的上存在相似之处,即都是为了减少大学生在创新创业过程中的困境,确保大学生实现创新创业的梦想。前述的法律服务及后文探讨的政策保障,正是法律和政策在大学生创新创业过程中外在功能的表现。但是,政策与法律的相似性并不意味着两者可以完全等同。就大学生创新创业而言,政策保障与法律服务仍然存在较大的差异。

首先,政策保障与法律服务的实现方式不同。大学生在创新创业过程中,政策保障与法律服务各自扮演着不同的角色,这种不同首先体现在实现方式上。政策保障意味着政策在大学生创新创业中起着保障的功能,无论大学生是否选择政策,政策大多会自动在创新创业的大学生群体中直接或间接起作用,就此意义而言,政策保障的实现方式更具主动性。法律服务意味着法律在大学生创新创业中起着服务的

---

[1] 罗豪才:《软法与公共治理》,北京大学出版社2006年版。

功能，是否选择法律解决问题取决于大学生自己，就此意义而言，法律服务的实现方式更具被动性。

其次，政策保障与法律服务的适用范围不同。政策与法律的适用范围不同，决定了政策保障与法律服务的适用范围必然有所差异。政策的调整对象主要为各种社会关系，而法律的调整对象仅限于特定的社会关系。因此，在适用范围上，政策的适用范围显然要广于法律的适用范围，这就决定了在大学生创新创业的过程中，政策保障的适用范围较大，法律服务的适用范围较小。事实上，大学生创业者通过法律服务仅能解决创新创业过程中的法律问题，而通过政策保障，却可以使一些不属于法律方面的问题得以较好解决。

最后，政策保障与法律服务的提供主体不同。政策保障提供主体与政策制定主体具有相似性，特别是在性质上具有相似性。例如，2019年，财政部、国家税务总局、人力资源和社会保障部、国务院扶贫办联合发布了《关于进一步支持和促进重点群体创业就业有关税收政策的通知》，明确将毕业年度内创业的高校毕业生纳入减免税额的对象，该政策的制定主体为行政机关，而政策保障的提供主体也主要是行政机关，即各地的税务局。只有通过各地税务局对政策的严格执行，政策的保障作用才得以彰显。而在法律服务中，法律制定主体与法律服务提供主体显然不具有一致性，即法律的制定主体与法律服务的提供主体是不一致的。在我国，法律只能由全国人大及其常委会制定，但其并不会提供相应的法律服务。法律服务提供主体主要为律师、基层法律工作者、公证员等群体，他们只能严格按照法律制定主体制定的法律提供法律服务。

正是由于政策保障与法律服务存在差异，两者在大学生创新创业中起着互补作用。可以说，政策保障与法律服务共同为大学生的创新创业提供了"双保险"，其可以最大限度地提高大学生创新创业的成功率。大学生只有熟练运用政策与法律服务，才能有效摆脱创新创业过程中的困境。

二、大学生创新创业具有充足的政策保障

大学生创新创业一直为我国所重视，自1998年教育部颁布《面向21世纪教育振兴行动计划》以来，我国陆续出现了有关大学生创新创业的一系列政策。随着经济社会的发展，这些政策的内容不断发生变化。

创业箴言

法律如父，政策如母。及时、对路的政策，会给我们带来全方位的精细呵护。

有研究统计表明，仅从国务院官方网站、各部委网站和"北大法宝"等平台来看，1998年1月1日至2018年12月31日这段时间内，专门针对大学生创新创业的政策文本就达132项。[1]这些还不包含各地出台的大学生创新创业政策。事实上，各地均会针对本地大学生创新创业的实际情况，出台服务于在本地创新创业大学生的政策。例如，有研究对湖北省2006年—2016年有关大学生创新创业政策进行统计，共统计有政策文本103项。[2]又如，有研究对青海省2015年—2018年有关大学生创新创业政策进行统计，共统计有政策文本30多项。[3]由此可见，在我国，大学生创新创业具有充足的政策保障。以下将从创新创业教育培训政策、创新创业财税金融政策、创新创业环境政策、创新创业产业政策四个角度，对我国的创新创业政策进行介绍。

（一）创新创业教育培训政策

创新创业教育培训政策主要是国家或地方有关部门在创新创业教育培训方面所给予的指导和支持。从类型来看，它主要包括创新创业课堂教育培训、创新创业实践教育培训、创新创业师资教育培训等方面的政策。这些政策促进了创新创业教育培训的全面发展，提高了大学生接受创新创业教育培训的机会。通过一系列的创新创业教育培训，可以提升大学生创新创业的能力，进而最大化地提高大学生创新创业的成功率。

1. 创新创业课堂教育培训政策

创新创业课堂教育培训政策主要是国家或地方有关部门对创新创业理论教育所给予的指导和支持。例如，2015年5月，国务院办公厅发布《国务院办公厅关于深化高等学校创新创业教育改革的实施意见》，在其中明确提出，各高校要根据人才培养定位和创新创业教育目标要求，促进专业教育与创新创业教育的有机融合，调整专业课程设置，挖掘和充实各类专业课程的创新创业教育资源，在传授专业知识过程中加强创新创业教育。又如，2019年3月，教育部办公厅发布《教育部办公厅关于做好深化创新创业教育改革示范高校2019年度建设工作的通知》，要求各示范高校要结合本校学科专业优势和特色，充分利用现代信息技术，整合创新创业优质

---

[1] 谭玉等：《大学生创新创业政策的变迁和支持研究——基于59篇大学生创新创业政策文本的分析》，载《现代教育技术》2019年第5期。

[2] 韩栎颖：《湖北省大学生创业政策研究——基于政策文本的研究》，湖北工业大学2017年硕士学位论文。

[3] 张晓静：《青海省青年创业政策支持现状及对策研究》，青海师范大学2019年硕士学位论文。

教育资源,积极推动高水平教师领衔打造创新创业线上"金课"。同时,每所示范高校2019年度要重点立项建设1~2门创新创业教育优质在线开放课程,并于2019年8月底前完成上线。

2. 创新创业实践教育培训政策

创新创业实践教育培训政策主要是国家或地方有关部门对创新创业的实践教育所给予的指导和支持。例如,2015年5月,国务院办公厅发布《国务院办公厅关于深化高等学校创新创业教育改革的实施意见》,在其中明确提出,要强化创新创业实践,要求各高校加强创新创业实践教育平台的建设,包括大学科技园、大学生创业园、创业孵化基地和小微企业创业基地,同时,完善国家、地方、高校三级创新创业实训教学体系。又如,2015年7月,福建省教育厅发布《福建省教育厅关于深化高等学校创新创业教育改革十六条措施的通知》,明确指出要强化创新创业实践平台的建设,并要求全省至2020年,每所公办本科高校自主使用的创新创业实践基地面积不少于3000m^2,民办本科高校、独立学院和国家级、省级示范性高职院校自主使用的创新创业实践基地面积不少于2000m^2,其他高职院校要有自主使用的创新创业实践基地。

3. 创新创业师资教育培训政策

创新创业师资教育培训政策主要是国家或地方有关部门对创新创业的师资培训所给予的指导和支持。例如,2015年5月,国务院办公厅发布《国务院办公厅关于深化高等学校创新创业教育改革的实施意见》,在其中明确指出,要加强教师创新创业教育教学能力建设,要求将提高高校教师创新创业教育的意识和能力作为岗前培训、课程轮训、骨干研修的重要内容,建立相关专业教师、创新创业教育专职教师到行业企业挂职锻炼制度。又如,2019年3月,教育部办公厅发布《教育部办公厅关于做好深化创新创业教育改革示范高校2019年度建设工作的通知》,在其中明确要求开展创新创业的师资培训活动,提出每所示范高校在2019年度至少要举办2场创新创业专题师资培训,覆盖高校数量不少于5所。

(二) 创新创业财税金融政策

创新创业财税金融政策主要是国家或地方有关部门在创新创业财税金融方面所给予的指导和支持。从类型来看,它主要包括创新创业财政补贴、创新创业税收优惠、创新创业融资服务等方面的政策。这些政策主要是为了减轻大学生创新创业的经济负担,提高大学生创新创业的成功率。简单来说,这些政策可以被理解为"给钱"和"减钱",即对于一些大学生的创新创业项目,相关部门将给予一定的补贴;

对于另外一些大学生的创新创业项目,相关部门将提供少收钱的支持。

1. 创新创业财政补贴政策

创新创业财政补贴政策主要是指在大学生创新创业过程中,国家或地方相关部门在财政上所给予的支持。例如,2015年3月,国务院办公厅发布《国务院办公厅关于发展众创空间推进大众创新创业的指导意见》,在其中明确提出要大力支持大学生创业,要求相关部门整合发展国家和省级高校毕业生就业创业基金,为大学生创业提供场所、公共服务和资金支持。又如,2019年7月,人力资源和社会保障部、教育部、公安部、财政部、中国人民银行联合发布《关于做好当前形势下高校毕业生就业创业工作的通知》,在通知中明确提出,支持高校毕业生返乡入乡创业创新,对到贫困村创业符合条件的,优先提供贷款贴息、场地安排、资金补贴。支持建设大学生创业孵化基地,对入驻实体数量多、带动就业成效明显的,给予一定奖补。

2. 创新创业税收优惠政策

创新创业税收优惠政策主要是指在大学生创新创业过程中,国家或地方相关部门在税收上所给予的支持。例如,2018年9月,国务院发布《国务院关于推动创新创业高质量发展打造"双创"升级版的意见》,明确提出将国家级科技企业孵化器和大学科技园享受的免征房产税、增值税等优惠政策范围扩大至省级,符合条件的众创空间也可享受。又如,2019年,广西壮族自治区人民政府发布《广西壮族自治区人民政府关于推动创新创业高质量发展打造"双创"升级版的实施意见》,在其中明确指出,高新技术企业减按15%税率征收企业所得税。同时,在2021年年底前,对国家级、自治区级科技企业孵化器、大学科技园和国家备案众创空间自用以及无偿或通过出租等方式提供给在孵对象使用的房产、土地,免征房产税和城镇土地使用税;对其向在孵对象提供孵化服务所获得的收入,免征增值税。

3. 创新创业融资服务政策

创新创业融资服务政策主要是指在大学生创新创业过程中,国家或地方相关部门在融资服务中所给予的支持。这主要体现在融资中的增资方面。例如,2015年3月,国务院办公厅发布《国务院办公厅关于发展众创空间推进大众创新创业的指导意见》,在其中明确提出完善创业投融资机制,具体包括为创新型企业提供综合金融服务,开展互联网股权众筹融资试点,规范和发展服务小微企业的区域性股权市场,促进科技初创企业融资,完善创业投资、天使投资退出和流转机制等措施。又如,2018年,财政部、人力资源和社会保障部、中国人民银行联合发布《关于进一步做好创业担保贷款财政贴息工作的通知》，提出调低大学生创业贷款申请条件、放宽担保和贴息要求，同时对还款积极、带动就业能力强、创业项目好的借款个人和小微企业，可继续提供创业担保贷款贴息。

（三）创新创业环境政策

创新创业社会环境政策主要是国家或地方有关部门在创新创业的氛围营造、基础设施、办公场地方面所给予的指导和支持。从类型来看，它主要包括创新创业软环境和创新创业硬环境等方面的政策。这些政策的主要目的在于促进大学生创新创业，帮助大学生摆脱创新创业的困境。

1. 创新创业软环境政策

创新创业软环境政策主要是指国家或地方相关部门在创新创业方面所给予的指导、支持和服务政策。例如，2015年3月，国务院办公厅发布《国务院办公厅关于发展众创空间推进大众创新创业的指导意见》，在其中明确指出，社会要营造良好的创新创业文化氛围，要求加强各类媒体对大众创新创业的新闻宣传和舆论引导，报道一批创新创业先进事迹，树立一批创新创业典型人物，让大众创业、万众创新在全社会蔚然成风。又如，2018年，财政部、人力资源和社会保障部、中国人民银行联合发布《关于进一步做好创业担保贷款财政贴息工作的通知》，提出对于符合条件的创业者（包含大学生创业群体），要优化办理程序，包括健全服务机制和完善担保机制，同时要加强监督管理，包括完善配套制度、强化部门协作、加强绩效评价、组织专项检查和推进信息公开。特别是要加大宣传力度，使重点群体了解相关政策，并树立典型，形成示范案例。

2. 创新创业硬环境政策

创新创业硬环境政策主要是指国家或地方相关部门在创新创业硬件方面所给予的指导和支持。这种硬件包括创新创业的基础设施、办公场地等。例如，2018年11月，教育部发布《教育部关于做好2019届全国普通高等学校毕业生就业创业工作的通知》，在其中明确指出，必须加大创新创业场地的扶持力度，要求各地各高校加强大学科技园、创业孵化基地等创新创业平台建设，为大学生创新创业提供场地支持。各高校要积极推动各类研究基地、实验室、仪器设备等教学资源向创新创业大学生开放。又如，2019年4月，科技部、教育部发布《科技部　教育部关于印发〈国家大学科技园管理办法〉的通知》，在其中提出了国家大学科技园的认定和管理方案，涉及基础设施、场地等硬件的设置，这将有助于为大学生创新创业提供良好的环境。

(四) 创新创业产业政策

创新创业产业政策主要是国家或地方有关部门制定的一种引导创新创业产业发展方向、推动创新创业产业结构升级的政策。其目的在于确保创新创业产业健康有序地发展。从类型来看,创新创业产业政策主要包括积极性产业政策、消极性产业政策等方面的政策。这些"正面性"和"反面性"的产业政策可以为大学生创新创业明确发展方向,使大学生在创新创业的过程中少走"弯路"。

1. 积极性产业政策

积极性产业政策又称"正面性"的产业政策,主要是指国家或地方有关部门通过出台相关支持、鼓励、帮助等积极性的政策,以推动某些产业的发展。在创新创业的过程中,积极性产业政策无疑可以为大学生创新创业明确方向。例如,2016年11月,国务院办公厅发布了《国务院办公厅关于支持返乡下乡人员创业创新促进农村一二三产业融合发展的意见》,在其中明确了支持创新创业的重点领域和发展方向。在此基础上,该意见提出简化市场准入、改善金融服务、加大财政支持力度、落实用地用电支持措施、强化信息技术支撑等具体保障措施。又如,2015年9月,重庆市人民政府办公厅发布了《重庆市人民政府办公厅关于鼓励企业加大研发投入推动产业转型升级发展的通知》,在其中明确了本市支持发展的产业类型和具体目标。在此基础上,该通知提出鼓励创新、落实税收扶持政策、增加产业研发投入等具体保障措施。

2. 消极性产业政策

消极性产业政策又称"反面性"的产业政策,主要是指国家或地方有关部门通过出台相关限制、禁止性的产业政策,推动产业结构的优化和整体升级,抑制落后、有害产业的发展。在创新创业的过程中,消极性产业政策可以使大学生在创新创业的过程中少走"弯路"。例如,2019年10月,国家发展和改革委员会发布了《产业结构调整指导目录(2019年本)》,在其中不仅明确国家鼓励发展的产业,而且也同时规定了国家限制或将淘汰的产业,对于这类限制或淘汰的产业,国家将进一步出台相关限制性措施或淘汰执行措施。不少省市发布了有关企业投资项目核准限制和淘汰产业目录的通知,明确在本地限制或禁止发展的产业,其所涉及的范围通常涵盖轻工、纺织、印刷、化工等领域,基本上是一些生产技术落后、环境污染大的产业。以上所述的消极性产业政策,无疑可帮助大学生明确创新创业具体目标,尽量不涉足被限制或淘汰的产业,从而确保创新创业的成功率。

三、大学生创新创业应充分利用政策

在大学生创新创业的过程中,国家或地方有关部门提供了充足的政策,以保障创新创业的成功。虽然政策的保障作用具有一定的主动性,即大学生在创新创业的过程中,即便对政策不予主动选择,政策在客观上也能起到保障作用。但是,这种主动性的保障仅仅是理论上理想化的图景,在"上有政策、下有对策"的思维影响下,一些地方的有关部门并未主动落实相关政策。同时,一些政策所提出的支持也需要大学生主动去了解和申请。

创 业 箴 言

政策的来源非常广泛,内容包罗万象,就看你去不去找、会不会用。

大学生社会经验不足,对政策的理解和运用能力不高,从而导致一些政策发挥不出应有的保障作用。因此,大学生在创新创业的过程中,不能仅仅依靠政策的主动保障,还应提高自身利用政策的能力,从而充分发挥政策的保障作用。

(一) 大学生创新创业政策的利用现状

在我国大学生创新创业的过程中,虽然存在较为充足的政策,但是从一些调查结果来看,这些政策的利用程度并不是很高。例如,2019 年,有研究针对河南省创新创业的大学生利用政策情况进行调查,调查结果表明,在创新创业教育方面,河南省仍处于初级发展阶段,目前的创新创业教育主要以课堂教育为主,实践教育的机会较少。同时,虽然在学校周围存在创业园或产业园,但是 36.03% 的大学生并不知道如何利用这些创业园或产业园,19.67% 的大学生甚至不知道创业园或产业园的情况,仅有 5.78% 的大学生在创新创业过程中注重收集相关政策信息,并对创业园或产业园的情况有充分了解。㊀ 在此特别值得一提的是,河南省在创新创业方面出台了大量的政策,仅从 2018 年—2019 年来看,河南省(包括省级及省级以下单位)就出台了大概 50 项创新创业政策。又如,2019 年,有研究针对黑龙江省创新创业的大学生利用政策情况进行调查,调查结果表明,超过一半以上的大学生不了解黑龙江省对创业大学生出台的相关政策。㊁ 事实上,仅从 2018 年—2019 年来看,黑龙江省(包括省级及省级以下单位)就出台了 28 项创新创业政策。由此可见,在大

㊀ 郭薇:《河南省大学生创新创业政策实施效果分析——基于河南省 20 所高校的调查》,郑州大学 2019 年硕士学位论文。

㊁ 刘润泽:《黑龙江大学生创新创业政策体系研究》,哈尔滨商业大学 2019 年硕士学位论文。

学生创新创业的过程中,不仅仅是国家有关部门,地方各部门所给予的政策也是充足的,但是从实证调查结果来看,大学生对政策的了解和运用能力与充足的政策并不匹配,这严重限制了政策保障作用的发挥。

这种境况出现的原因主要有以下两点:

1) 部门政策落实不到位。这主要是指一些落实政策的部门并没有严格按照政策的精神去落实,导致政策惠及群体难以完全获得政策的保障。例如,前述针对黑龙江省大学生创新创业政策的调研指出,虽然国家、地方有倡导创新创业教育的政策,但是在黑龙江省,尚有一部分学校的创新创业教育未深入实施,创新创业教育流于形式。在教学方面,一些学校并不关注在创业意愿上是否有提升,学生是否已经明确了解了创新创业政策。又如,虽然西北某省出台了一些积极简化创业审批手续和搭建创业服务平台的政策,但是不少创业青年认为,一些该简化的程序并没有简化,该落实的政策并没有落实,"办照容易办证难""准入不准营"的问题依然凸显。

2) 部门政策宣传不到位。这主要是指一些负责宣传政策的有关部门,在政策宣传力度方面不足,导致政策惠及群体难以得知或完全理解政策。例如,有高校针对江苏省南京市大学生创新创业政策的宣传进行调研,调研结果显示,目前南京创新创业政策主要通过两种方式宣传:一种是以文件、会议形式通过各级政府传达;另一种是通过网站、广播电视、报纸杂志等媒体对政策进行宣传,其中政府网站是主要的宣传阵地。但是,南京很多大学生创业者对创业政策仍知之甚少,或者知道政策但不知道具体流程。在国内一些地方,甚至专门出台文件要求对创新创业政策宣传不到位的现象进行整改。

正是上述两点原因的存在,导致在现实中即便有充足的政策保障,大学生创业者也难以通过利用来发挥政策应有的功效。对此,共青团中央主办的中国青年网曾以《扶持创业政策多,创业者不知如何用好》为题做过报道,在报道中重点采访了两位大学生创业者,一位大学生创业者表示,大学生创业帮扶政策门类繁杂、专业性很强,大学生很难完全理解和用好政策,同时,很多政策大学生都不知道,虽然很多部门都有政策,但是没有统一的归口,就像没有导流和分诊。另外一位大学生创业者则认为,创业帮扶政策有很多的限定条件,即使申请下来了,也很难发挥作用。[一]事实上,正是由于有关部门政策落实和宣传的不到位,才会出现这两位大学生创业者口中所言的"难以完全理解政策""不知道有政策""政策难发挥作用"等

[一] 《扶持创业政策多,创业者不知如何用好》,载中国青年网2017年4月13日,http://news.youth.cn/jsxw/201704/t20170413_9468616.htm。

问题。这些问题在本质上是一致的,均是大学生创业者利用政策意识和能力不足的表现。诚然,加大有关部门的政策落实和宣传力度是解决此类问题的根本方法。但是,在有关部门的政策落实和宣传力度未有立马提高的情境下,大学生创业者的利用政策意识和能力可通过自主学习提升。下文将对大学生创新创业政策的利用方式进行介绍,希望通过介绍,大学生能够更加了解创新创业政策的利用方式,在此基础上提高自身利用政策的意识和能力,从而最大化地发挥政策的保障作用。

(二) 大学生创新创业政策的利用方式

在互联网时代,大学生创新创业政策的利用方式可以分为线上利用方式和线下利用方式。这两种利用方式各有特点,大学生在创新创业的过程中,可以结合自身的实际情况选择恰当的利用方式。

创业箴言

良好的政策弃而不用,如同山珍海味弃而不食。

1. 大学生创新创业政策的线上利用方式

大学生创新创业政策的线上利用方式主要是指大学生在创新创业的过程中,通过互联网技术在线了解并利用国家或地方有关部门创新创业政策的一种方式。创新创业政策线上利用的前提是知悉相关政策。随着互联网技术的快速发展,有关创新创业政策基本可以通过在线的形式加以了解。目前,有关创新创业政策可以通过"国家创新创业政策信息服务网""大众创业 万众创新政策汇集发布解读平台""国务院政策栏目"以及国家部委和各地行政机构官方网站等渠道查询,一些网站甚至可以直接在线办理政策提及的部分事项,这无疑极大地方便了大学生创业者。

国家创新创业政策信息服务网(http://sc.ndrc.gov.cn/)是一个较为全面的创新创业政策信息查询库。在该网站,不仅可以通过搜索的形式查询到国家和地方有关部门发布的创新创业政策内容,而且可以通过大数据的方式了解各项政策的关注度和政策数量的分布。同时,大学生创业者还可以针对创新创业中存在的现实问题,对创新创业政策的进一步完善提出自己的建议。

大众创业 万众创新政策汇集发布解读平台("http://www.gov.cn/zhengce/zhuti/shuangchuang/)是一个较为全面的创新创业政策解读库。在该网站,不仅可以通过搜索的形式查询到国家和地方有关部门发布的创新创业政策内容,还可以查询到相关政策内容的权威解读。这对于大学生创业者深刻理解和把握政策内容具有重要的意义。

国务院政策栏目（http://www.gov.cn/zhengce/index.htm）是国务院官方网站下设的一个栏目。在该栏目，可以通过搜索的形式查询到国家和地方有关部门发布的创新创业政策内容。同时，在国务院的官方网站中，设有国家政务服务平台。在该平台，可以在线办理一些政策提及的事项，例如，可以在线办理设立免税场所事项审批、《支付业务许可证》核发等与创新创业密切相关的业务。

国家部委和各地行政机构官方网站主要是指国家各部委以及地方各级行政机构的官方网站，不仅可以查询该部委或该行政机构发布的政策内容，而且还可以在线办理一些政策提及的事项。以广西壮族自治区人民政府官方网站为例，在其"政府信息公开"栏目，可以通过搜索的形式查询到自治区政府发布的政策以及有关的政策解读。同时，在其"网上办事"栏目，可在线办理一些政策提及的事项，如企业设立业务，用户可以在"企业开办一窗通"选项办理，该在线业务覆盖了企业设立的全过程。

由此可见，创新创业政策的在线利用有其优势所在。而最大的优势即在于，其可以极大地方便大学生创业者了解和利用政策。对于成长于互联网时代的大学生创业者而言，线上利用政策不失为一种较好的选择。

2. 大学生创新创业政策的线下利用方式

除了线上利用方式以外，大学生在创新创业的过程中，还应重视政策线下的利用方式。应该说，线下利用方式是传统的政策利用方式，同时也是较为全面的利用方式。在实施的政策业务中，一些在线上不能办理的政策业务，在线下可以办理。大学生创新创业政策的线下利用方式一般是指非依托互联网平台，实地了解并利用创新创业政策的方式。创新创业政策线下利用的前提也是知悉相关政策，目前，实地了解政策的场所主要为各地的政务服务中心，部分则需要到政策发布机构、政策落实机构、政策文本保管机构等机构去了解。在了解相关政策的基础上，大学生创业者可以到相应的部门去办理有关业务。

一般而言，各地政务服务中心会设有专门的政策信息发布窗口，大学生创业者即可通过此窗口了解政策的相关信息。例如，广西壮族自治区南宁市经济技术开发区政务服务大厅专门设立了"政府扶持政策"窗口，用于受理政府财政及其他扶持政策的咨询和申请。又如，北京市政务服务中心设立了"优化营商环境政策专区"，一共开设16个咨询服务窗口，专门用于解答开办企业、办理纳税、跨境贸易等相关政策。

此外，在一些政策发布机构、政策落实机构以及政策文本保管机构，大学生创业者还可获得相关的政策信息。例如，大学生在创新创业过程中需要获得资金帮助时，可以到银行了解相关的贷款政策。值得一提的是，在不少地方，开设有"市长热线""政务服务热线""市民服务热线"等服务热线，大学生创业者也可通过此渠道了解相关政策。

在了解政策的基础上，大学生创业者可以根据政策的精神去相关机构办理相关业务。一般来说，办理政策业务的机构均会有较为详细的业务流程。值得一提的是，在不少地方，还设有多元的监督渠道，以防政策不被贯彻落实。例如，前述"市长热线""政务服务热线""市民服务热线"等服务热线，还可用来监督政策的落实。

从整体来说，大学生在创新创业的过程中，国家和地方相关部门所给予的政策支持是相对充分的。但是，由于大学生政策利用意识和能力相对较低，这些政策并未发挥应有的保障作用。为此，大学生在创新创业的过程中，必须提高政策利用意识和能力，充分结合线上和线下的方式对政策加以利用，从而发挥政策的保障作用，最终使创新创业取得成功。

课后实践

选一个感兴趣的创新创业法律问题，通过互联网法律服务，自助找到问题解决的法律方案。在条件允许的情况下，就同一法律问题向法学教师、律师、基层法律服务工作者等群体咨询，询问他们解决问题的方案。在此基础上，对比不同类型法律服务方案的差异。

练习题

一、判断题

1. 线上法律服务不包括律师服务。（ ）
2. 法律和政策总是可以同时对大学生创新创业起作用。（ ）
3. 有了充足的政策保障，大学生创业者就无须主动去了解和利用政策。（ ）

二、思考题

1. 律师服务与基层法律服务的区别。
2. 法律服务与政策保障的关系。

拓展阅读

创新创业领域知名赛事

1. "挑战杯"中国大学生创业计划竞赛

"挑战杯"中国大学生创业计划竞赛是以推动成果转化为目标的活动。它借助风险投资运作模式，要求参赛者组成学科交叉、优势互补的竞赛团队，就一项具有市场前景的技术产品或服务，以获得风险资本的投资为目的，完成一份完整的创业计划书，被誉为中国大学生创业创新类比赛的"奥林匹克"盛会。1999年，由清华大学承办首届"挑战杯"中国大学生创业计划竞赛。2000年后，该竞赛每两年举办一届。

党的十八届三中全会对"健全促进就业创业体制机制"做出了专门部署，为适应大学生创业发展的形势需要，在原有"挑战杯"中国大学生创业计划竞赛的基础上，共青团中央、教育部、人力资源和社会保障部、中国科协、全国学联决定，自2014年起共同组织开展"创青春"全国大学生创业大赛，每两年举办一次，下设大学生创业计划竞赛（即"挑战杯"中国大学生创业计划竞赛）、创业实践挑战赛、公益创业赛3项主体赛事。

2. 中国国际"互联网+"大学生创新创业大赛

中国国际"互联网+"大学生创新创业大赛由教育部、中央统战部、中央网络安全和信息化委员会办公室、国家发展和改革委员会、人力资源和社会保障部、中国科学院、中国工程院、国家知识产权局、国务院扶贫开发领导小组办公室、共青团中央与地方政府、各高校共同主办。大赛旨在深化高等教育综合改革，激发大学生的创造力，培养造就"大众创业、万众创新"的主力军；推动赛事成果转化，促进"互联网+"新业态形成，服务经济提质增效升级；以创新引领创业、创业带动就业。该大赛始于2015年，每年举办一次。

参赛要求：

1）参赛项目能够将移动互联网、云计算、大数据、人工智能、物联网、下一代通信技术、区块链等新一代信息技术与经济社会各领域紧密结合，服务新型基础设施建设，培育新产品、新服务、新业态、新模式；发挥互联网在促进产业升级以及信息化和工业化深度融合中的作用，促进制造业、农业、能源、环保等产业转型升级。

2）参赛项目须真实、健康、合法，无任何不良信息，项目立意应弘扬正能量，践行社会主义核心价值观。参赛项目不得侵犯他人知识产权；所涉及的发明创造、专利技术、资源等必须拥有清晰合法的知识产权或物权。

3. "创青春"中国青年创新创业大赛

为在全社会营造理解、重视、支持青年创新创业的良好氛围，为青年创新创业提供有利条件，搭建广阔舞台，大力发现、培育、选择青年创新创业人才，共青团中央、工业和信息化部、人力资源和社会保障部、农业部、中央电视台决定，自2014年起每年共同策划举办中国青年创新创业大赛，旨在搭建创业者展示成长平台、投融资对接平台，建立青年创新创业项目库、人才库、导师库，优化青年创业环境，提高青年创业成功率，激发全社会关心青年创业的热情，促进青年创业就业服务体系建设。

4. 中国创新创业大赛

中国创新创业大赛是由科技部、教育部、财政部和中华全国工商业联合会共同指导举办的一项以"科技创新，成就大业"为主题的全国性创业比赛。第一届中国创新创业大赛于2012年举办，此后每年举办一届。大赛的目的是整合创新创业要素，搭建为科技型中小企业服务的平台，引导更广泛的社会资源支持创新创业，促进科技型中小企业创新发展。

5. "创客中国"中小企业创新创业大赛

"创客中国"中小企业创新创业大赛是为激发创业创新活力，推动中小企业高质量发展，由工业和信息化部、财政部共同举办的创业大赛。它始于2016年，每年举办一次。获奖项目可获得以下支持：①宣传展示。通过"创客中国"大赛（http：//www.cnmaker.org.cn/）数字展馆、"创客中国"国家创新创业公共服务平台、中国国际中小企业博览会等渠道进行宣传、推介。②投融资对接。③落地入驻园区。入驻国家新型工业化产业示范基地、国家小型微型企业创业创新示范基地、产业小镇等，享受最新创业扶持政策和创业孵化服务。④成果转化技术服务。提供国家中小企业公共服务示范平台上的技术转移、工业设计等技术服务，以及法律、人力资源、财务、知识产权等服务。

6. "中国创翼"青年创业创新大赛

"中国创翼"青年创业创新大赛由中国宋庆龄基金会、人力资源和社会保障部联合主办，以"共圆中国梦、青春创未来"为主题，包括主体赛事——创业创新路演赛，以及专项赛事——大学生营销策划赛。参赛对象为不超过40周岁的境内高校青年学生、社会青年。大赛分八大赛区，覆盖全国。大赛将为优秀项目提供资金、政策、融资、众筹、商业合作以及宣传推广等支持，组委会为大赛设立数百万元奖励基金。

7. 中国大学生服务外包创新创业大赛

中国大学生服务外包创新创业大赛是自2010年起举办的每年一届的全国性竞赛，由教育部、商务部和无锡市人民政府联合主办，由国家服务外包人力资源研究院、江南大学等承办。大赛的主要目的是搭建产学结合的大学生服务外包创新创业能力展示平台；促进校企交流，促进高等教育为服务经济发展提供人才保障；宣传服务经济，提升社会公众对服务外包产业发展的关注度和重视度。

8. 全球社会企业创业大赛

世界上最具影响力的全球社会企业创业大赛（Global Social Venture Competition，GSVC）是由全球顶尖级商学院共同合作举办的真正意义上的全球社会创业大赛。GSVC 由美国加利福尼亚大学伯克利分校哈斯商学院于 1999 年创立，截至 2021 年 6 月，在全球范围内已经发展了 5 个地域性合作伙伴（哥伦比亚商学院、伦敦商学院、印度商学院等）以及 4 个分会伙伴（耶鲁大学管理学院社会企业项目、韩国社会企业大赛等）。2009 年，GSVC 进入我国。

其他赛事还有全国大学生管理决策模拟大赛（始于 2009 年，每年举办一次）、中国大学生跨境电子商务创新创业大赛、中国科技创业计划大赛、国际青年创新大赛、"学创杯"全国大学生创业综合模拟大赛、英特尔全球技术创业挑战赛、创业世界杯、中国平安励志创业大赛、中国互联网协会全国大学生网络商务创新应用大赛等。

第九章 大学生创新创业法律实务典型例析

> **知识路标**

本章主要讨论腾讯、阿里巴巴、Facebook（脸书）、Uber（优步）在创新创业成长过程中面临的法律风险与启示，通过案例传播创新创业法律知识和经验，提升大学生的创新意识和创业能力。

第一节 腾讯创新创业中的法务经验

1998 年，马化腾与他的同学合资注册了深圳腾讯计算机系统有限公司。从创业之初到现在，马化腾带领着腾讯一步步发展壮大。腾讯是一家以互联网为基础的平台公司，通过技术丰富互联网用户的生活。在用户隐私与数据保护方面，腾讯一直以"科技向善，数据有度"为价值理念。腾讯能走到今天，除了归功于集体的战略智慧和执行力外，还与其自发的危机感有密不可分的联系。

> **创业箴言**
>
> 马化腾："我们每天都如履薄冰，始终担心某个疏漏随时会给我们致命一击，始终担心用户会抛弃我们。因此，我们一直奉行的信条是'一切以用户价值为依归'。"

一、腾讯创新创业中的法律风险与应对

（一）网络游戏及直播行为的著作权法律风险及应对

游戏著作权是为了对游戏本身进行有效保护和区分游戏所有者的一种知识产权。"保护知识产权就是保护创新。"《著作权法》第五十二条第五项规定，剽窃他人作品的，应当根据情况，承担停止侵害、消除影响、赔礼道歉、赔偿损失等民事责任。

说到腾讯，人们最先想到的是腾讯的社交软件和网络游戏。游戏是聚合了视听、美术、文字的综合艺术表演形式，本就有自己的世界观架构，天然具备跨平台、跨行业、跨领域的能力。在游戏产业中，抄袭一直是常见问题。目前，我国网络游戏产业正处于高速发展时期，但是层出不穷的模仿、抄袭事件却在一定程度上损害了这个朝阳产业的健康、有序发展，游戏版权维权案例越来越多。以玩家耳熟能详的

《QQ堂》[一]与《泡泡堂》[二]这两款休闲游戏为例：《QQ堂》的玩法和《泡泡堂》相似，不过把其中的主要武器炸弹、水泡换成了糖泡。《泡泡堂》的开发商韩国Nexon株式会社一纸诉状将《QQ堂》告上了法院，认为《QQ堂》在游戏文字表述、操作方式、美术编辑等诸多方面抄袭了《泡泡堂》游戏，侵犯了《泡泡堂》的著作权。在腾讯法务部门的得力应战下，法院经过全面审查和论证，最终没有支持原告关于《QQ堂》游戏若干画面抄袭《泡泡堂》的主张，认为其主张缺乏事实和法律依据。这是我国法院首次对网络游戏的"抄袭"进行系统评判的案例，对我国游戏产业的知识产权保护和健康发展具有深远的意义。

腾讯法务部门是在互联网业界内公认的强大团队，有很多经典案例，曾经在2013年创下29次诉讼不败的骄人战绩，被公众戏称为"南山必胜客"[三]。腾讯十分注重知识产权保护。一方面，成立专门的知识产权维权团队，通过监测、取证、投诉、诉讼等方式，全力维护公司自有知识产权；另一方面，充分尊重第三方权利人的知识产权，开设专门的投诉平台和渠道，积极处理用户在使用腾讯服务过程中存在的侵犯他人知识产权的内容。面对公司业务发展过程中面临的不法侵害，腾讯法务部门有效捍卫公司权益，取得了优异的诉讼成绩。在腾讯取得巨大发展的背景下，腾讯法务部门从最开始的支撑业务需求，演变到代表行业发声，主动承担社会责任，发挥了为腾讯和行业发展保驾护航的功效。

游戏版权越来越受到重视的重要原因在于，游戏行业的高速发展带动了依托内容的下游产业链的快速成长，例如短视频、电竞赛事、游戏直播等；在游戏产业跨界发展的情况下，游戏版权纠纷的范围也从产品本身扩散到视频平台、直播平台和周边衍生品市场，产生了包括围绕视听作品[四]在内的大量纠纷。以英雄联盟游戏禁播事件为例，《英雄联盟》游戏由美国利奥游戏公司研发，其对该游戏软件及内含元素拥有完整著作权。原告腾讯作为我国《英雄联盟》游戏的独家运营方，被授权享有该游戏著作权的独占使用许可，且有权单独以自己名义进行知识产权、公平竞争权利等方面的维权。而被告"西瓜视频"平台由阳光公司、今日头条公司、字节跳动公司具体运营。2018年开始，"西瓜视频"开设直播房间，组织主播直播《英

[一] 《QQ堂》是2004年年底腾讯公司推出的一款游戏，其道具设计、按键、界面、系统、地图都与泡泡堂相似，但是开发了新的系统。

[二] 《泡泡堂》是由韩国游戏公司Nexon开发的一款游戏（Casual Game），于2003年在我国上线，由盛趣游戏运营。游戏讲述了哈巴森林的一个村落的村民们利用神奇的水泡来打猎和采集宝石，故事围绕拯救村民和夺回被海盗抢去的宝石而展开。

[三] 腾讯本部在深圳南山区，诉讼大多由深圳南山区法院受理。

[四] 2020年全国人大常委会表决通过新修改的《著作权法》，于2021年6月1日起实施，将旧法中的"电影作品和以类似摄制电影的方法创作的作品"修改为"视听作品"。

雄联盟》，以此牟利。

腾讯诉称：运城市阳光公司、今日头条公司、字节跳动公司大量招募主播，提供软件添加非法客户端以录制《英雄联盟》并把游戏画面、配乐供主播使用；设置"英雄联盟"专区进行直播并推荐主播的直播内容；提供充值结算渠道，通过观众打赏的虚拟礼物与主播分成获利。今日头条公司、字节跳动公司运营的今日头条 App 推广、传播"西瓜视频"中的《英雄联盟》直播，其行为侵害了腾讯对《英雄联盟》享有的计算机软件著作权及其他著作权。"西瓜视频"未经腾讯许可，将包含腾讯《英雄联盟》游戏画面的短视频以公之于众的方式展示在开放性的、不特定任何人均可浏览的"西瓜视频"平台上，使公众可以在其个人选定的时间和地点获得涉案《英雄联盟》游戏画面，构成对腾讯信息网络传播权的侵害。腾讯为《英雄联盟》游戏的运营支付了高昂的成本。《英雄联盟》用户协议明确约定："用户在使用腾讯游戏服务过程中不得未经腾讯许可，以任何方式录制、直播或向他人传播腾讯游戏内容，包括但不限于不得利用任何第三方软件进行网络直播、传播等。"因此，深圳市腾讯计算机系统有限公司将北京字节跳动科技有限公司等四家公司告上法庭，要求四被告停止侵权、赔礼道歉并赔偿原告经济损失及合理开支共计 5030 万元。

广州互联网法院审理认定，被告未经腾讯许可，鼓励、引诱和帮助游戏用户在西瓜视频、今日头条平台上传《英雄联盟》游戏短视频进行传播并从中获利，且接到腾讯通知后拒不删除相关视频，具有明显的主观过错，获取了大量广告收益。法院 2020 年 9 月 21 日一审判处阳光公司、字节跳动公司立即停止在西瓜视频 App、今日头条 App、365yg.com 传播包含有《英雄联盟》游戏画面的视频；赔偿腾讯 350 万元及合理费用 14 万元。[1]

（二）不正当竞争的法律风险及应对

市场经济要求公平、正当和有序竞争。《反不正当竞争法》第二条规定，经营者在生产经营活动中，应当遵循自愿、平等、公平、诚信的原则，遵守法律和商业道德。本法所称的不正当竞争行为，是指经营者在生产经营活动中，违反本法规定，扰乱市场竞争秩序，损害其他经营者或者消费者的合法权益的行为。不付出劳动或者不正当地利用他人已经取得的市场成果，为自己谋取商业机会，从而获取竞争优势的行为，属于食人而肥的不正当竞争行为。企业经常会遭遇或发生这类行为。

以"3Q 大战"（又称"腾讯360之争"）为例。[2]腾讯通过开发 QQ 软件，吸引

---

[1] 广州互联网法院民事判决书（2019 粤 0192 民初 1756 号）。

[2] 马学玲：《"3Q 大战" 4 年长跑落幕：为互联网竞争树司法标杆》，中国新闻网，2014 年 10 月 16 日，https://finance.ifeng.com/a/20141016/13191381_0.shtml。

相关消费者体验、使用其业务，同时以该平台为媒介吸引相关广告商投放广告，以此创造商业机会并取得相关广告收入。2010年，腾讯推出多个版本的QQ医生、QQ电脑管家，后来涵盖了360安全卫士所有主流功能，用户体验与360极其类似，威胁到360在安全领域的生存地位。当年9月27日，360公司（即北京奇虎科技有限公司）发布直接针对QQ的"隐私保护器"工具，宣称其能实时监测曝光QQ的行为，并提示用户"某聊天软件"在未经用户许可的情况下偷窥用户个人隐私文件和数据，引起了网民对QQ客户端的担忧和恐慌。10月14日，腾讯正式宣布在北京起诉360公司不正当竞争，要求360公司及其关联公司停止侵权、公开道歉并做出赔偿。

2010年10月29日，360公司又推出一款名为"360扣扣保镖"的安全工具。360公司称该工具全面保护QQ用户的安全，包括阻止QQ查看用户隐私文件、给QQ加速、过滤广告等功能。在用户安装和运行"360扣扣保镖"过程中，通过有计划的行为引导，帮助用户安装360公司的产品——360安全卫士；并通过一键修复功能，将QQ软件的安全沟通界面替换成"360扣扣保镖"界面。腾讯对此做出强烈反应，于11月3日发布《致广大QQ用户的一封信》，在装有360软件的计算机上停止运行QQ软件。4日，360公司宣布召回"360扣扣保镖"软件。同日，在国家有关部门的强力干预下，两款软件恢复兼容。21日，腾讯在其官方网站刊载致歉声明，称虚心接受工业和信息化部等政府部门的通报批评，要以更开放的心态和用户、行业一起去拥抱"阳光下的竞争"。但是，腾讯于2011年8月向广东高院提起诉讼，索赔1.25亿元，称"360扣扣保镖"有"外挂"行为，是打着保护用户利益的旗号，污蔑、破坏和篡改腾讯QQ软件的功能，并通过虚假宣传，鼓励和诱导用户删除QQ软件中的增值业务插件、屏蔽原告的客户广告，而将其产品和服务嵌入QQ软件界面，借机宣传和推广自己的产品。后来，北京、广东法院均认为360公司有不正当竞争行为，判令其赔偿腾讯经济损失及合理维权费用。

在市场竞争中，认定经营者的行为是否构成不正当竞争，关键在于该行为是否违反了诚实信用、公平竞争原则和公认的商业道德，并损害了竞争者的合法权益。在"3Q大战"中，双方均有过激行为，应引以为戒。

（三）未成年人沉迷上网的法律风险与应对

随着互联网行业的高速发展，网民低龄化趋势越来越明显。"任何娱乐都应该有所节制，我希望孩子们可以享受游戏，并有所收获，而不是沉湎其中。"腾讯集团高级副总裁马晓轶发表公开信表示，腾讯一直以来高度重视未成年人健康上网的问题，持续进行了多项自发主动的探索，2017年2月16日，腾讯正式推出"网络游戏未成年人家长监护工程"之"腾讯游戏成长守护平台"的系列服务，借助科技的力量，对孩子进行引导。腾讯在未成年人健康上网保护体系上，初步构建了包括成长守护平台、健康系统等项目的未成年人健康上网保护系统，协助家长对未成年子女的游戏账号、时间、消费额度进行监护，号称国内首个帮助未成年人健康游戏的系统解决方案。为避免未成年人在绕过家长监管的情况下进行非理性消费，腾讯在2018年6月发起"少年灯塔主动服务工程"，设立未成年人游戏专线客服专线，对疑似未成年人非理性消费进行主动提醒，并建立了未成年人非理性消费申诉和受理机制。2018年9月，腾讯升级健康系统，先后接入了"公安权威数据平台强化实名校验""金融级别人脸识别验证""基于自然人合并计算多账号总游戏时长"等一批新技术、新功能。2019年以来，腾讯还在准入确认阶段进行了诸如"16+"试点的新探索，并在实践中不断完善、优化未成年人保护举措。

马化腾从一家企业的角度把时下亟待解决的矛盾列举出来，并以成长守护平台为例介绍了相关实践，提出相关建议，展现了腾讯在未成年人健康上网保护体系方面下的决心。马化腾表示："互联网在客观上促进了青少年素质教育的开展，也培养了青少年的全球眼光和多元知识结构，但伴随而来的也有未成年人遭受网络犯罪、网络欺凌、网络不良信息侵害以及因个人信息泄露等诸多社会问题。在这种趋势下，加强未成年人健康上网保护体系建设的需求越发急迫。"

二、腾讯案例对当代大学生创新创业的法律启示

由前文所述的腾讯经营管理中对一系列法律风险的有效防范和应对，我们可以得到以下启示：

（一）企业建立一个强大的法务部门至关重要

企业创立初期的每项决策都决定了企业后期发展的速度和质量，一个好的法律顾问不仅对创业初期的企业非常重要，而且对于企业步入正轨后的生产和发展、战略和管理、营销和售后具有至关重要的作用。腾讯有五个创始股东（CEO 马化腾，CIO 许晨晔，CTO 张志东，COO 曾李青，CAO 陈一丹），网络上称呼他们为"腾讯五虎将"。其中，陈一丹毕业于南京大学法学院，负责腾讯在法律、行政、人力资源、政策发展以及公益慈善基金等方面的事务，以及处理知识产权和政府关系等事项。精通法律的陈一丹对腾讯从一个名不见经传的小公司发展到一个世界知名的大企业，在使之有序发展和规范化管理方面有着不可磨灭的功绩。他兼顾效率与合法经营，努力让公司对内对外都能符合相关的法规和政策，始终保持平稳发展的状态。"移动互联网的时代，就是法治、透明和全球化的时代。在这日新月异的大时代里，任何一个企业想要成就伟大梦想并持续发展，其管理层中若有卓越的商务律师护卫，就更易如愿，也更值得投资人信赖。"腾讯法务团队一路走来，伴随着腾讯的发展

而发展，随着科技、社会、业务需要及用户需求等不断变化，表现优异。

（二）高科技型企业应有更多的规避、化解法律风险的手段

"科技能够造福人类，科技应该努力去解决自身发展带来的社会问题。面对一系列新出现的社会问题，要趋利避害地使用新技术与大数据，提高智慧社会的治理水平。"腾讯搭建跨部门、跨业务、跨系统的数据和隐私保护团队，通过科学规范的安全管理流程和健全的安全技术体系，充分保障用户的知情权，实现用户对个人信息的控制，为用户创造一个安全可靠的在线环境。"腾讯始终把个人信息和数据安全放在优先地位，坚持收集数据有限度、数据服务有温度、使用数据有态度、管理数据有法度、保护数据有力度"，为用户提供强有力的保护，全方位保障用户隐私。在数据收集方面，腾讯遵循合理必要的原则，对信息的处理限于明确、具体和合法的目的。腾讯通过事前防御、事中保护和事后追溯，建立安全可靠的数据保护体系，全方位保障用户数据安全，在适当情况下，借助人工智能及其他创新技术来加强对网络安全威胁的防护。结合自身的数据保护实践经验和用户需求，腾讯在产品及服务设计阶段考虑和部署对用户隐私的保护，制定和推行腾讯 PBD 隐私保护方法论⊖，隐私保护全面覆盖提供的各项产品和服务。

（三）优秀企业应充分承担自身的社会责任

未成年人的自制力和自我认知能力尚不成熟，沉迷于网络游戏很容易泄露个人信息、耽误学业，并出现非理性消费，造成财产损失。网络对未成年人的身心发展影响是巨大的，未成年人上网保护关系到成千上万个家庭的幸福和整个社会的稳定。腾讯如能切实有效地肩负起保护未成年网民的社会责任，公司的品牌形象、行业地位、社会评价等都将因此得到显著提升。由于腾讯的热门软件特别是游戏较多，如何有效地防止未成年人沉迷上网，达到国家的监管要求，体现自身的社会责任，仍然任重道远。

第二节 阿里巴巴创新创业中的法务经验

提起阿里巴巴这家互联网巨头公司，人们首先想到的是阿里巴巴集团主要创始人马云带领"十八罗汉"的创业故事。于 1999 年在杭州市创立的阿里巴巴初始是一

⊖ PBD 隐私保护方法论：P 代表 Person，以保护用户隐私为核心；B 代表 Button，希望通过"隐私按钮"为用户提供合理高效的隐私保护；D 代表 Data，全方位保障数据安全。

个"三无"团队：一无显赫的出身背景，二无成功案例或财务支撑，三无特别的技术优势。倘若从法律的角度去审视阿里巴巴，你会发现它在创业和守业的过程中曾经多次面临法律上的风险，阿里巴巴的法律素养在很大程度上决定着企业的生死成败。

创业箴言

> 创业者光有激情和创新是不够的，还需要很好的体系、制度、团队以及良好的盈利模式。

一、阿里巴巴创新创业中的法律风险与应对

（一）刷单行为的不正当竞争法律风险及应对

为营造公平、透明、诚信的购物环境，阿里巴巴创立的淘宝与后来针对优质企业有偿开放的天猫在成立之初都设立了交易评价系统，供消费者每次购物后对商品以及服务进行评价。淘宝、天猫上的一些网络卖家为了营造商品热销、用户口碑好的形象，提升商品搜索排名，从而达到吸引更多的消费者浏览和购买的目的，通过找专业机构有偿"刷单"的方式，虚构成交记录及用户好评，借此欺骗平台以及消费者，谋求非法利益。例如，杭州简世公司于2014年9月开始设立刷单平台"傻推网"，从事网络刷单的违法行为。简世公司经营的"傻推网"组织刷手刷单，谋取经济利益，进行虚假交易、好评行为，违反诚实信用原则和公认的商业道德，造成淘宝、天猫两大平台上的相关数据不真实，导致消费者对两大平台上所售商品的质量产生怀疑、不信任，从而破坏淘宝、天猫努力营造的公平、透明、诚信的网络购物环境，危及信用评价体系，损害了淘宝、天猫的合法权益，扰乱了社会经济秩序。2016年7月12日，杭州市西湖区市场监督管理局责令当事人停止违法行为，消除影响，并对当事人罚款8万元。

同时，淘宝、天猫以杭州简世公司的行为对它们的声誉以及市场竞争力造成巨大影响，根据《反不正当竞争法》，请求法院判令被告杭州简世公司赔偿原告损失共计216万元。杭州市西湖区人民法院审理后认为，以不正当的手段获取建立在使他人利益受损害基础上的经济利益，从中收取会员费、手续费，属于典型的不正当竞争行为，杭州简世公司的行为对淘宝、天猫构成不正当竞争，判决杭州简世公司赔偿淘宝、天猫经济损失（含合理费用）20万元。㊀

㊀ 李红萍、潘素哲：《组织炒信行为是否构成不正当竞争》，网易，2018 - 03 - 02，https：//www.163.com/dy/article/DBTP5B22051187VR.html；杭州市西湖区人民法院民事判决书（2016浙0106民初11140号）。

电子商务经过多年发展，已经越来越成为我国的主要经济形式，而刷单则是电子商务的"毒瘤"，极大地阻碍了电子商务的发展。刷单的危害在于误导消费者、欺骗消费者，污染卖家诚信经营、公平竞争的环境，给优质服务的卖家增加生存难度，平台诚信经营氛围和信用体系也面临冲击，破坏了整个电子商务公平竞争的经济秩序和经营环境。因此，阿里巴巴集团旗下各平台通过系统核查、人工审核、全网举报等一系列举措对网络卖家刷单的行为实施严厉打击。刷单行为一经发现，平台不仅清除所有刷单的记录和用户评价，针对涉嫌炒作信用的店铺和商品还要视行为严重程度给予扣分、搜索降权甚至关闭店铺的处理。阿里巴巴知识产权总监叶智飞表示，公司每年投入大量的人力、物力和财力来打击和管理刷单，解决阿里巴巴网络交易平台淘宝和天猫在主体准入、商品销售、交易行为管理等方面长期存在的违法问题，保证了企业的信誉。①

（二）产品、服务的商标法律风险及应对

知识产权作为发展的重要资源和竞争力的核心要素，在企业竞争中的作用日渐突出。管理者的商标注册和保护意识是企业成功的重要保障。《商标法》第三十条规定，申请注册的商标，凡不符合本法有关规定或者同他人在同一种商品或者类似商品上已经注册的或者初步审定的商标相同或者近似的，由商标局驳回申请，不予公告。

在知识产权保护方面，阿里巴巴品牌长期以来受到消费者的认可。在淘宝正式上市前，阿里巴巴注册了手机淘宝软件中的"淘"字商标，全方位就商标注册的主视标等各个类别进行保护。阿里巴巴壮大以后，斥资注册了大量自己品牌的近似商标，像"阿里奶奶""阿里爷爷""阿里妈妈"等。这一系列商标从形式上保护了阿里巴巴品牌名称不被商业仿冒，避免未来引起各种纠纷，影响阿里巴巴商誉。马云曾在杭州的新闻发布会上表示："互联网是打假最好的手段之一，电子商务本身不造假，而且是辨别侵权行为的一面最好的镜子。阿里巴巴在保护知识产权的资金投入方面上不封顶，需要多少出多少。"

作为国内电商平台的两大巨头，阿里巴巴和京东之间的竞争从未停歇。近年来，阿里巴巴与京东这两大电商之间的价格战、品牌战、配送战、商标战不断上演。以商标战为例，2018年11月13日，京东向国家知识产权局提出撤销"双十一"商标的申请，认为阿里巴巴在2015年11月13日至2018年11月12日三年期间没有使用"双十一"商标。国家知识产权局认为，阿里巴巴提交的使用证据有效，能够证

---

① 尚淑莉：《阿里巴巴诉"傻推网"索赔216万》，网易转载《现代金报》，https://www.163.com/news/article/CDC2LVQI000187VI.html。

明在其服务上的使用，继续维持注册。京东不服，2019年9月23日，向国家知识产权局申请复审。国家知识产权局认为阿里巴巴对"双十一"商标在部分服务上没有使用，对这部分服务上的商标注册撤销。

阿里巴巴主张"双十一"⊖是由阿里巴巴独创并首先作为商标使用的标识，每年的促销活动期间，在广告宣传、商家促销协议、店铺装饰等环节，阿里巴巴都会将"双十一"字样应用于参与促销活动的产品中，使消费者能够区分服务来源，识别促销商品；经过多年持续的宣传使用，该商标已与阿里巴巴建立了事实上的唯一对应关系；而由京东申请并于2016年9月核准注册的"京东双11"⊖的商标完整包含了"双十一"的标志，两商标共存于市场具有引发消费者混淆、误认的较高可能性。阿里巴巴认为，京东在实际经营中使用"京东双11"标识，使消费者误认为其与阿里巴巴的"双十一"品牌存在关联，其行为侵犯了阿里巴巴的注册商标专用权，违反了公平诚信原则，破坏了正常的市场秩序。阿里巴巴同意国家知识产权局复审决定中维持涉案商标注册的部分，而针对被撤销的部分，阿里巴巴提交了多份推广协议、营销活动相关证据，以证明其也在"商业管理辅助；商业信息"等服务上对诉争商标进行了商标性使用。

（三）"二选一"行为的反垄断法律风险及应对

垄断行为是妨碍市场经济正常运行的重要因素。滥用市场支配地位的垄断行为，既侵害了平台内商家的合法权益，又损害了消费者权益。《反垄断法》第十七条规定，禁止具有市场支配地位的经营者从事七项⊖滥用市场支配地位的行为；本法所称市场支配地位，是指经营者在相关市场内具有能够控制商品价格、数量或者其他

⊖ "双十一"商标核准注册日为2012年12月28日，注册人为阿里巴巴，核定使用在国际分类第38类"电视广播、新闻社、计算机辅助信息与图像传输、信息传送、电子公告牌服务（通信服务）、计算机终端通信、为电话购物提供电讯渠道、提供互联网聊天室、移动电话通信、远程会议服务"服务上。

⊖ "京东双11"商标申请日为2013年11月14日，核准注册日为2016年9月21日，注册人为京东，核定使用在国际分类第38类"电视播放、信息传送、计算机终端通信、计算机辅助信息和图像传送、电子公告牌服务（通信服务）、为电话购物提供电讯渠道、电子邮件、提供在线论坛、数字文件传送、提供数据库接入服务"服务上，专用权期限至2025年2月13日。

⊖ 《反垄断法》第十七条 禁止具有市场支配地位的经营者从事下列滥用市场支配地位的行为：

（一）以不公平的高价销售商品或者以不公平的低价购买商品；

（二）没有正当理由，以低于成本的价格销售商品；

（三）没有正当理由，拒绝与交易相对人进行交易；

（四）没有正当理由，限定交易相对人只能与其进行交易或者只能与其指定的经营者进行交易；

（五）没有正当理由搭售商品，或者在交易时附加其他不合理的交易条件；

（六）没有正当理由，对条件相同的交易相对人在交易价格等交易条件上实行差别待遇；

（七）国务院反垄断执法机构认定的其他滥用市场支配地位的行为。

交易条件，或者能够阻碍、影响其他经营者进入相关市场能力的市场地位。平台经济的规范健康持续发展，离不开公平竞争的环境。

近年来，加强对互联网平台巨头的反垄断监管已经成为立法、执法和司法机关高度重视的法律领域，我国法治体系对此领域的关注杜绝了网络平台成为反垄断的法外之地的可能。以政府针对阿里巴巴"二选一"垄断行为的行政处罚为起点，我国开启了互联网行业反垄断的新征程。2021年4月10日，国家市场监督管理总局依照《反垄断法》对阿里巴巴在我国境内网络零售平台服务市场实施"二选一"的垄断行为做出行政处罚⊖，对其处以2019年我国境内营业额4%的罚款，引发了广大网民和媒体的关注。有关部门认为阿里巴巴自2015年以来，利用其在我国境内网络零售平台服务市场的支配地位，实施"二选一"行为，禁止平台内经营者在其他竞争性平台开店或者参加促销活动，并以多种奖惩措施保障行为实施。阿里巴巴的"二选一"行为排除、限制了相关市场竞争，侵害了平台内经营者的合法权益，损害了消费者利益，阻碍了线上销售平台的经济发展，构成了《反垄断法》规定的滥用市场支配地位的限定交易行为。

国家市场监督管理总局出具了《行政处罚决定书》和《行政指导书》，强调了阿里巴巴的平台企业主体责任，要求其完善企业内部合规控制制度，并对其积极在维护公平竞争、促进创新发展等方面提出了明确要求。这对于其他的互联网企业，尤其是对特定领域中占有较强市场地位的企业，具有很大的参考价值。阿里巴巴表示积极配合反垄断调查，承担应尽的社会责任。2021年2月3日，阿里巴巴发布2021财年第三季度财报，在财报发布后的分析师电话会上，阿里巴巴集团董事会主席兼首席执行官张勇表示："面对反垄断调查，我们的态度是坦诚面对，积极配合。"作为连接着数亿消费者和数百万商家、承载着数万亿元人民币年度交易规模的中国零售平台，阿里巴巴深刻理解平台具有重要的社会公共属性，通过冷静反思和积极作为，确保其所作所为不仅要符合我国法律法规的要求，同时要为消费者权益的保护、社会零售业的数字化发展、产业的升级贡献力量，承担起其作为大型网络零售平台应尽的社会责任。

二、阿里巴巴案例对当代大学生创新创业的法律启示

由前文所述的阿里巴巴经营管理中对一系列法律风险的有效防范和应对，我们可以得到以下启示：

⊖ 《反垄断法》第四十七条　经营者违反本法规定，滥用市场支配地位的，由反垄断执法机构责令停止违法行为，没收违法所得，并处上一年度销售额百分之一以上百分之十以下的罚款。

(一)创业公司需要完备的法律风险控制体系

阿里巴巴在创业过程中极其重视法律事务,具体体现在建设优秀完备的法务团队、重视法律风险控制、引进精通商事法律的高级人才。在阿里巴巴创始人的合作伙伴中,蔡崇信、石义德、俞思瑛被称为阿里巴巴的"法律三护卫",他们极大地影响甚至主导着互联网巨头阿里巴巴的命运。以蔡崇信为例,创立公司时他主张起草的合伙合同等法律文件为阿里巴巴带来了"契约精神"和"国际游戏规则"。在蔡崇信的辅助下,阿里巴巴有了完备的股权架构和风险管理体系,得以在日后的发展中走得比较稳健。

企业法务除了提供法律服务外,还承担着一部分企业管理职责。在阿里巴巴的事业"大厦"中,法律人扮演着支柱般的重要角色,许多高管都有律师执照。随着互联网行业的兴起和互联网市场的发展,依法经营已日益成为大众接受的商业规则,法律人严谨的法律思维、完备的学科能力、勤奋的学习习惯以及丰富的实践经验,使他们在公司运营中占据不可或缺的地位。对于公司高管而言,要想真正提高被接受度,不仅需要掌握财务知识、管理知识,更需要学习并了解一定的法律知识。

(二)创新和竞争齐头并进,捍卫知识产权是底线

知识产权是企业核心竞争力的重要组成要素,在企业的创新发展过程中发挥着积极作用。阿里巴巴作为一家创新性的互联网企业,其对于知识产权的重视和保护决心是一贯的。早在淘宝成立之初,阿里巴巴便有一支专业团队,投身知识产权保护平台建设与运行,处理海内外的知识产权投诉。如今,阿里巴巴知识产权团队规模更大,专业性更强,业务内容更广,技术手段更多,自动化和智能化程度更高。互联网世界绝不是可以规避法律约束的地方,对于电商平台创业者来说,致力于保护知识产权、维护健康安全的电商环境及保护消费者和卖家的信任至关重要。

互联网的发展有赖于自由竞争和科技创新,但这并不等于互联网领域是一个可以为所欲为的法外空间。竞争自由和创新自由必须以不侵犯他人合法权益为边界,互联网的健康发展需要以有序的市场环境和明确的市场竞争规则为保障。某些行为是否属于互联网精神鼓励的自由竞争和创新,仍然需要以其是否有利于建立平等公平的竞争秩序、是否符合消费者的一般利益和社会公共利益为标准进行判断。否则,任何人均可用技术进步为借口,对他人的技术产品或者服务进行任意干涉,借技术进步、创新之名,行"丛林法则"之实。技术创新可以刺激竞争,竞争又可以促进技术创新。在此互动中,应当把控好创新、竞争、技术之间的关系,将技术革新作为促进而非阻碍公平自由竞争的工具,这样才能赢得企业的健康发展。对此,阿里

巴巴有正反两方面的经验和实践，值得我们充分借鉴。

第三节　Facebook 创新创业中的法务经验

创立于 2004 年的美国社交软件公司——Facebook（脸书），其主要创始人马克·扎克伯格（Mark Zuckerberg）[①]的创业导师、风险投资家彼得·泰尔（Peter Thiel）曾经告诉他："最大的风险就是不冒任何风险。"在迅速变化的当今世界，创业者总会遇到不同的瓶颈，越是墨守成规的人越容易招致失败。创业者应当敢于冒险，抓住每一次可能成功的机会。扎克伯格表示："对于真正创过业的人来说，他们知道创业本身是一件非常难的事情，而真正让你能够坚持下去的是相信你在做的事情，并且知道你在做的事情是在创造价值。而这，就是我认为的伟大公司的由来。"

创业箴言

越是巨大的冒险，越是需要激情和谨慎。

一、Facebook 创新创业中的法律风险与应对

（一）隐私"泄露"的民事法律风险及应对

2007 年—2014 年，Facebook 允许应用开发者在用户不知情的情况下，访问并处理 Facebook 上的用户个人信息。2014 年，一家名为剑桥分析公司（Cambridge Analytica）的互联网大数据公司开始和 Facebook 合作，它在 Facebook 上投放很多心理测试应用，以收集用户个人资料及心理测验结果，从而对用户进行清楚的定义与划分。凭借这种方法，剑桥分析公司非法收集了全球 8700 万个 Facebook 账户的个人信息。2015 年，剑桥大学研究员亚历山大·科根（Aleksandr Kogan）在 Facebook 上发布了心理测试小程序"这就是你的数据生活"（This Is Your Digital Life），为了完成此性格测试，用户必须通过 Facebook 账户登录并授权测试程序使用用户在 Facebook 上的一系列公共信息。借助这一应用，该程序后台直接或间接获取到 5000

[①] 马克·扎克伯格（Mark Zuckerberg），1984 年生于美国纽约，Facebook（脸书）的创始人兼首席执行官，被人们冠以"第二盖茨"的美誉，2017 年获哈佛大学荣誉法学博士学位。

万 Facebook 用户的个人信息，包括朋友列表、地区以及在社交圈中发布的其他信息。据报道，科根博士随后通过自己的公司将数据卖给了剑桥分析公司，该公司将获得的用户数据用于大数据挖掘，计算用户的个人偏好和政治意愿，传播散布不实信息。大量的用户隐私数据成为这家公司得以影响 2016 年美国大选结果的工具。

2018 年 3 月 16 日，上述操作因涉嫌操纵选举被美国《纽约时报》公开，引起一片哗然，有爆料人声称 Facebook 在 2015 年就已经获知相关信息但并未采取严肃、有效的措施，更是让 Facebook 一夜之间成为事件的焦点。随着一系列事件的发酵，Facebook 终止了与多家数据机构的合作。然而，经过这场风波后，许多用户开始感到隐私受到侵犯，"删除 Facebook" 成为热门标签。大量用户删除了他们的 Facebook 账户，一些小型广告商已经离开该平台，Facebook 股票受到重创。

此次隐私泄露事件从根本上冲击了 Facebook 的商业运作逻辑，扎克伯格面临来自德国、印度、韩国和其他国家的质疑，随之而来的还有政府机构的跟进调查、法律的严厉制裁、金融市场的动荡以及舆论的持续传播。在经历了多轮听证会轮番轰炸拷问之后，Facebook 针对数据泄露问题提出了多项保护措施。2018 年 4 月，Facebook 正式开启政治广告审批流程，开始审查每个有权限访问用户个人信息的开发者。正如 Facebook 在道歉信中所写的："我们将调查所有采取更严格数据访问条款前访问过大量用户数据的应用。那些有可疑行为的应用，我们将重点审查。"⊖ Facebook 宣布与 Snopes 和 PolitiFact 等真相核查机构合作，同时与法新社和 Correctiv 等新闻机构达成合作协议，使用户能对出现在平台上的新闻事件的真实性提出异议。作为补充措施，在 Facebook 上投放的政治广告必须经第三方服务来核查其真实性，这些广告都要被贴上"政治广告"的标签，并必须向用户披露广告费的来源。

（二） "言论自由" 的法律风险及应对

Facebook 称其使命是"赋予人创建社群的权力，让世界融合在一起"。让世界互联程度更高，赋予更多人话语权，这件事的反面必然是虚假新闻的产生和对网络言论内容尺度的把控失控。因网络和社交平台的便利，假新闻的数量越来越多，造谣手段越来越先进，传播力和社会影响也越来越大。Facebook 上发布的关于"占领华尔街""黄背心"⊖等不尽真实的报道正是如此。关于假新闻，扎克伯格表示，Facebook 在处理这个问题时必须小心谨慎，既要严查信息流中的假新闻，又不能侵

⊖ 《扎克伯格回应一切，关于假新闻、隐私泄露事件和中国》，网易，2018 年 7 月 23 日，https://c.m.163.com/news/a/DND2SSQ3000197V8.html。

⊖ 法国巴黎"黄背心"运动，始于 2018 年 11 月 17 日，是法国巴黎 50 年来最大的骚乱，起因为抗议政府加征燃油税。首日逾 28 万人参与，持续多日，重创法国经济。

犯用户的选择权和言论自由。[1]Facebook会调查传播量最大的新闻，如果有人标注这条消息可能是假新闻，Facebook会在这篇新闻上添加一个警示标签，将其发送到负责事实查证的人那里，如果这部分人表示新闻经证明是假消息，那么该假新闻会在信息流中撤出热门区域。Facebook会封杀假新闻发布者，禁止他们使用付费推广服务，同时与第三方验证机构合作，提高Facebook向用户推荐的"相关报道"的准确性，开发更优的算法来自动检测假新闻。

2013年10月，一个身份不明的墨西哥女人被斩首的视频被展示在Facebook中，由于系统没有对它的画面内容给出警告，导致了一次强烈抗议。Facebook起初拒绝删除视频，然而，在媒体报道的压力下，Facebook删除了视频，同意媒体对其"美化暴力"的论断，并宣布将重新审视Facebook平台对那些分享暴力图像和视频的用户的政策。对于社交媒体的管理尺度问题，Facebook表示会不断尽已所能地避免这种悲剧重演。扎克伯格认为言论红线始终存在，由于人们对内容的接受程度存在差异，可以划定更多范围和级别以改善用户的体验。扎克伯格提到一个全球投票系统，以此通过集体决策来构建尺度标准，他希望创造"一个新的流程"，通过该流程让全球的公民都参与到集体性的决策中。

（三）并购行为的法律问题及应对

2018年5月25日，欧洲联盟出台《通用数据保护条例》，针对当时苹果、Facebook和谷歌三家公司涉及数据垄断和非法逃税的行为进行了处罚。2020年11月，据报道，美国联邦和州调查人员认为Facebook并购了Instagram和Whats App后造成了消费者权益受损，准备对Facebook提出反垄断诉讼。Facebook的并购行为创造出了一个反市场竞争的社交网络巨头，导致用户几乎没有其他优质选择。美国政府反托拉斯监管当局曾考虑控告Facebook在并购交易后造成Instagram和Whats App的用户所获隐私保护减弱且服务变差。Facebook在2014年并购Whats App时，曾向使用者承诺会保持Whats App的独立性及提供强大隐私保护，且当时Facebook也对监管机构做出相同承诺，以换取交易进行。然而，数年后Facebook改弦易辙，试图让Whats App的用户数据和Facebook其他服务整合。由于Facebook过往隐私保护记录不佳，这类争议举措已引发新疑虑。调查人员正在对Facebook管理用户数据的方式以及其向第三方程序披露用户信息的条件进行深入调查。这意味着联邦政府和州政府另有可能控告Facebook把最有价值的信息资产变成"武器"来打压某些对手。

---

[1]《扎克伯格承认假新闻是个问题 已采取措施阻止假新闻传播》，腾讯网，2016年11月19日，https://tech.qq.com/a/20161119/022453.htm?t=1479615362795。

2020年12月，美国联邦贸易委员会部分委员起诉Facebook在社交网络领域的非法垄断，迫使Facebook剥离对Instagram和Whats App的控制。

对此，Facebook的法律顾问发表声明："反垄断法的存在是为了保护消费者和促进创新，而不是为了惩罚成功的企业。Instagram和Whats App之所以取得今天这样的成功，主要是因为Facebook投入了数十亿美元资金，以及持续多年的创新努力和专业知识，为数十亿用户开发新功能和更好的体验。最重要的事实是，监管机构在多年前就批准了这些收购，现在却想要重新审查，相当于向美国企业发出了令人不寒而栗的警告，即任何出售都不是最终章节。"即便如此，Facebook也不得不配合政府和法院的反垄断要求。

二、Facebook案例对当代大学生创新创业的法律启示

由前文所述的Facebook经营管理中对一系列法律风险的有效防范和应对，我们可以得到以下启示：

（一）对用户个人信息安全的保护不容忽视

人工智能、数据合规、信息安全、隐私保护成为近年来舆论热议的话题。随着科学技术和网络的发展，用户数据泄露事件频发，移动互联网在给人们带来便利的同时，也促进了骚扰电话、诈骗短信、霸屏广告等网络不良现象的兴起，安全的网络环境成为用户的一大切实需求。在国家大数据战略背景下，保护用户信息安全与隐私是创造安全、优质产品以及用户体验的首要前提。因此，互联网企业如何做到数据安全与合规，是企业创建和运行中的重要研究课题。合法性基础是创业企业成长过程中的关键因素，关系创业成败。企业无论资本力量如何强大，也要恪守法治规矩，守住隐私保护底线。无论以"便利"为名还是以"调研"为号，都不应当触及个人信息安全的违法雷区。随着云时代的来临，大数据正在吸引越来越多的关注，广告业正从传统媒体迅速向网络业发展。为了使消费者对其个人信息的使用有更多控制权，企业设立严格的数据保护制度是极其必要的。

（二）言论自由有一定尺度，社交自由应处于合法管控下

假新闻网站通常会使用看起来合法的域名、站名以及宣传语，故意模仿现实生活中的报纸或政府宣传机构，蒙骗网民平台利用信息不对等的环境，打造看似可信的信息端口，通过病毒式的传播骗取大量点击以获取巨额广告收入。正如《人民日报》提出的警示："千篇一律的同质化信息，信口雌黄的歪理邪说，形形色色的商业广告，还有那些活色生香、花边八卦、流言蜚语，以各种争奇斗艳的形式粉墨登

场，一股脑、无休止地推送过来，让广大受众被迫接受。"

电影《社交网络》[一]在将扎克伯格娱乐成一个自负、靠背叛亲友来获取性、金钱和权力的"坏孩子"的同时，呈现出他的创业初衷是"让世界更加开放和融合"，通过个性化的服务帮助人们更好地展现自己，更好地获取信息并做出选择。Facebook自成立以来基于社交平台的庞大用户群，经历了大胆而反复的试验，深挖社交关系链价值，成为一个互联网社交品牌的实力竞争选手。社交内容中推送的社会热点激起了人们表达意见、建议、评论、观点的热情，但也在一定程度上造成假新闻的流行，Facebook必须加强干预，否则将承担多种法律风险。Facebook一直强调实名制，这有利于清楚地了解客户信息，有利于广告投放的准确性，在获得商业价值的同时也有利于监管，已逐渐被各种网络平台借鉴采用。但应注意的是，获取和使用用户个人信息必须要采取合法的手段和技术，不得违背基本的法律规则和法律原则，在获取盈利的同时，把控好用户个人的基本利益与社会整体利益的协调尺度。

第四节　Uber创新创业中的法务经验

成功的创业者往往以"快速行动，打破常规"为创业信条。网约车作为移动互联网技术和共享经济环境下的创新产业，与传统出租车行业的商业模式相比具有巨大优势，给民众提供了便捷、廉价、舒适的交通出行方式，受到众人的热捧。但是随着网约车的出现而产生的社会和法律问题，引发了世界的关注和争议。对此，Uber创始人特拉维斯·卡兰尼克坚定地表示："若想成为企业家，就意味着你必须是一位天生的探险家，带着乐观的态度去做那些每个人都认为不可能的未知之事，作为企业家，我知道成功就是听从你的头脑并且跟随你的内心。"

在美国，退学创业的故事相当普遍，从微软公司的创始人比尔·盖茨，到苹果公司前首席执行官史蒂芬·乔布斯，这些成功的商业大腕无一不是走了退学创业之路，卡兰尼克也未能免俗，但他堪称最倒霉的成功创业者。1998年，21岁的卡兰尼克在还有几个月就可以从加利福尼亚大学洛杉矶分校毕业时，认识了计算机系里的几个"牛人"，决定辍学加入一个名为Scour的网站创业团队。在这家初创公司中，卡兰尼克一边运营产品，一边负责业务开发和市场营销。与其他团队成员相比，卡

[一] 《社交网络》根据本·麦兹里奇的小说《意外的亿万富翁：Facebook的创立，一个关于性、金钱、天才和背叛的故事》改编而成，于2010年10月在美国上映。

兰尼克是一位天生的销售员，出生于洛杉矶中产阶级家庭的他在高中暑期就曾挨家挨户地推销刀具。网站创办初期，卡兰尼克从创新艺人经纪公司创始人迈克尔·奥维茨手中拿到了巨额资金，将 Scour 做了起来。软件一发布就火遍校园，大学生们兴奋地用它下载盗版视频和音乐，公司也立刻获得了数千万美元的风险投资。渐渐地，Scour 发展为拥有数百万用户的平台，却几乎与每一家大型唱片公司和电影工作室之间产生了法律纠纷，美国电影协会、唱片工业协会等起诉其侵犯版权，要求赔偿 2500 亿美元！Scour 很快陷于困境，不得不申请破产。

2001 年，卡兰尼克又成立了一家名为 Red Swoosh 的流媒体科技公司。该公司通过同时连接 20 多万台计算机，运行着世界上最大的数据网络。但让卡兰尼克没有想到的是，当公司渐渐运转起来时，宽带价格急剧下降，随之而来的网络泡沫的破裂使投资者对视频的投资热情骤然下降，Red Swoosh 也长期徘徊在破产边缘。最后，卡兰尼克于 2007 年以 2300 万美元的价格将公司卖给了最大的竞争对手。过去的六年对卡兰尼克来说无比艰难，人们觉得他能坚持下来实在是太疯狂了。当他看到周围的任何事情，第一时间想到的就是："这能帮助公司吗？"更糟糕的是，一次又一次的失败让他失去了所有的朋友，只剩下孤单。然而，当被问及"为何不早点放弃"时，卡兰尼克却回答说："你无法控制你爱上谁。"

经历了两次失败的卡兰尼克处于一种慌乱的状态，但他开始逐渐清醒地意识到，这些年所经历的一切都是一种历练，同时也教会了他许多道理。他先花了整整一年时间周游世界，然后决定干点"正事"。源于一次偶然，卡兰尼克和好友格瑞特·坎普在去参加欧洲互联网峰会的路上无法叫到一辆出租车。卡兰尼克发现许多城市都有打车难的问题，他认为这完全是行业垄断造成的，打造基于互联网打车系统的想法由此在卡兰尼克的心中诞生。2009 年，卡兰尼克与坎普一起开发了打车软件 Uber，并创办了一家名为"UberCab"的出租车服务公司。2010 年 6 月，Uber BLACK 问世于美国旧金山。起初，该应用定位为高端的豪华轿车服务，但很快改为一种低成本的、可接受的服务。UberCab 的定价模式与普通的出租车有些相似，但不同之处在于采用了线上支付的模式。它成为全球第一个提供类似服务的移动应用软件，其"按需服务"的崭新商业模式颠覆了传统的出租车行业，进而加深了市场竞争，并提高了整体运行效率。

创业箴言

创业中的真正冠军都有这样的素质——在遇到逆境时能够振作起来，竭尽全力，冲向胜利的终点。

一、Uber 创新创业中的法律风险与应对

（一）出租车行业的法律监管风险与应对

在 UberCab 公司董事会正式任命卡兰尼克出任首席执行官的当天，UberCab 公司收到了一封来自旧金山市的律师函，因公司提供的服务没有获得许可执照而被起诉，对方要求卡兰尼克支付每次租车服务 5000 美元的罚款。这足以扼杀这家初创公司。

最初的 Uber 为旧金山一家汽车租赁公司提供服务，由于服务优质，UberCab 很快在当地互联网技术圈走红，但是旧金山交通管理局的政府禁令也随之而来，强调 UberCab 的运营资质存在问题。2015 年 3 月，Uber 的低成本服务在法国产生了争议，因认为 Uber 的服务没有获得相关法律许可，警察突袭了 Uber 在巴黎的办公地，搜查了 Uber 驾驶员的邮件、文件和智能手机。巴黎的出租车驾驶员也以罢工的方式抗议 Uber 抢生意，要求政府加快速度禁止 Uber 所提供的服务。Uber 也不得不面对来自英国、德国、澳大利亚、韩国等全球范围内的禁令、处罚与封杀。

为了维持公司的运转，卡兰尼克将"出租车"的字眼从公司名字里剔除。他前往旧金山市政交通局，向官员解释 Uber 并不是一家出租车公司，而是为独立的驾驶员提供技术服务的公司。卡兰尼克认为，初创的 Uber 是合规的。因此，他采用各式各样的方法让人们认识这家公司。

（二）交通事故的法律风险与应对

Uber 平台的迅速崛起引发了广泛的安全挑战。Uber 部分驾驶员涉嫌违法驾驶，直接关系到乘客的人身和财务安全。报警求助应急制度和投诉反馈制度的缺失导致网约车驾驶员醉酒肇事、敲诈甚至强奸乘客的事件屡屡发生。根据 Uber 对驾驶员的独立承包人身份认定以及各项免责条款，许多无法从驾驶员那里获得全额赔款的乘客难以向 Uber 继续索赔，导致交通事故的责任认定存在异议，乘客的合法权利无法受到支持和维护。

（三）自动驾驶技术的法律风险与应对

Uber 也在研究、应用自动驾驶技术。2018 年 3 月，美国 Uber 科技公司的一辆自动驾驶汽车在亚利桑那州的路上撞上一名行人，并导致其死亡。该事故作为全球首例无人驾驶汽车致人死亡的事故，受到了外界的广泛关注。幸运的是，美国检方

于3月5日认定：该事故由驾驶员疏忽导致，Uber对此不担负任何刑事责任。[一]事故发生时，Uber汽车处于自动驾驶模式，但与其他自动驾驶汽车制造商一样，当自动驾驶系统出现故障或出现棘手驾驶情况时，Uber要求车内的驾驶员进行人工干预。检察官在一封公开信中表示，针对Uber的刑事责任追究"没有依据"。但在该交通事故后，Uber暂停了其在匹兹堡公共道路上的有限自动驾驶汽车测试。事故发生9个月以后，Uber于2018年12月恢复了该项目，表示已经对自动驾驶软件进行了改进，并会在实际运营中进行更严格的监控。

（四）劳动关系的法律风险与应对

2013年，奥康纳等代表近16万名Uber驾驶员将Uber诉至加利福尼亚州法院，要求认定他们和Uber的劳动关系，要求Uber严格按照美国雇佣法的规定提供必要保险和福利，并提出他们有权组织工会。后来该案以和解的方式结案，Uber最终支付补偿和调整制度以避免最终可能不利的裁决。在美国加利福尼亚州和马萨诸塞州集团诉讼案中，Uber以1亿美元补偿金与38.5万名驾驶员达成和解，承认驾驶员各项合法权利，但是并未认定Uber驾驶员为网约车平台雇员的身份。法官认为Uber与驾驶员之间的关系是模棱两可的，判决的目的不是通过认定驾驶员为雇员而使Uber陷入困境，而是希望通过判决促使Uber遵守法律，保障驾驶员法定权利的实现。

二、Uber案例对当代大学生创新创业的法律启示

由前文所述的Uber经营管理中对一系列法律风险的有效防范和应对，我们可以得到以下启示：

（一）新型模式创业应遵守法律制度框架，在经营和监管之间找到平衡

在共享经济时代，互联网平台创造了新的商业模式，以Uber为代表的共享经济模式迅速发展，在给人们的生活带来便利和增加就业机会的同时，也对工业化背景下产生的用工方式和社会保障制度提出了全新的挑战。共享经济的初衷是美好的，但牵涉到公共交通领域的共享出行，其社会公共品的属性和其他附属性质使共享出行需要受到特殊的法律约束。在进入市场的初期，网约车的争议点主要集中在法律地位、运营牌照、与出租车的冲突、驾驶员资质等方面，随后争议主要聚焦在安全

[一]《全球首起自动驾驶致命事故认定：优步无刑事责任》，环球网，2019年3月6日：https://www.sohu.com/a/299437941_162522。

性、劳动关系、拥堵、定价、保险和用户数据隐私等方面。共享平台找到自身与监管之间的平衡，甚至主动成为监管体系里的一个有机构成，将给企业带来长期发展的较大动力。在监管框架下有序发展将成为网约车行业近年来的大趋势，而安全性、企业责任以及配套的后续监管细则将会是未来的政策重心。相关公司需要在监管许可的前提下鼓励创新，推动共享平台的健康有序发展。当法律面对互联网技术时，应该如何合理对待新事物、新问题，应该如何运用新的监管方法和新的监管思路来对待新的互联网汽车服务模式，这不仅是法律监督的问题，也是社会价值判断的问题，需要持续磨合和探索。

作为一个独一无二的创意，Uber 的潜力被激发出来，业务以指数级的增长速度不断发展。其中一个策略就是定价政策，也就是根据需求设定价格，当需求不足时，定价就偏低，反之则价格上升。很显然，这一策略再次引发争议，但卡兰尼克不再在意外界的议论。人们称他是"硅谷的反叛英雄"。但是，要想取得持久的成功，他必须在经营和监管中找到平衡。

（二）创业公司可以积极参与制定行业规则

每进入一个新市场之前，Uber 会事先研究当地的法律法规，力图避免与明文规定产生正面冲突，且公司会借助游说者将"Uber 非常受民众欢迎"的信息传达给立法机构与监管机构。在处理与当地监管者的关系上，Uber 的非市场战略是通过游说市议会、市长办公室及州立法机构，获取对其合法性的支持。卡兰尼克在应对不同政府的不同态度方面也值得创业者借鉴。对于各国政府不同程度的抵制，卡兰尼克根据政府抵制的初衷来决定采取何种应对措施。不是所有公司都会为了自己的业务发展而促使当地法律法规发生变化，但 Uber 正在各个国家和地区采取法律行动，并积极改善和调整其对政府监管的态度和措施，以寻求更加灵活和宽松的政策环境。

网络信息服务平台以新技术、新理念、新模式给传统行业带来沉重打击，并给行业监管带来新挑战。为防止平台信息服务企业打着"科技企业"旗号，规避行业政策监管，应当规范企业从业资质准入、从业环境要求、服务内容标准、税收缴纳等方面的监管标准，为传统行业发展和平台服务模式创造公平的竞争环境。

练 习 题

一、判断题

1. 创业在法律性质上属于商事行为，适用"法无禁止即自由"的法律原理。

（　　）

2. 创业团队成员之间的竞业禁止约定是指不能自行经营或与他人合伙经营与创业项目相同或相近类型的业务。（　　）

3. 创业团队合伙协议中要约定创业团队成员之间的出资、股权比例和盈亏负担、薪资和财务、分工和分歧表决、退出和进入等相关内容。（　　）

二、思考题

1. Uber创始人卡兰尼克前几次创业失败的原因是什么？
2. Facebook的创业过程中主要存在哪些风险？

三、案例分析

曾作为我国快餐行业前五强中唯一的本土品牌，"真功夫"像快餐行业的一匹黑马，勇敢地向麦当劳、肯德基发起了挑战。自1990年创办以来，经过30多年的发展，"真功夫"实现了由个体企业向现代化企业集团的飞跃。然而，其创业发展历程并没有一帆风顺，伴随着一系列法律纠纷事件的打击，"真功夫"未来该何去何从？

请查阅相关资料，分析"真功夫"中式快餐企业的创业竞争优势，以及面临诸多风险的经验教训。

拓展阅读

大学生创业"被坑"维权艰难　近半受访者不懂合同诈骗[一]

尽管已毕业离开学校，但刘晨（化名）仍在为自己两年多前在校创业"被坑"的经历维权。因为"挺有实力的"供货商突然失踪，当时还是大三学生的刘晨和创业团队损失了数十万元货款。

有着类似经历的还有桂林多所院校的大学生创业团队。这些被骗创业团队的标的物货款金额共达270余万元。

一、大学生创业为何"被坑"

2013年12月，当时还在桂林航天工业学院就读的刘晨和同学一起创业，筹划开展手机销售业务。经朋友介绍，刘晨结识了一位在学校开了家实体数码店、"挺有实力的"供货商赵刚（化名）。

赵刚自称是某品牌手机桂林市区域代理商，并出示了自己的营业执照和向其他人订购手机的合同。赵刚还告诉刘晨，刘晨认识的两个朋友都跟他有过交易。种种信息让刘晨逐渐相信了赵刚。2013年12月16日，刘晨和他的创业团队决定跟赵刚

[一] 王林、陈姿妃：《大学生创业"被坑"维权艰难》，载《中国青年报》2016年1月31日，01版。

订购220台手机，对方保证在5天内交付完手机，但约定的时间过去，这批货却迟迟没送到。

之后，赵刚又以只要下新单，就可以让厂家恢复正常供货为由，不断催促刘晨的创业团队继续投钱下单，刘晨前后共计投入39.6万元订购了720台手机，最后却只拿到50台。

在与桂林地区其他院校的大学生创业团队沟通后，刘晨才得知自己并不是唯一创业"被坑"的人。桂林电子科技大学、桂林理工大学和广西师范大学漓江学院等院校的多个大学生创业团队都有类似遭遇。

2014年年初，"被坑"的大学生创业者向桂林警方报案。但由于交易合同签订不完善，甚至有的大学生团队在交易时根本没有签订书面合同，交货时的凭证也保存得不够详细完整，使调查取证更加困难。赵刚被警方拘留了一段时间后，桂林市七星区检察院以证据不足为由做出了不予批捕的决定，赵刚获释。

广西艺术学院大三学生杨朔也曾遭遇创业"被坑"。作为广西钰天大学生创业联盟的负责人，杨朔"休学3年创业，也走了3年弯路"。

2014年暑假，自称某劳务派遣公司员工的张达（化名）找到杨朔，表示可以在暑假介绍大学生去广东兼职打工，希望杨朔可以帮忙招人，并可给予一笔佣金。当时正处于创业起步期的杨朔和创业伙伴相信了张达。为保险起见，双方第一次合作时只招了24人去广东工作，钰天大学生创业联盟的一位负责人也一起陪同过去。

招募学生并送去广东后，他们发现用人单位"已招满人，不需要了"。此时，杨朔才明白自己和创业伙伴"被坑"了，想找张达"要个说法"。但由于钰天大学生创业联盟并未注册为企业或组织结构，他们与张达所属公司签订的合约并不具有法律效力，无奈之下，杨朔和他的创业伙伴只好自己掏钱把当初招募的学生接了回来。

二、大学生创业，眼前还有哪些"坑"

回想自己创业"被坑"的经历，杨朔认为当时刚开始创业，对人力资源市场的实际情况不够了解，在张达的"忽悠"之下贸然进入了自己并不熟悉的领域。

对市场理解肤浅、创业项目如何赢得市场欢迎并取得盈利缺乏成熟思考，成为大学生创业者眼前的第一个"坑"。

2015年9—10月，共青团广西区委通过问卷调查、深度访谈等形式，抽取广西12个地市的31所高等院校，就广西创业大学生对创业风险与保障的了解情况展开了调查，收回212份有效问卷。调查结果表明，广西大学生创业面临的主要风险是对市场理解肤浅，导致权益受损难以保护。

这项调查发现，受访的创业大学生对其创业项目如何获得市场收益及成本控制"很清楚"的只有18.46%，而表示"不是很清楚"及"不清楚"的比例高达35.9%。

报告执笔人、桂林理工大学管理学院教授秦立公表示，调查中发现很多大学生创业者的创业项目越发模式化、形式化、理想化。"商业计划书或参加创业大赛的材料往往准备得非常漂亮，设计精美，但具体内容没有考虑到商业伦理和盈利逻辑。"

因为对市场理解肤浅，大学生创业者普遍对作为市场规则的商业法律缺乏清楚认识，对创业中可能遭遇的合同诈骗、供应商跑路等情况更是不甚了解。

调查发现，近五成（49.74%）的受访大学生创业者对合同诈骗及形式不清楚，还有近三成受访者表示会一次性与"好朋友或信得过"的合作伙伴签订大额合同。这表明在创业过程中，由于识别诈骗能力不足，很多创业大学生可能会面临大概率的风险和权益受损。

此外，86.15%的受访者选择合作伙伴最看中对方的经营绩效，而很少注意合作伙伴及企业的品格；77.95%的受访者在"与合作伙伴关系好"的情况下，对开展跨行业经营没有明确的选择。这些都是可能造成大学生创业风险和权益受损的重要原因。

"如果当时能咨询一下专业的法律人士，或者能有权威一点、有经验一点的创业前辈提醒一下的话，应该就不会出现这种情况了。"杨朔说。

制度保障方面的缺失，是大学生创业者眼前的另一个"坑"。

秦立公表示，广西大学生创业风险和权益保障面临的主要问题在于创业风险控制和保障不力，缺乏有效的资金保障机制和创业保险，创业扶持政策与大学创业的现实需求差距较大，创业政策与创业者的实际期望相距甚远，创业救援与风险熔断措施缺失。

调查显示，85.64%的受访者认为遇到欺诈等侵害大学生创业者的事件时，对创业大学生的保护力度不够；超过72%的受访者希望在面临风险及权益受损时，工商、公安、司法等相关部门能进行高效有力的保护；在创业面临风险时，70.77%的受访者希望其资金权益能得到安全保障。

三、创业"被坑"后，大学生的权益如何保障

被合作伙伴欺骗后，刘晨和杨朔曾都曾向公安、工商等部门反映过情况，但由于签订的合同不具有法律效力，或未保存完整的证据等，他们的维权道路依旧艰难。

在多个政府部门碰壁以后，刘晨说："我们现在就是想有关部门可以专门设置一个大学生创业维权的绿色通道，或者是由哪个政府部门来牵头负责。"

秦立公表示，由于学校没有社会化的行政资源，而大学生创业面临的风险及权益保障更多需要的是行政或司法资源，因此需要推动大学生创业从学校主导转向政府主导，尤其是要关注和服务初创的大学生创业项目。

时任广西政协委员、共青团河池市委书记杨胜涛也认为，一些地方政府往往把眼光放在已经创业成功的项目上，对大学生初创项目和企业往往不够重视，对遭遇失败和风险的大学生创业项目也不了解。在保护创业大学生权益问题上，杨胜涛认为地方政府最佳的角色是"服务员"，"鼓励创业创新，地方政府最好的行动就是提供服务，把服务做好是规避风险最好的途径"。

此外，杨胜涛还表示，以往的创新创业宣传中存在一个误区：往往只讲成功的项目和故事，很少讲失败的案例。在他看来，这会让很多大学生对创业的想象过于美好简单，而忽视了背后的艰辛和风险。他建议，"大学生在创业之前要未想胜先想败"。

秦立公认为，要有效防范大学生创业风险并保障其权益，需要有效开展大学生创业市场环境的风险评估，以及创业风险前置处理，这样才能在风险发生之前有效预防。

为此，他建议开展一次大学生创业问题评估，尤其是对创业失败、有过受骗经历的大学生进行深度调查，并进行关联分析，以发现大学生创业可能会遇到的常见风险及其特征，从而及早防范。

参考文献

[1] 王保树. 商法总论 [M]. 北京：清华大学出版社, 2007.

[2] 周林彬. 商法与企业经营 [M]. 北京：北京大学出版社, 2012.

[3] 朱羿锟. 商法学：原理·图解·实例 [M]. 4版. 上海：上海交通大学出版社, 2016.

[4] 上海理彰律师事务所. 创业法律指南 [M]. 北京：法律出版社, 2021.

[5] 法律出版社法律中心. 民法典及相关司法解释汇编 [M]. 北京：法律出版社, 2021.

[6] 最高人民法院民法典贯彻实施工作领导小组. 中华人民共和国民法典合同编理解与适用：全4册 [M]. 北京：人民法院出版社, 2020.

[7] 崔建远. 合同法 [M]. 北京：北京大学出版社, 2016.

[8] 韩世远. 合同法学 [M]. 北京：高等教育出版社, 2010.

[9] 史尚宽. 民法总论 [M]. 北京：中国政法大学出版社, 2000.

[10] 王利明. 民法总则 [M]. 北京：中国人民大学出版社, 2017.

[11] 王泽鉴. 民法总则 [M]. 北京：北京大学出版社, 2009.

[12] 李明德. 知识产权法 [M]. 2版. 北京：法律出版社, 2014.

[13] 李明德. 美国知识产权法 [M]. 2版. 北京：法律出版社, 2014.

[14] 王迁. 知识产权法教程 [M]. 6版. 北京：中国人民大学出版社, 2019.

[15] 赵元果. 中国专利法的孕育与诞生 [M]. 北京：知识产权出版社, 2003.

[16] 李庆峰. "互联网+"创业之法律实务 [M]. 上海：上海交通大学出版社, 2018.

[17] 郭俊峰. 法律服务管理工作探索 [M]. 郑州：河南人民出版社, 2006.

[18] 罗豪才. 软法与公共治理 [M]. 北京：北京大学出版社, 2006.

[19] 蒂蒙斯, 斯皮内利. 创业学 [M]. 周伟民, 吕长春, 译. 北京：人民邮电出版社, 2005.

[20] 程诚. 论大学生创新创业法律意识的培养策略 [J]. 佳木斯职业学院学报, 2018, 4 (10)：138-139.

[21] 石贤平, 郭昱杉. 为大学生创业提供法律援助实证研究 [J]. 黑龙江省政法管理干部学院学报, 2017, 4 (3)：145-147.

[22] 宋君玲. 大学生创新创业政策法律服务模式研究 [J]. 科技创业月刊, 2016, 29 (23)：37-38.

[23] 谭玉, 李明雪, 吴晓旺. 大学生创新创业政策的变迁和支持研究：基于59篇大学生创新创业政策文本的分析 [J]. 现代教育技术, 2019, 29 (5)：112-118.

[24] 2019年世界营商环境报告 [J]. 中国经济报告, 2019, 4 (3)：121-130.

[25] 程洪莉. "互联网+"背景下高校创新创业教育的实施策略探析 [J]. 国家教育行政学院学报, 2017 (5)：76-81.

[26] 马忠法. 对知识产权制度设立的目标和专利的本质及其制度使命的再认识：以专利技术转化率低为视角 [J]. 知识产权, 2009, 19 (6)：3-9.

[27] 弗里德曼，傅郁林. 法治、现代化和司法［J］. 北大法律评论，1998，4（1）：280－309.

[28] 谢洋，李迪斐，董兴生. 桂林多个创业团队上当，损失数百万元货款［N］. 中国青年报，2014－03－03（9）.

[29] 习近平. 创新是社会进步的灵魂［N］. 人民日报（海外版），2013－11－09（5）.

[30] 习近平. 在欧美同学会成立100周年庆祝大会上的讲话［N］. 人民日报，2013－10－22（2）.

[31] 李克强主持召开国务院常务会议［N］. 人民日报，2017－04－06（1）.

[32] 李克强出席全国大众创业万众创新活动周启动仪式［N］. 人民日报，2020－10－16（3）.

[33] 创新就是生命力［N］. 中国工商报，2000－06－30（1）.

[34] 最高人民法院民三庭（知识产权审判庭）. 2018年中国法院知识产权司法保护概况［N］. 人民法院报，2019－06－06（5）.

[35] 曹增光. 天涯域名起纠纷［N］. 中国经济时报，2005－01－16（1）.

[36] 雷宇. 全国首份双创大学生知识产权保护调查报告发布［N］. 中国青年报，2017－09－26（9）.

[37] 2017年度商标行政保护十大典型案例发布［N］. 中国工商报，2018－04－26（T06）.

[38] 胡林，雷宇. 大学生创业者专利维权何去何从［N］. 中国青年报，2017－06－21（5）.

[39] 雷宇，胡林. 国家知识产权局启动专题调研［N］. 中国青年报，2017－07－13（5）.

[40] 习近平. 习近平总书记给第三届中国"互联网＋"大学生创新创业大赛"青年红色筑梦之旅"的大学生的回信［EB/OL］.（2017－08－15）［2021－08－10］. http：//www. moe. gov. cn/jyb_ xwfb/moe_ 176/201708/t20170815_ 311185. html.

[41] 赵翔. 南京大学生涉诈骗案调查：有偿批量注册公司，已被刑拘［EB/OL］.（2020－07－17）［2021－08－10］. https：//www. bjnews. com. cn/detail/159499171715039. html.

[42] 白宛松. 开办企业可以这么快［EB/OL］.（2018－08－08）［2021－08－10］. http：//www. gov. cn/xinwen/2018－08/08/content_ 5312046. htm.

[43] 2020年世界营商环境报告［EB/OL］.（2019－10－24）［2021－08－10］. https：//chinese. doingbusiness. org/zh/reports/global－reports/doing－business－2020.

[44] 宋岩. "大众创业　万众创新"税收优惠政策指引［EB/OL］.（2019－06－19）［2021－08－10］. http：//www. gov. cn/xinwen/2019－06/19/content_ 5401642. htm.

[45] 国务院关于强化实施创新驱动发展战略　进一步推进大众创业万众创新深入发展的意见［EB/OL］.（2017－07－27）［2021－08－10］. http：//www. gov. cn/zhengce/content/2017－07/27/content_ 5213735. htm.

[46] 陈柳行. 网红敬汉卿姓名被抢注商标，不改名就侵权？回应：这是我真名［EB/OL］.（2019－08－06）［2021－08－15］. https：//xw. qq. com/cmsid/20190806A0QHP700.

[47] 吴啸浪. 国家知识产权局就2019年主要工作统计数据及有关情况举行新闻发布会［EB/OL］.（2019－01－15）［2021－08－15］. http：//www. gov. cn/xinwen/2020－01/15/content_ 5469519. htm.

[48] 国家知识产权局2018年主要工作统计数据及有关情况发布［EB/OL］.（2019－01－10）［2021－08－15］. http：//ip. people. com. cn/n1/2019/0110/c179663－30515513. html.

[49] 关于调整商标注册收费标准的公告［EB/OL］.（2019－06－19）［2021－08－17］. http：//sbj. cnipa. gov. cn/gzdt/201906/t20190619_ 302481. html.

[50] 邹征优，张思红. 侵害他人注册商标，拒不提供交易数据：淘宝店主终审被加重赔偿责任［EB/OL］.（2014-10-09）［2021-08-17］. https：//www.chinacourt.org/article/detail/2014/10/id/1456016.shtml.

[51] 张践，林鹍鹏. 上海两名大学生销售网游外挂被判刑［EB/OL］.（2019-11-29）［2021-08-17］. http：//www.hi.chinanews.com/hnnew/2019-11-29/4_114859.html.

[52] 周晶晶，郝硕. 大学生创业团队涉嫌犯罪，经调查事实决定不批捕［EB/OL］.（2018-05-10）［2021-08-20］. http：//news.jcrb.com/jxsw/201805/t20180510_1866117.html.

[53] 刘红霞. 国务院推出四条举措力促大众创业万众创新［EB/OL］.（2020-07-15）［2021-08-20］. http：//www.gov.cn/zhengce/2020-07/15/content_5527177.htm.

[54] 洪芳芳，熊旭. 错过创业优惠政策"创业大礼包"，为何少人领？［EB/OL］.（2016-09-27）［2021-08-22］. http：//edu.people.com.cn/n1/2016/0927/c367001-28742638.html

[55] 王雪. 扶持创业政策多，创业者不知如何用好［EB/OL］.（2017-04-13）［2021-08-22］. http：//news.youth.cn/jsxw/201704/t20170413_9468616.htm.

[56] 盘活"细软""知本"变现：全国新增专利质押融资金额达到532亿元［EB/OL］.（2017-12-01）［2021-08-25］. https：//www.sohu.com/a/207779692_603229.

[57] 韩栎颖. 湖北省大学生创业政策研究［D］. 武汉：湖北工业大学，2017.

[58] 张晓静. 青海省青年创业政策支持现状及对策研究［D］. 西宁：青海师范大学，2019.

[59] 郭薇. 河南省大学生创新创业政策实施效果分析［D］. 郑州：郑州大学，2019.

[60] 刘润泽. 黑龙江省大学生创新创业政策体系研究［D］. 哈尔滨：哈尔滨商业大学，2019.